A{{X}}EL K{{AHN}}

Axel Kahn est médecin et généticien. Grand spécialiste des maladies génétiques, du cancer et des biotechnologies, directeur de l'Institut Cochin, il est aussi membre du Comité consultatif national d'éthique (CCNE) et a présidé, notamment, la Commission du génie biomoléculaire et le groupe des experts de haut niveau en sciences de la vie auprès de la Commission européenne. Il est notamment l'auteur de *Et l'homme dans tout ça ?* (2000), de *L'avenir n'est pas écrit* (2001), en collaboration avec Albert Jacquard, et de *Eugénisme et Euthanasie* (2003).

ET L'HOMME DANS TOUT ÇA ?

AXEL KAHN

ET L'HOMME
DANS TOUT ÇA ?

Préface de Lucien Sève

NiL éditions

© NiL éditions, Paris, 2000
ISBN 2-266-11704-1

Olivier, j'aurais tant aimé discuter avec toi,
les idées développées dans cet ouvrage...
À tes fils.

À tous mes enfants,
Par le sang, par le cœur.

Préface

N'y a-t-il pas quelque témérité, pour un philosophe, à oser préfacer un livre de science, fût-elle rendue aussi accessible au non-spécialiste qu'a su le faire ici Axel Kahn ? Lisant les chapitres qui suivent, le lecteur apprendra de première main, sur la génétique et ses usages tels qu'ils sont en train de devenir, tout ce qu'il en voulait connaître sans avoir bien su le demander – des savoirs sur l'hérédité chromosomique aux pouvoirs d'une thérapie génique, des plantes transgéniques au clonage humain. Et le philosophe, captivé comme tout un chacun par la narration de ces avancées extraordinaires de la recherche biologique et médicale, n'est pas moins que d'autres porté aux questions un peu naïves, aux rêves un peu fous doublés de peurs un peu paniques. Voilà qui suffirait mal à nourrir une préface.

Si pourtant je me suis senti fort motivé à écrire quelques pages liminaires pour cet ouvrage sur proposition de son auteur, ce n'est pas simplement par estime et amitié envers lui, formées au fil d'années où ensemble nous avons participé au travail de réflexion du Comité consultatif national d'éthique pour les sciences de la vie et de la santé. C'est afin d'y saluer d'entrée, comme *philosophe* justement, un certain nombre d'aspects peu ordinaires qui font de ce volume bien plus qu'un riche livre de science : un grand acte de conscience.

On est d'abord sensible à la place que tiennent dans la réflexion du médecin généticien Axel Kahn des références philosophiques – de Platon à Kant, de Hume à Rawls –, références de tout autre sorte que la citation décorative. C'est que son propos, en synthétisant un vaste savoir, est essentiellement d'en penser les *problèmes,* ce qui commence par l'évaluation critique de sa portée. Ici intervient, récurrente tout au long du livre, une démarche de teneur authentiquement philosophique : la mise en relief de la part d'illusion non scientifique dont est toujours plus ou moins porteur le savoir scientifique. Critiquant par exemple au chapitre 9 une interprétation « extrêmement grossière », quoique extrêmement répandue, de résultats scientifiques, Axel Kahn souligne combien rapide, si l'on n'y prend garde, peut être la « filiation de la science à l'idéologie ». Sans la moindre complaisance envers les réquisitoires à la mode contre « la Science », il ne se situe pas moins aux antipodes du <u>scientisme pérenne</u> : tout ce qui s'énonce dans les formes de la science n'est pas le Vrai, comme tout ce qui s'entreprend en son nom n'est pas le Bien. La génétique fait désormais surgir des torrents de nouveaux possibles, mais « il ne revient en aucune manière au monde scientifique de déterminer s'il est licite de les utiliser et dans quelles conditions », écrit l'auteur : c'est à « la communauté des citoyens tout entière » qu'il appartient de trancher. Prise de position bien opportune, à l'heure et en un domaine où est à son apogée la tendance à décréter tout le scientifiquement faisable à la fois socialement inévitable et humainement souhaitable, fût-ce le plus déshumanisant. Et Axel Kahn d'insister jusqu'en sa conclusion : « il n'est pas sain », dit-il sans ambages, que la grande majorité des scientifiques délaisse de tels questionnements. Le pensant avec lui, on souhaite que beaucoup trouvent en le lisant une incitation forte à *philosopher* ainsi, au sens le moins oiseux du terme.

En deuxième lieu, cette vigilance à l'égard des *idéologies* parées des plumes de la science s'exerce en maints passages de ce livre contre une attitude d'esprit des plus gravement déformantes et pourtant des plus tenaces chez un grand nombre de généticiens de par le monde, aux États-Unis notamment : la réduction de tout l'humain au biologique, lui-même en grande partie rabattu sur le génétiquement programmé ou supposé tel. Point crucial par ses enjeux tant pratiques que théoriques. Il peut en effet sembler très scientifique, voire terriblement « matérialiste », de proclamer : l'Homme n'est en fin de compte rien d'autre qu'un vertébré supérieur, et par suite tout ce qui est humain a vocation à s'expliquer en termes de neuroscience comportementale, donc, un jour, de biologie moléculaire. Or, ce disant, on commet sans le voir une colossale bévue *scientifique,* étrangère à un vrai *matérialisme.*

Car l'humanité est *sortie* de l'animalité au double sens du mot « sortie » : elle en vient – et en garde maintes traces – mais elle est *ailleurs,* sur une tout autre orbite : celle d'une histoire sociale qui se surimpose à l'évolution biologique. Ce qu'il y a de plus humainement évolué dans l'humanité d'aujourd'hui, et qui n'a été acquis qu'au cours des tout derniers millénaires, ne s'est nullement inscrit à l'*intérieur* des individus, dans leur génome, mais à l'*extérieur,* dans leur société, sous la forme indéfiniment cumulative et complexifiée des outils et signes, rapports et institutions, savoirs et valeurs d'essence historico-sociale. Et c'est cette *humanitas* excentrée que chaque petit d'Homme doit s'approprier à travers une biographie inépuisablement singulière

11

pour s'*hominiser* – processus développemental sans équivalent dans le monde animal.

Ce qui est biologiquement donné, chez l'Homme, c'est l'extraordinaire capacité cérébrale d'appropriation de savoirs et savoir-faire qui ne sont, eux, nullement innés. Il est donc absurde dans le principe même de chercher à expliquer par de supposés gènes des attitudes et activités foncièrement psychosociales, comme le penchant à l'altruisme ou la préférence amoureuse, l'intelligence mathématique ou l'invention musicale. C'est à peu près comme si l'on cherchait à expliquer par les caractéristiques techniques d'un logiciel de traitement de texte le style romanesque du livre qu'un écrivain y a saisi.

Pour comprendre l'homme, il est radicalement insuffisant de séquencer son génome ; il faut aussi, et surtout, étudier sa société, laquelle, n'en déplaise à E. O. Wilson et à la sociobiologie, diffère du tout au tout de biocénoses animales comme la ruche ou la fourmilière. Vue théorique dont on comprend bien les immenses implications pratiques. Ce qui s'effondre en effet avec la mystificatrice « détermination à 80 % de l'intelligence par les gènes » ou les travaux truqués à la Cyril Burt sur les jumeaux vrais, c'est la justification idéologique rituelle des politiques de discrimination raciale, de ségrégation scolaire, de restriction budgétaire redoublant les inégalités sociales sur la base desquelles tant de développements individuels sont dramatiquement atrophiés.

Sur ces questions de première importance, le livre qu'on va lire prend vigoureusement position. Rappelant que nous pensons aujourd'hui avec le même cerveau que nos ancêtres d'il y a trente mille ans, Axel Kahn nous invite à en tirer l'évidente conclusion : « C'est l'altérité, la vie sociale qui permettent d'accéder à la plénitude des possibilités du cerveau humain. » Élevé sans nul contact d'ordre social, le petit d'Homme reste hors d'état de s'hominiser. C'est pourquoi l'auteur peut dire avec Marx : « L'homme, c'est le monde de l'homme. » J'ai moi-même beaucoup écrit en ce sens. Mais lorsque, au lieu du philosophe, c'est un généticien de haute compétence qui dénonce l'« ineptie scientifique » dans la croyance qu'on pourrait détecter des « gènes de comportements particuliers » ou porte un sévère jugement sur l'impénitente utilisation raciste et antidémocratique de mesures de Q.I. que tentait naguère encore de relancer un Herrnstein dans son livre *The Bell Curve*, voilà qui est potentiellement de tout autre portée nationale et internationale. Puisse-t-il être largement entendu lorsque, à la fin du chapitre 3, il fait un véritable devoir au généticien « d'expliquer ce que dit la découverte scientifique, ce qu'elle ne dit pas et ce à quoi elle ne peut en aucun cas servir ».

On aura compris que ce livre de biomédecine, écrit par un biologiste médecin, est en même temps de bout en bout un livre d'éthique. Et d'éthique au sens fort – j'allais dire au seul sens qui vaille : celui de l'inconditionnel respect de l'humanité en tous les humains et en chacun. Axel Kahn n'en fait nul mystère : entre une arithmétique utilitariste des plaisirs et un universalisme kantien des obligations, son choix est fait. Évoquant ses vifs débats dans la revue *Nature* avec le philosophe britannique John Harris, il écrit qu'à son sens le « vice rédhibitoire » d'une éthique utilitariste est de ne pas nous préserver des « dérives vers une certaine forme de barbarie ». Or il y a de l'inacceptable, à ses yeux comme aux miens, dans les usages techniquement possibles de la biomédecine contemporaine, de la production d'embryons humains *in vitro* comme simple matériau de recherche au clonage reproductif appliqué à notre espèce – un inacceptable que nulle « balance des risques et des avantages » ne pèsera jamais à son terrible poids.

Aussi bien découvrira-t-on ici avec quelque stupéfaction consternée les propos du « bioéthicien » australien Peter Singer, récemment nommé professeur de bioéthique à la prestigieuse université américaine de Princeton, selon qui, n'étant encore que très peu consciente, « la vie d'un nouveau-né a moins de valeur que celle d'un cochon, d'un chien ou d'un chimpanzé » – éthique de comptable dans laquelle les animaux eux-mêmes risquent d'avoir beaucoup à perdre… Axel Kahn n'exagère donc pas lorsqu'il trouve « terrorisantes » certaines démarches dont les protagonistes, inspirés par l'évolutionnisme spencérien et le darwinisme social – une attitude que Darwin ne cautionnait d'aucune manière –, en viennent aujourd'hui, au nom du supposé bien-être futur du plus grand nombre, à envisager avec une extraordinaire légèreté de bouleverser de fond en comble la condition humaine. On lira avec beaucoup d'intérêt, par exemple, la critique serrée à laquelle, dans le chapitre 12, Axel Kahn soumet une orientation de recherche comme celle des supposés « gènes améliorateurs » de notre espèce, ce qui le conduit à s'élever contre certains propos bien peu responsables, pour le moins, d'un Arthur Caplan aux États-Unis ou d'un Peter Sloterdijk en Allemagne. « Je ne considère pas, écrit-il, que la notion de dignité soit aujourd'hui une conception non opérationnelle, emphatique ou historiquement datée. Elle reste pour moi l'objectif majeur de la démarche et de la réflexion éthique, qui doit être précisée mais aussi, inlassablement, défendue. »

Et par là ce livre de science et d'éthique intimement croisées en vient de façon toute naturelle à acquérir une forte dimension politique, au sens non pollué du mot.

Car il n'est nul besoin de solliciter les faits pour découvrir cet envers de l'utilitarisme moral qu'est de fondation le libéralisme économique : Stuart Mill est un disciple proclamé de Jeremy Bentham. Et comment une éthique de l'inconditionnel respect de la personne humaine pourrait-elle ne pas entrer en conflit avec une idéologie de l'universelle régulation par la valeur marchande ? Axel Kahn expose chemin faisant maints exemples de cet antagonisme, comme celui entre l'attachement intransigeant aux droits de l'homme et les pratiques discriminatoires que menace d'introduire dans les politiques d'embauche ou les contrats d'assurance le recours aux tests génétiques. À suivre l'inspiration morale de Kant, ce qui a une *dignité* n'a pas de prix ; à s'inscrire dans l'héritage de pensée de Mill, l'argent est la forme *princeps* de toute valeur.

Peut-on accepter sans réagir les choix sociopolitiques qui tendent si souvent à aller dans le second sens, y compris en des domaines d'aussi haut enjeu humain que la biomédecine ? Le lecteur peu versé en ces matières découvrira, non sans quelque angoisse, à lire ce livre, que le marché potentiel du seul test de prédisposition au cancer du sein pourrait atteindre quarante milliards de dollars, ou qu'une firme privée de biotechnologie a obtenu d'un pays entier – l'Islande – le droit exclusif d'accès aux dossiers génétiques de ses ressortissants… Que tendent à peser les scrupules d'une éthique humaniste face à ce gigantisme des intérêts ?

Du reste, l'accointance entre l'idéologie du tout-génétique et la philosophie du tout-marchand fonctionne dans les deux sens. Si l'argent est plus que jamais le nerf de la ruée vers le gène, le gène, en retour, passe de plus en plus pour le nerf de la preuve que l'ordre capitaliste serait dans la nature des choses. Axel Kahn rappelle opportunément que, pour ses apologistes, la logique libérale ne fait que refléter des « lois biologiques impérieuses » en assurant « un équilibre naturel, voire le seul équilibre naturel possible ». Et, de fait, réduisons l'homme à un vertébré supérieur génétiquement déterminé en dernière analyse : nous aurons tôt fait de rendre la société à la jungle *naturelle*, litière faite des acquis *culturels* à travers lesquels s'est vaille que vaille constituée l'humanité civilisée. Ne voir dans l'homme qu'un animal avide d'accumuler : terrible autocritique involontaire d'une certaine vision des choses... Réduction d'ailleurs aussi sotte que meurtrière. Comme Axel Kahn l'oppose avec pertinence à Francis Fukuyama, faire de la société libérale la *fin* de l'évolution humaine, au double sens du mot fin, est dénué de signification « puisque justement l'évolution n'a pas de but et n'a aucune raison d'avoir un terme ! ».

D'une conception résolument non réductrice de la biologie au plus exigeant humanisme éthique dans ses usages médicaux et plus largement dans l'approche des vives questions sociales contemporaines : tel est le trajet que nous fait parcourir ce livre, en direction d'une démocratie sans frontières, démocratie de partage critique des savoirs essentiels et des choix responsables, pour changer un monde où 80 % à 85 % des dépenses de santé sont réservées à 20 % de la population du globe. Exigence démocratique qui vaut au premier chef pour l'éthique même de la biomédecine. Car, on le voit de mieux en mieux, ce qu'il est convenu d'appeler la « bioéthique » a à faire le choix entre deux orientations bien différentes : celle qui va vers « une sorte de Conseil constitutionnel ou de Cour suprême chargés de veiller à ce que les actions de la société, de ses chercheurs et médecins se conforment à une loi naturelle dont les comités seraient les gardiens » ; celle où des comités d'éthique, de tout autre facture, « contribuent au débat démocratique, le préparent et l'alimentent » en exprimant ce qui n'est d'expresse manière rien d'autre que « l'opinion argumentée d'un groupe de citoyens » provisoirement commis à cette tâche.

Ici aussi le choix d'Axel Kahn est sans détour, et je ne saurais trop dire à quel point je le partage : « À l'évidence, écrit-il, cette seconde lecture de la fonction des comités d'éthique est seule acceptable, la première revenant à installer des sages se comportant comme les grands prêtres d'une religion qui n'existe pas, à confisquer ce qui ne peut être que du ressort du débat démocratique. » Des très instructives remarques faites par l'auteur sur le rôle à la fois indispensable et problématique de l'expert dans la société d'aujourd'hui et de demain, l'une des conclusions est qu'en tout cas l'avenir ne doit surtout pas être en matière biomédicale à l'*ethicist*, mot utilisé aux États-Unis pour désigner les professionnels de l'éthique, « appointés par des structures académiques, gouvernementales ou industrielles ». Il importe qu'il soit au contraire de plus en plus au débat de la cité elle-même, où la recherche d'une indispensable entente ne cesse de s'effectuer à travers l'« approche plurielle des problèmes éthiques ». Puissent les pouvoirs publics et les décideurs internationaux méditer cette très salutaire mise en garde contre l'institutionalisation généralisée par en haut d'un « éthiquement correct ».

On ne s'étonnera pas que le mot de la fin de ce livre fort soit celui de *solidarité,* venant après des pages émouvantes sur l'humanité vue de Bangui ou de Bogota – une solidarité pensée « par défaut » dans les termes d'un matérialisme qui, d'ailleurs, pour l'essentiel de son objet, « ne m'oppose guère, écrit l'auteur, à la plupart des croyants ». C'est bien cette aspiration à un nouveau « tous ensemble » éthique que dit le titre retenu par Axel Kahn pour son livre : *Et l'Homme, dans tout ça ?* est en effet l'interpellation d'un enseignant gréviste de novembre-décembre 1995, lors de ce vaste mouvement social à haute teneur humaniste où l'on peut espérer qu'a commencé pour une part notre XXIe siècle. Les choses étant ce qu'elles sont dans ce que le philosophe Jacques Bouveresse appelle l'« organisation de type tribal[1] » à quoi ressemblent trop souvent aujourd'hui la république des Lettres et nombre de ses supports médiatiques, disons qu'une telle référence politique ne va pas sans courage. Mais avancerons-nous jamais vers une société mieux civilisée sans que chacun-e de nous fasse preuve de courage ? Parlant récemment des « applications non médicales » des recherches actuelles sur les implants cérébraux, un professeur de neurologie à l'université d'Atlanta disait : « Je préfère ne pas y penser, ça me fait un peu peur[2]. » Axel Kahn, quant à lui, préfère y penser, nous y faire penser, nous aider à y penser. C'est pourquoi son livre suscite chez son lecteur non seulement beaucoup d'intérêt mais une authentique gratitude.

LUCIEN SÈVE,
philosophe, membre
du Comité consultatif national d'éthique,
décembre 1999

---

1. Jacques Bouveresse, *Prodiges et vertiges de l'analogie,* Raisons d'agir, 1999, p. 123.
2. Cité par Yves Eudes dans « Des surhommes au banc d'essai », *in Le Monde,* 5-6 décembre 1999, p. 12

Décembre 1995 en France,
les origines d'un titre

Pendant les mois de novembre-décembre 1995, la France connut un mouvement de grève de grande ampleur et aux conséquences politiques considérables. Rappelons-nous ; ce mouvement avait deux causes immédiatement déclenchantes, le discours d'Alain Juppé, alors Premier ministre, sur la réforme du financement des systèmes de santé, et l'opposition des syndicats de cheminots à un plan de réforme de la S.N.C.F. qui était proposé. Mais, comme il est habituel dans de telles situations, ce ne sont pas les prétextes de ces facteurs déclenchants qui expliquent l'importance, la durée et, néanmoins, la popularité de ce mouvement de grève. En arrière-plan, l'incapacité du Premier ministre à convaincre les Français qu'il ne les tenait pas en un souverain mépris et sa propension à présenter systématiquement les choix démocratiques comme non pas l'opposition entre des conceptions, des visions et des projets différents, mais comme l'évidente obligation de choisir entre le vrai et le faux, le bon et le mauvais, créaient un réel sentiment d'exaspération. Ses conséquences sur le destin gouvernemental d'Alain Juppé et l'évolution de la politique française devaient se révéler considérables.

Et puis, assez vite, est apparue l'interrogation qui devait faire toute l'originalité de cet épisode, transformant un mouvement social aux origines défensives et corporatistes classiques en, peut-être, la plus grande et la plus longue grève à fondements éthiques qu'ait connue la France.

Le titre de cet ouvrage est directement issu de ces événements et de leur caractère singulier. Il reprend en fait la réponse d'un gréviste participant à une manifestation de rue, un enseignant du primaire je crois, à un journaliste de la télévision qui l'interrogeait sur les raisons de sa participation au mouvement. Cet homme, approuvé par le groupe de manifestants qui l'entouraient, expliqua qu'il ne comprenait plus la finalité des transformations économiques et sociales qu'il vivait, ou alors qu'il les comprenait trop bien et ne s'y retrouvait pas. Ce qu'entendaient, lisaient, vivaient ces hommes et ces femmes, c'est l'émergence d'un système où la stratégie industrielle des entreprises délaissait le moyen et le long terme, le souci d'un meilleur service et d'un meilleur produit, pour ne plus prendre de décisions qu'en fonction de la « création de valeur » maximale à servir rapidement aux actionnaires.

Un monde où tout licenciement massif dans l'industrie s'accompagnait aussitôt d'une envolée à la Bourse du prix des actions de l'entreprise en cause ; où la rentabilité d'un service public n'intégrait plus majoritairement son bénéfice social, le mieux-être procuré, le maintien et les possibilités d'expansion d'un tissu humain fragile, mais uniquement l'équilibre comptable à court terme de son exploitation.

En matière de santé publique, la part des richesses créées par une nation que les citoyens désiraient consacrer à la préservation et à l'amélioration de leur santé cessait d'être un objet fondamental du débat démocratique, pour ne plus devenir qu'une donnée indiscutable dans le calcul de laquelle on intégrait tous les coûts de la santé… et bien peu des richesses directes et indirectes qu'elle engendre. Il apparaissait que la logique du Progrès, telle qu'elle semblait évidente depuis au moins le siècle des Lumières, s'était inversée. Le développement économique, fruit de l'innovation scientifique et technique, cessait de n'être que le moyen de l'amélioration de la condition humaine pour devenir la fin ultime dont la poursuite justifiait les sacrifices imposés à une grande partie de la société.

Notre enseignant gréviste concluait ses réflexions en posant la question dont j'ai fait le titre de cet ouvrage : « Et l'Homme, dans tout ça ? » Il y a dans cette question tous les fondements de la réflexion éthique. L'Homme peut-il n'être qu'un moyen sans être toujours également sa propre fin, pour reprendre sous la forme d'une question l'un des préceptes de l'éthique kantienne ? Un moyen de créer des richesses sans que le but de celles-ci soit de contribuer au bien-être et à l'épanouissement humains ? Un moyen de satisfaire l'appétit de pouvoir de quelques-uns sans soucis particuliers des conséquences pour tous les autres ? Les connaissances de l'Homme, facteur du développement des techniques et des possibilités de maîtrise du monde extérieur, peuvent-elles se justifier sans référence à leur pouvoir de participer à l'émancipation physique et intellectuelle des personnes, celles qui vivent et vivront ici et ailleurs, aujourd'hui et demain ?

Cette interrogation – « Et l'Homme, dans tout ça ? » – est également au centre des réflexions du biologiste, du médecin et du conseiller d'entreprises de biotechnologie que je suis. Quelle est la place de l'être humain parmi les autres êtres vivants, si semblable à eux quant à ses mécanismes génétiques et biochimiques, mais également si singulier ? Comment peut-on approcher la nature de cette singularité, comment la respecter et quel droit donne-t-elle à l'Homme par rapport au reste du monde vivant, voire de l'Univers ? Les logiques scientifiques, économiques et morales peuvent-elles coexister ou sont-elles inconciliables, et, dans ce cas, laquelle l'emportera ?

C'est à ce type de questionnement que je me suis trouvé confronté de manière quasi permanente dans mes multiples activités de praticien du vivant. Il est par conséquent temps pour moi de reprendre à mon compte cette question lumineuse du gréviste de 1995, la faisant porter sur les multiples aspects de la maîtrise du monde vivant à laquelle aspire l'Homme.

Chapitre 1

La place de l'Homme

La place que se reconnaît l'Homme dans l'Univers ou, plus modestement, au sein du monde vivant de la Terre, a été bouleversée dès le début du XIXᵉ siècle par la théorie de l'évolution. Jusque-là, dans la majorité des traditions populaires et des religions, la singularité de l'Homme est considérée comme étant originelle : l'Homme a été créé, façonné, animé à l'image des dieux ou de Dieu dans la plupart des mythes de la Genèse, ce qui le place *ipso facto* dans une position prééminente sur Terre et dans le cosmos. De plus, dans les grandes religions monothéistes, le Dieu créateur donne explicitement à l'Homme le pouvoir sur le reste du monde.

La révolution scientifique du XVIᵉ siècle (Copernic), et surtout du XVIIᵉ siècle (Kepler, Galilée, Newton), réduit à néant la conception géocentrique selon laquelle la Terre est au centre de l'Univers, pratiquement conservée inchangée depuis Aristote. Cependant, la prééminence humaine sur le reste du monde vivant, ou anthropocentrisme, n'est alors pas contestée. Si, pour René Descartes, la machine humaine est de nature animale, l'âme humaine, d'essence divine, est à l'origine de la raison. Là résident la justification et le moyen de son pouvoir, notamment celui de maîtriser le monde grâce à la technique, selon l'idée particulièrement développée par Francis Bacon en Angleterre[1]. Le XVIIIe siècle fut une période charnière essentielle dans l'étude du monde vivant. Le Suédois Linné travaille à une magistrale classification des êtres vivants appartenant aux règnes végétaux et animaux et y intègre l'Homme, qu'il subdivise en plusieurs sous-groupes[2]. Cependant, on ne retrouve chez Linné, créationniste sans état d'âme, aucune indication en faveur de l'évolution.

En revanche, les travaux de Buffon le conduisent vers le milieu du siècle à évoquer en termes clairs la possibilité d'une transformation des espèces, à l'origine de leur variabilité. Buffon observe la conservation du plan général de constitution des animaux ; il fait l'hypothèse que l'âne et le cheval pourraient dériver l'un de l'autre, l'âne étant en quelque sorte un cheval dégénéré au cours du temps ; il ajoute : « Si l'on admet […] que l'âne soit de la famille du cheval, et qu'il n'en diffère que parce qu'il a dégénéré, on pourra dire également que le singe est de la famille de l'homme, que c'est un homme dégénéré ; que l'homme et le singe ont une origine commune comme le cheval et l'âne. » Il écrit plus loin : « S'il était vrai que l'âne ne fût qu'un cheval

---

1. Francis Bacon (1561-1626), voir J.-M. Pousseur, *Bacon. Inventer la science,* Belin, Paris, 1988.
2. Carl von Linné (1707-1778), *in Dictionnaire du darwinisme et de l'évolution,* sous la direction de Patrick Tort, vol. II, p. 2655-2662, P.U.F., Paris, 1996.

dégénéré, il n'y aurait plus de borne à la puissance de la nature, et l'on n'aurait pas tort de supposer que d'un seul être elle a pu tirer, avec le temps, tous les autres êtres organisés. »

Épouvanté par son audace dans le fait de remettre en cause la création par Dieu d'espèces distinctes, Buffon précise : « Mais non : il est certain par la Révélation que tous les animaux ont également participé à la grâce de la création ; que les deux premiers de chaque espèce, et de toutes les espèces, sont sortis tout formés des mains du Créateur ; et on doit croire qu'ils étaient tels à peu près qu'ils nous sont représentés par leurs descendants[3]. »

Un moment menacé par la perspicacité de Buffon, l'Homme conserve donc, en définitive, son privilège de créature de Dieu, à l'image de Dieu, dominant la nature. Mais, dès le tout début du XIXᵉ siècle, Jean-Baptiste Lamarck franchit le pas. Pour ce dernier, le réel inventeur de la théorie de l'évolution, toutes les espèces se transforment les unes en les autres, sous l'effet de l'usage et de la désuétude.

Jean-Baptiste Lamarck croit à la génération spontanée et considère que le vivant peut naître à tout instant de l'inanimé et se transformer progressivement et par étapes successives, engendrant toutes les espèces vivantes qui existent, y compris l'Homme[4]. Le mécanisme supposé de l'évolution est pour Lamarck celui de l'usage et de la désuétude, c'est-à-dire le processus par lequel les organes ou les fonctions utilisés se

3. Georges Louis Leclerc, comte de Buffon (1707-1788), *Histoire naturelle,* t. IV, 1853. Voir aussi P. Tort, *Dictionnaire du darwinisme et de l'évolution, op. cit.*, vol. I, p. 459-471.

4. Jean-Baptiste de Monet, chevalier de Lamarck (1744-1829), *Discours d'ouverture du cours de l'An VIII,* 1800, éd. Giard, 1906.

maintiennent, s'hypertrophient et se développent alors que, à l'inverse, ceux qui cessent de l'être s'atrophient et disparaissent.

Avec Lamarck, l'Homme tombe brutalement de son piédestal : cessant d'être la créature privilégiée de Dieu, à l'image de celui-ci, il ne devient plus que l'un des avatars possibles d'un phénomène universel de transformation d'êtres vivants élémentaires apparus spontanément et de façon aléatoire !

Cinquante ans plus tard, Charles Darwin confirmera, développera et corrigera les travaux de Lamarck[5]. L'apport de Darwin, considérable, n'est donc pas, comme on l'écrit souvent, le premier énoncé de la théorie scientifique de l'évolution, il faut en reconnaître le mérite à Lamarck. C'est bien Charles Darwin qui, en revanche, a proposé l'explication la plus cohérente des mécanismes de cette évolution, très largement acceptée aujourd'hui par le monde scientifique. Il ne s'agit pas de l'usage et de la désuétude, comme le pensait Lamarck, mais de la lutte pour la vie *(struggle for life)*. Selon cette théorie, la sélection opère au sein d'espèces dont les individus sont biologiquement différents ; ceux qui sont les mieux dotés pour se reproduire dans un environnement perpétuellement changeant transmettent leurs caractères à une descendance nombreuse et vigoureuse alors que le lignage des autres finit par disparaître.

Pour Darwin, ce mécanisme ne se limite pas à la sélection à l'intérieur d'une espèce mais s'étend à l'équilibre du monde vivant dans son ensemble.

Par l'intensité du bouleversement qu'elle a produit, la révolution lamarcko-darwinienne ne peut être

5. Charles Darwin (1809-1882), *On the Origin of the Species by Means of Natural Selection, or the Preservation of Favoured Races in the Struggle for Life,* John Murray, Londres, 1859.

comparée qu'à la révolution copernicienne. Avec Copernic, puis Kepler et Galilée, la Terre est chassée du centre de l'Univers. Avec Lamarck, Darwin et d'autres, tel Wallace[6], l'Homme choit du sommet de la création pour n'être plus que le fruit d'une évolution sans projets, aux déterminants aléatoires.

L'onde de choc qui s'ensuivit, sa signification religieuse et philosophique expliquent la vigueur de la polémique engendrée par les thèses évolutionnistes dans un monde religieux reposant largement sur la dualité entre un Créateur et des créatures. Cette polémique n'est d'ailleurs pas terminée et les oppositions créationnistes à la notion d'évolution sont loin d'avoir disparu. Encore aujourd'hui, aux États-Unis d'Amérique, pourtant un grand pays scientifique dont la position mondiale est dominante dans le domaine des sciences de la vie, un État (le Kansas) a décidé à l'été 1999 de ne privilégier à l'école aucune conception, et d'enseigner la question des origines en mettant sur le même plan le créationnisme et l'évolutionnisme.

Pour tous les croyants s'intéressant aux progrès des sciences, la notion d'évolution soulève des problèmes complexes puisqu'il s'agit de la faire coïncider avec la foi en un Dieu créateur. Schématiquement, trois attitudes, trois systèmes se sont développés pour permettre aux croyants de surmonter cette remise en question. Pour les uns, nombreux parmi les scientifiques, la pensée et les conceptions religieuses sont d'une autre nature, appartiennent à un autre univers mental, et se développent dans un autre registre que la rationalité scientifique. Il ne revient ni à la science de se prononcer

---

6. A. R. Wallace (1823-1913), *in* G. Molina, *Dictionnaire du darwinisme et de l'évolution, op. cit.*, vol. III, p. 4565-4586.

sur l'objet de la foi, ni à celle-ci de remplacer le cheminement du scientifique vers la plus probable vérité[7].

Une autre position a été de transposer très en amont l'acte de création : à l'origine de la vie, il y a 3,8 milliards d'années ; à l'origine de la Terre, il y a 4,5 milliards d'années, ou, du système solaire, il y a 5 milliards d'années ; voire, à l'origine de l'Univers, c'est-à-dire, selon la théorie en vigueur du big-bang originel, il y a environ 13 milliards d'années. Selon cette conception téléologique, la finalité de l'acte originel de création est l'apparition d'êtres vivants divers dont l'Homme constitue le but ultime. Une telle relation téléologique entre Dieu et l'ensemble des processus naturels, dotés d'une logique de régulation interne voulue, en amont, par le Créateur, correspond à l'analyse que faisait déjà en son temps Leibniz de la mécanique gravitationnelle de Newton et de l'économie des organismes vivants[8]. C'est une telle vision qui est régulièrement évoquée lorsque des scientifiques prétendent avoir observé un « ordre » particulier, dans l'A.D.N. ou dans la cinétique d'arborescence des espèces[9] : si une loi mathématique permet de décrire l'évolution, n'est-elle pas l'indication qu'une volonté divine y a présidé ?

Enfin, certains proposent de surmonter les interrogations posées à la foi chrétienne par les mécanismes de l'évolution en déplaçant Créateur et Création très loin en aval de l'origine de la vie, et même des temps histo-

---

7. S. J. Gould, *Rocks and Age : Science and Religion in the Fullness of Life,* Ballantine, New York, 1999.

8. G. W. Leibniz (1646-1716), voir Y. Belaval, *Leibniz : initiation à sa philosophie*, Librairie philosophique Jean Vrin, Paris, 1960.

9. J. Chaline et al., *L'arbre de vie a-t-il une structure fractale ?* Comptes rendus de l'Académie des sciences, Paris, série II A, 328, 717-726, 1999.

riques, vers un point oméga attracteur, selon une vision proche de celle du père jésuite et paléontologue Teilhard de Chardin[10]. Il s'agirait d'un équivalent spirituel des trous noirs du cosmos, attirant en quelque sorte vers lui les êtres en évolution, menés par l'Homme.

Outre le tremblement de terre créé par la théorie de l'évolution dans les sentiments religieux, cette nouvelle conception de la vie et le mécanisme proposé, *the struggle for life,* ont marqué en profondeur à la fois la biologie et l'évolution politique, idéologique, sociale et économique des XIXe et XXe siècles. Il est presque certain que cette influence ne diminuera pas au XXIe siècle. En effet, cette nouvelle façon de considérer le monde vivant et l'Homme pose toute une série de questions essentielles : quelle est la place de l'Homme parmi les autres êtres vivants ? quels droits a-t-il sur eux ? les différents groupes humains en sont-ils à un même niveau d'évolution ? les mécanismes de la sélection naturelle s'appliquent-ils à l'organisation des sociétés humaines ? Des croyances et préjugés anciens devaient s'appuyer sur les révolutions scientifiques du XIXe et du début du XXe siècle, la sélection naturelle et la génétique, pour engendrer les grandes idéologies qui ont si profondément marqué le siècle qui s'achève : racisme, déterminisme, eugénisme, darwinisme social, etc. Décidément, lorsque l'Homme est chassé de son piédestal, c'est avec fracas.

---

10. P. Teilhard de Chardin (1881-1955), *Hymne de l'Univers,* Seuil, Paris, 1961.

Chapitre 2

L'Homme et ses ancêtres

En accord avec les principes de l'évolution, l'examen des fossiles découverts en nombre croissant et les études moléculaires portant sur les séquences d'ADN d'espèces vivantes indiquent que l'Homme moderne (genre *Homo,* espèce *sapiens*) est bien, comme tous les êtres vivants, un produit de l'évolution. Les connaissances en ce domaine restent fragmentaires, évolutives, et sont sujettes à des débats passionnés entre les tenants d'hypothèses différentes. Tenons-nous-en donc aux repères admis de l'évolution vers *Homo sapiens.* Les primates, mammifères aux mains préhensiles, semblent apparaître il y a environ soixante millions d'années soit en Afrique, soit en Asie. Parmi eux, les premiers anthropoïdes, pesant quelques centaines de grammes, remonteraient à plus de cinquante millions d'années[1]. Ils seront les ancêtres des singes de l'Ancien et du Nouveau Monde, en particulier des primates hominoïdes, l'orang-outan d'Asie, les gorilles et chimpanzés d'Afrique. Le dernier ancêtre commun entre l'orang-outan et les grands singes africains daterait d'environ treize millions d'années, puis serait apparue la branche des gorilles, juste avant que ne divergent les chimpanzés et les hominidés, il y a six à huit millions d'années[2, 3, 4]. C'est toujours en Afrique que semblent être apparues, puis avoir disparu, de nombreuses espèces de grands singes bipèdes appartenant aux genres des australopithèques[4, 5]. Leurs fossiles les plus anciens découverts en Afrique remonteraient à quatre millions d'années alors que les premières empreintes de pieds caractéristiques d'une démarche bipède ont été laissées il y a 3,6 millions d'années par trois australopithèques qui traversaient une zone couverte de cendres volcaniques humides sur le site de Laetoli, en Tanzanie[4, 6]. La trace de ces trois individus, deux adultes, peut-être un mâle, une femelle et un petit, symbolisent les premiers pas d'êtres vivants redressés vers

1. E. Culotta, « A New Take on Anthropoid Origins », *Science,* 256, 1516-1517, 1992.

2. L. De Bonis, « Les grands ancêtres », *Pour la science, les origines de l'humanité,* numéro hors série, 12-15, 1999.

3. Y. Coppens, « Une histoire de l'origine des hominidés », *Pour la science, les origines de l'humanité*, numéro hors série, 12-23, 1999.

4. H. Reeves, J. de Rosnay, Y. Coppens, D. Simonnet, *La Plus Belle Histoire du monde*, Seuil, Paris, 1996.

5. A. M. Bacon « Les australopithèques », *Pour la science, les origines de l'humanité*, numéro hors série, 38-42, 1999.

6. N. Agnew, M. Demas, « Les empreintes de Laetoli », *Pour la science, les origines de l'humanité*, numéro hors série, 30-35, 1999.

l'humanité. Le volume crânien de ces australopithèques était similaire à celui des chimpanzés d'aujourd'hui (soit 400 centimètres cubes) et l'on imagine que leur capacité mentale devait être du même ordre.

Leurs descendants, il y a plus de deux millions d'années, utilisaient des outils rudimentaires de pierre et s'en servaient pour dépecer des animaux et, peut-être, briser les os afin d'en consommer la moelle[7]. Ainsi, la première utilisation d'outils, avec ce que cela suppose quant à la capacité à transmettre un savoir, est-elle antérieure à l'apparition des premiers hommes[8]. D'ailleurs, une observation attentive de populations de chimpanzés modernes en des isolats différents a très récemment permis d'observer l'existence chez ceux-ci d'un « culture » rudimentaire marquée par des caractéristiques comportementales, des procédés différents d'utilisation d'artefacts pour accéder à la nourriture[9].

Les premiers Hommes

Le genre *Homo,* avec sa capacité crânienne atteignant le double de celle des australopithèques, apparaît, toujours en Afrique, il y a 1,9 million d'années : *Homo ergaster,* forme ancestrale d'*Homo erectus* découvert au

7. E. Culotta, « A New Human Ancester », *Science*, 284, 572-773, 1999.

8. R. Blumenschine et J. Cavallo, « Nos ancêtres, les charognards », *Pour la science, les origines de l'humanité*, numéro hors série, 44-50, 1999.

9. De Wall FBM, « Cultural Primatology Comes of Age », *Nature*, 399, 635-636, 1999.

Kenya, a ainsi un volume crânien d'un peu plus de 800 centimètres cubes[10, 11]. Des *Homo erectus* primitifs quittent très tôt l'Afrique, il y a peut-être 1,8 million d'années, et se répandent en Asie[12]. C'est *Homo erectus* qui taille, depuis environ 1,6 million d'années, des outils de pierre élaborés, des bifaces symétriques (industrie acheuléenne) et, il y a quatre cent cinquante mille ans, commence à utiliser le feu[13]. *Homo erectus* semble être arrivé en Europe il y a plus d'un million d'années mais ne l'aurait colonisée de façon permanente et ne s'y serait développé que depuis six cent mille ans.

On suppose que des groupes d'*Homo erectus* sont restés isolés les uns des autres de par les conditions climatiques difficiles des périodes glaciaires successives.

C'est dans ces conditions qu'émerge alors l'Homme de Neandertal, *Homo neandertalensis,* un solide gaillard trapu et robuste au très gros cerveau (plus de mille cinq cents centimètres cubes, c'est-à-dire pratiquement identique à celui d'*Homo sapiens,* si on le rapporte au poids moyen du corps). L'Homme de Neandertal subsiste en Europe jusqu'il y a vingt-cinq mille à trente mille ans, c'est-à-dire qu'il côtoie l'Homme moderne pendant près d'une dizaine de milliers d'années[14].

---

10. B. Wood et M. Collard, « The Human Genus », *Science*, 284, 65-71, 1999.

11. R. Martin, « La taille du cerveau et l'évolution humaine », *Pour la science, les origines de l'humanité*, numéro hors série, 52-59, 1999.

12. I. Tattersall, « Les premiers exodes », *Pour la science, les origines de l'humanité*, numéro hors série, 70-77, 1999.

13. R. March et J.-L. Monnier, « Les plus anciennes traces de feux », *Pour la science, les origines de l'humanité*, numéro hors série, 89-90, 1999.

14. J.-J. Hublin, « Derniers néandertaliens et premiers Européens modernes », *Pour la science, les origines de l'humanité*, numéro hors série, 110-119, 1999.

Dans la dernière période de sa présence en Europe, l'Homme de Neandertal développe une industrie appelée « châtelperronienne » riche et diversifiée, différente de celle de l'homme moderne (industrie aurignacienne), mais d'une complexité presque similaire et tranchant radicalement avec sa technique moustérienne, antérieure, peu évolutive pendant plus de cent mille ans. Des objets de parures, anneaux et pièces de colliers, attribués aux néandertaliens ont même été identifiés. Il reste à savoir si cette évolution tardive de la culture néandertalienne est le fruit des contacts et des échanges avec l'Homme moderne coexistant alors en Europe, ou bien si les deux groupes ont connu des évolutions parallèles et convergentes, mais indépendantes, de leurs techniques[15, 16].

L'Homme moderne, *Homo sapiens,* espèce à laquelle appartiennent tous les Hommes actuels, a une origine qui reste mystérieuse dans sa date et son (ou ses) lieux d'apparition. Deux thèses s'opposent, schématiquement. Pour la première d'entre elles, assez minoritaire aujourd'hui, l'évolution locale d'*Homo erectus* en Afrique, en Asie et en Europe, aurait abouti, de façon multicentrique, à l'apparition des lignages d'Hommes modernes. Ceux-ci auraient d'ailleurs pu, par le jeu de voyages et de migrations, échanger des gènes entre eux, assurant une certaine homogénéité génétique[17, 18].

15. F. D'Errice et al., « Neanderthal Acculturation in Western Europe ? », *Current Anthropology*, 39 S, 51, 1998.

16. S. Norris, « Family Secrets », *The New Scientist*, 16 juin 1999, 42-46.

17. V. Barriel, « Origine génétique de l'homme moderne », *Pour la science, les origines de l'humanité*, numéro hors série, 92-98, 1999.

18. C. Stringer, « Les migrations anciennes de notre espèce », *Pour la science, les origines de l'humanité*, numéro hors série, 99-100, 1999.

Cependant, il semble que la grande majorité des données à la fois paléontologiques et moléculaires (comparaison des séquences d'A.D.N., surtout de l'A.D.N. contenu dans ces organites intracellulaires que sont les mitochondries et dans le chromosome Y) milite en faveur de la seconde hypothèse, celle d'une origine africaine unique d'*Homo sapiens*[18, 19]. Un groupe d'*Homo erectus* africain de l'Est aurait évolué il y a quelques centaines de milliers d'années vers les formes archaïques d'*Homo sapiens.*

Un petit nombre de ceux-ci aurait alors quitté l'Afrique et conquis le monde en plusieurs vagues. D'abord le Moyen-Orient, il y a cent mille ans, puis l'Asie, il y a soixante-cinq mille ans. L'Australie aurait été colonisée il y a environ cinquante mille ans, probablement par des populations du Sud-Est asiatique faisant escale en Nouvelle-Guinée. Les premières vagues de colonisation des Amériques par des groupes asiatiques traversant le détroit de Béring dateraient d'environ trente mille ans. *Homo sapiens* serait arrivé en Europe il y a trente-cinq mille à quarante mille ans, l'Homme de Cro-Magnon de Dordogne étant daté de trente mille ans.

Les Hommes de Cro-Magnon et de Neandertal face à face

Que s'est-il passé durant les dix mille ans de coexistence entre les Hommes de Neandertal et ceux de Cro-Magnon ? Quels furent leurs échanges culturels, leurs conflits, se sont-ils croisés génétiquement ? Quelle supériorité possédait l'Homme de Cro-Magnon pour, *in fine,*

19. L. Quintana-Murci et *al.*, « L'A.D.N. mitochondrial, le chromosome Y et l'histoire des populations humaines », *Médecine Sciences*, 15, 974-982, 1999.

subsister et proliférer alors que disparaissait l'homme de Neandertal ?

Tout indique qu'*Homo sapiens* et *Homo neandertalensis* appartiennent à des populations différentes, la première ayant évincé et remplacé la seconde. Cependant, l'incertitude persiste quant à l'existence d'échanges génétiques entre ces deux populations, c'est-à-dire quant à la contribution des gènes de l'Homme de Neandertal à la constitution du pool génétique de l'Homme moderne. Des expériences préliminaires sur une toute petite fraction de l'A.D.N. mitochondrial isolé d'un squelette néandertalien suggèrent que, si jamais elle existe, cette contribution génétique est faible, indétectable par le test étudié[20].

L'étude des fossiles humains était également jusqu'à très récemment plutôt en défaveur d'un croisement entre des hommes de Cro-Magnon et des femmes de Neandertal, ou l'inverse : aucun squelette possédant des caractéristiques morphologiques intermédiaires entre celles de ces deux populations n'avait été détecté. De même, les industries d'*Homo sapiens* (aurignacienne) et de l'Homme de Neandertal (moustérienne puis châtelperronienne dans la toute dernière période) semblent clairement distinctes, sans que puisse être identifiée une évolution vers une industrie hybride[21]. Cependant, la découverte au Portugal de fragments fossiles d'une mâchoire d'enfant vieux de vingt-quatre mille cinq cents ans et présentant, selon les paléontologues américano-portugais qui ont conduit les fouilles, des traits hybrides entre *Homo sapiens* et *Homo neandertalensis* est venue

---

20. M Krings *et al.*, « Neanderthal DNA Sequences and the Origin of Modern Humans », *Cell*, 90, 9-30, 1997.
21. C. Duarte *et al.*, « The Early Upper Paleolithic Human Skeleton from the Abrigo du Lagar Velho (Portugal) and Modern Human Emergence in Ibena », *Proceedings of the National Academy of Sciences of USA*, 96, 7604-7609, 1999.

relancer le débat, et aussi la polémique, toujours très vive quand il s'agit des origines de l'Homme moderne[16, 21, 22].

Quoi qu'il en soit, si une hybridation a existé (ce qui indiquerait que Cro-Magnon et Neandertal appartiennent à la même espèce), elle semble avoir été peu importante, la contribution génétique de Neandertal à l'Homme moderne n'étant pas détectable.

Puisque, en certains endroits, les Hommes de Cro-Magnon et de Neandertal ont vécu côte à côte pendant des milliers d'années, comment expliquer cette absence ou cette rareté des croisements ? L'importance des différences physiques entre les deux populations a peut-être contribué à leur isolement génétique, homme et femme appartenant aux deux groupes ressentant peu d'attirance sexuelle l'un pour l'autre. De plus, de tels croisements ont pu se révéler extrêmement peu féconds, comme cela est la règle entre espèces différentes ou même survient lorsque deux populations d'une même espèce vivent de manière prolongée en isolement génétique l'une de l'autre. Il s'agit d'ailleurs là d'un facteur d'émergence de nouvelles espèces. Dans ce cas, de rares enfants hybrides peuvent eux-mêmes avoir été de fécondité diminuée, cela expliquant qu'ils n'aient pas transmis de gènes néandertaliens à la population moderne.

La tendance actuelle est à la réhabilitation de l'Homme de Neandertal. On considère que, si l'homme de Cro-Magnon avait en effet un avantage cognitif lui ayant permis, en définitive, de l'emporter, celui-ci ne devait pas être considérable. En témoignent, il y a trente

22. I. Tattersal et J. H. Schwartz, « Hominids and Hybrids : the Place of Neanderthals in Human Evolution », *Proceedings of the National Academy of Sciences of USA*, 96, 7117-7119, 1999.

mille ans, les industries et techniques différentes mais parallèles utilisées par ces groupes. Cependant, toutes les grottes ornées, dont la plus ancienne et l'une des plus belles est la grotte Chauvet, en Ardèche, qui remonterait à trente mille ans, c'est-à-dire au tout début de l'arrivée de l'Homme moderne en France, sont attribuées à Cro-Magnon et non à Neandertal. Cela indique peut-être une nette différence dans les capacités symboliques des deux groupes, reflet d'un développement plus important du langage chez Cro-Magnon que chez Neandertal[23, 24].

Si tel est le cas, cette plus grande capacité de communication, facteur de transmission du savoir et d'organisation sociale évolutive, pourrait avoir constitué un avantage sélectif décisif en faveur de l'Homme de Cro-Magnon.

De gros cerveaux et comment les utiliser

On ne sait d'ailleurs pratiquement rien des modalités et de la chronologie de l'apparition et du développement du langage dans le genre *Homo*[25]. De nombreuses études se sont attachées à définir les conditions anatomiques compatibles avec le langage. Cependant, cette approche semble assez peu concluante, car, après tout, le perroquet n'a aucune de ces caractéristiques anatomiques et possède néanmoins une phonétique parfaite-

---

23. J. Clottes, « Les grottes peintes du paléolithique », *Pour la science, les origines de l'humanité*, numéro hors série, 126-132, 1999.

24. T. Appenzeller, « Art : Evolution or Revolution ? », *Science*, 282, 1451-1454, 1998.

25. C. Holden, « No Last Word on Language Origins », *Science*, 282, 1455-1458, 1998.

ment compréhensible. De même, il est possible de rééduquer la voix de malades cancéreux dont le larynx a été enlevé.

L'évolution de la richesse du langage pourrait donc dépendre beaucoup plus de l'évolution des capacités mentales que de l'anatomie particulière du crâne, des vertèbres cervicales et de l'os hyoïde. De plus, et quoique cette hypothèse soit loin d'être acceptée par tous, il pourrait exister une évolution graduée entre le proto-langage rudimentaire de sociétés animales capables de diffuser des informations différenciées grâce à la modulation de leur cri et les harangues de Démosthène.

En fait, il n'est guère possible de déterminer ce qui fut l'élément moteur de l'évolution des capacités mentales entre l'évolution du volume cérébral, la libération de la main de ses tâches de sustentation et de locomotion, le développement des outils et l'enrichissement du langage. Ce sont probablement là quatre paramètres d'une évolution concertée, les aptitudes intellectuelles ne conférant un avantage sélectif qu'à la condition d'être le moyen du progrès technique et de conduire à une meilleure socialisation.

Il existe sans doute un parallélisme général entre l'augmentation du volume de la boîte crânienne et le phénomène d'hominisation : en deux millions d'années, c'est-à-dire un temps extrêmement bref à l'échelle de l'évolution, les hominidés voient leur volume crânien passer d'à peine 450 centimètres cubes, qui est celui des grands singes, à près de 1 500 centimètres cubes chez l'Homme de Neandertal et à environ 1 300 centimètres cubes chez l'Homme actuel[11]. Le parallélisme est cependant grossier, et l'on assiste, en fait, chez *Homo sapiens,* depuis vingt mille ans, à une tendance à la diminution du volume moyen du cerveau qui aurait perdu près de 100 centimètres cubes, parallèlement, il faut l'avouer, à une diminution du poids moyen du corps. Des facteurs physiologiques et nutritionnels, modifiant notamment les relations mère-fœtus, pourraient être ici en cause.

D'un point de vue de l'évolution, les mécanismes ayant expliqué la sélection si rapide de bipèdes aux gros cerveaux restent conjecturaux. D'un côté, l'augmentation du volume crânien des enfants constitue un évident désavantage sélectif puisqu'il perturbe l'accouchement et conduit ainsi à la naissance de bébés très immatures, fragiles, quinécessitent des soins attentifs prolongés. Compte tenu du volume du crâne, un enfant à un stade plus évolué de sa maturation ne pourrait tout simplement pas naître. Il est probable que ce handicap ait été compensé par un avantage sélectif des bipèdes à grosse tête sur leurs ancêtres du type australopithèque : leur faculté d'adaptation et de réaction et, donc, d'évitement des dangers, aussi bien que d'élaboration des stratégies de recherche de nourriture, est supérieure. Encore faut-il que les conditions nutritionnelles soient compatibles, au cours de la gestation, avec le développement d'un aussi gros cerveau, qui permettra à son tour d'améliorer encore les conditions de subsistance.

La tradition glorieuse de l'histoire de l'Homme voulait que nos ancêtres eussent été des chasseurs, puisant dans la viande animale conquise de haute lutte les éléments nutritifs dont ils avaient besoin, notamment pour leur développement cérébral. L'examen attentif d'ossements animaux accompagnant des gisements paléontologiques suggère que nos ancêtres partageaient en fait avec les hyènes et chacals modernes la qualité peu gratifiante de charognards. Ils récupéraient en particulier sur des animaux tués et mangés par des carnivores la moelle osseuse, riche en protéines et en lipides bienvenus pour l'édification d'un cerveau d'homme moderne[8].

Les Hommes du Paléolithique étaient aussi, selon toute évidence, et à l'occasion, anthropophages... Cependant, l'anthropophagie a dû avoir, chez les Hommes de Neandertal et, peut-être, de Cro-Magnon, une signification plus souvent symbolique que nutritionnelle, comme cela était encore observé au XXe siècle dans les rares ethnies continuant de la pratiquer.

La rapidité du processus d'hominisation, la contemplation émerveillée de cette ascension vers l'humanité dont les premiers pas ont laissé leur empreinte dans la cendre de Laetoli amènent souvent à se demander ce que sera l'Homme du futur, dans quelques millénaires. Il serait bien audacieux d'apporter une réponse assurée à cette question, et il y a, après tout, mille raisons pour que la question ne se pose pas. L'Homme pourrait par exemple en arriver à se créer un environnement invivable et, de fait, disparaître.

Hors de cette éventualité, on peut parier que dans trente mille ans existera un Homme bien semblable dans ses potentialités intellectuelles, dans ses capacités créatrices à l'Homme de Cro-Magnon vivant en Dordogne il y a trente mille ans. Rien n'indique en effet que ces paramètres aient évolué en quoi que ce soit depuis qu'ils peuvent être évalués sur la base de créations humaines. Il n'est ainsi pas possible de hiérarchiser la qualité artistique de certains des animaux peints dans les grottes du paléolithique, l'art grec, celui de la Renaissance ou l'art moderne. Les capacités mentales des plus anciens philosophes de l'Antiquité ne semblent le céder en rien à celles des auteurs contemporains.

Naturellement, la quantité des savoirs et la puissance des techniques se seront encore accrues dans des proportions inimaginables[26]. Mais, selon les mécanismes

---

26. J. de Rosnay, *L'Homme symbiotique*, Seuil, Paris, 1995.

de la sélection proposés par Darwin, celle-ci joue au profit de ceux qui sont les mieux à même de se reproduire dans un environnement donné. Or, parvenu au stade des facultés d'adaptation d'*Homo sapiens* et de son niveau d'organisation sociale, rien n'indique qu'une sélection fondée sur ces principes puisse faire évoluer les capacités mentales. Par conséquent, c'est bien avec le cerveau d'*Homo sapiens* tel qu'il existe depuis ses origines qu'il nous reviendra, si nous avons la sagesse de nous en donner les moyens, de maîtriser notre avenir, y compris le plus lointain.

Chapitre 3

Races et racisme

Dans l'hypothèse généralement admise de l'origine africaine et récente de l'homme moderne, nous avons vu qu'il avait probablement colonisé peu à peu la planète à partir d'un petit groupe ayant quitté (ou commencé de quitter) l'Afrique il y a moins d'une centaine de milliers d'années. Ces hommes établis en différentes régions du globe ont parfois été confrontés à des populations autochtones antérieures (par exemple, les néandertaliens en Europe). Localement, ils se sont également, au cours du temps, plus ou moins différenciés les uns des autres, formant des groupes reconnaissables sur le plan physique, des ethnies…, on devait dire, un jour, des races.

Race et racisme sont à l'évidence deux mots de même origine. On appelle race l'ensemble des individus d'une même espèce qui sont réunis par des caractères communs héréditaires. Le racisme est la théorie de la hiérarchie des races humaines, théorie qui établit en général la nécessité de préserver la pureté d'une race supérieure de tout croisement et conclut à son droit de dominer les autres.

Si l'on s'en tient à ces définitions, tout semble clair et facile. Puisque le racisme est défini par les races, il suffit de démontrer que les races n'existent pas pour ôter toute substance au racisme. Cependant, les choses sont, hélas, loin d'être aussi simples. En effet, le racisme tel qu'on le connaît aujourd'hui s'est structuré en idéologie à partir de la fin du XVIIIe siècle, c'est-à-dire, pour paraphraser Georges Canguilhem[1], en une croyance lorgnant du côté d'une science pour s'en arroger le prestige. Le racisme a un fondement qui n'est pas issu des progrès de la biologie. Tout débute par des préjugés, et, lorsque le racisme aura été débarrassé de ses oripeaux scientifiques, on peut craindre que ceux-ci ne persistent, autrement difficiles à combattre.

Les races humaines n'existent pas, au sens que l'on donne au mot « race » lorsque l'on parle de races animales. Un épagneul breton et un berger allemand appartiennent, par exemple, à deux races différentes qui obéissent peu ou prou aux trois caractéristiques définissant, par ailleurs, les variétés végétales : distinction, homogénéité, stabilité. En l'absence de croisement entre ces races, par définition interfécondes, les similitudes intraraciales l'emportent de loin sur les ressemblances entre deux individus de races différentes.

Rien de tout cela ne s'applique aux populations humaines. Par exemple, c'est une augmentation continue de la pigmentation cutanée que l'on observe du

---

1. G. Canguilhem, *Idéologie et rationalité dans l'histoire des sciences de la vie*, librairie philosophique Jean-Vrin, Paris, 1988.

Nord au Sud, de la Scandinavie à la France, de Lille à Nice, de Barcelone à Séville, d'Alger à Tamanrasset, pour en arriver à la couleur la plus sombre des Africains des régions équatoriales et subéquatoriales. Une même tendance à l'assombrissement de la peau du Nord au Sud est notée en Asie, en Inde aussi bien qu'en Chine et en Indochine. Certains ont proposé que la sélection des peaux claires dans les régions les moins ensoleillées a permis d'améliorer la synthèse cutanée de la vitamine D, facteur antirachitique essentiel, normalement stimulée par la lumière. Cependant, le fondement des préjugés racistes est de loin antérieur à l'émergence du concept de race et, par conséquent, risque bien de lui survivre.

Un préjugé raciste peut être défini comme la tendance à attribuer un ensemble de caractéristiques péjoratives, transmises héréditairement, à un groupe d'individus ou à une population. Des affirmations telles que « tous les Juifs sont avares, tous les Irlandais sont violents, tous les Corses sont paresseux » sont des exemples typiques d'affirmations racistes. En revanche, toute indication d'une différence physique, physiologique entre populations n'a bien entendu rien de raciste : dire que les Suédois sont plus grands que les Pygmées, que les Africains noirs pourraient avoir des dons particuliers pour la course à pied et que les Anglo-Saxons sont en moyenne plus corpulents et plus grands que les Vietnamiens sont des remarques dépourvues de toute connotation négative, reflétant la réelle diversité humaine.

Cette observation, d'une banale évidence, est nécessaire, car il se trouve parfois dans la presse des discours irréfléchis où est taxée de raciste une étude notant que le chiffre normal des globules rouges et la durée de la grossesse sont légèrement différents entre des populations d'origine africaine et européenne. Ces paramètres ne préjugeant en rien des capacités les plus caractéristiques de l'Homme et de sa dignité, leur étude ne peut d'aucune manière être diabolisée comme étant d'essence raciste.

Préhistoire et histoire du racisme

La base du racisme pourrait être l'ethnocentrisme, c'est-à-dire la tendance d'un groupe à considérer que son organisation, son mode de vie, ses coutumes sont bien supérieurs à ceux des autres, et à être persuadé que l'infériorité des us et coutumes de tous ceux qui n'appartiennent pas au groupe est de « nature », qu'elle reflète la qualité intrinsèquement inférieure des « barbares », mot qu'ont inventé les Grecs pour désigner les autres, ceux qui ne parlaient pas grec.

On peut même se demander si la propension à l'ethnocentrisme n'est pas un comportement adaptatif sélectionné par l'évolution (voir aussi chapitre 5). En effet, les premières populations en voie d'hominisation ont sans doute développé ce qui faisait leur avantage sélectif par rapport au reste du monde vivant. Ce n'étaient pas la force physique, la rapidité, le caractère acéré des dents et des griffes, mais bien plutôt l'aptitude à se tirer des mauvais pas et à éviter les pièges de la nature, c'est-à-dire les capacités intellectuelles.

Or une caractéristique incontestable des capacités mentales de l'Homme est de ne se développer que dans le commerce entre les Hommes. C'est l'altérité, la vie sociale qui permettent d'accéder à la plénitude des possibilités du cerveau humain, dont seules les potentialités et la malléabilité sont génétiquement héritées. Les tendances comportementales facilitant l'interaction positive avec les proches ont donc pu avoir une réelle valeur sélective. Dès lors, le statut des Hommes au sein de la famille, du groupe, s'est révélé différent de celui des étrangers, de ceux qui n'étaient pas nécessaires au développement des capacités cognitives des membres de la tribu.

Après cette préhistoire, l'histoire. Des discours racistes apparaissent dès l'Antiquité, y compris chez Aristote[2]. Ce dernier établit des différences intrinsèques de comportements et de qualités entre les peuples ; selon Aristote, les Européens sont courageux, mais un peu sots, les Asiatiques très intelligents, mais ils manquent de courage, et les Hellènes, placés géographiquement au milieu, combinent les avantages des uns et des autres ; ils sont intelligents et courageux. Aristote ajoute que les esclaves sont des « choses animées » et introduit la notion d'esclave par nature. En somme, on trouve ici des éléments constitutifs du racisme. Cependant, et là réside l'ambiguïté qui empêche de ranger définitivement les Grecs dans le camp des proto-racistes, les esclaves peuvent être affranchis… et accèdent alors de plein droit à l'humanité.

À Rome, qui, avant même la période de l'Empire, se revendique une dimension universelle, le discours change. Au Ier siècle avant Jésus-Christ, Cicéron écrit[3] : « Il n'est de race qui, guidée par la raison, ne puisse parvenir à la vertu. » Dans la foulée de l'impérialisme romain, les premiers siècles de la chrétienté sont exempts de racisme, car s'y trouvent combinés l'universalisme du messianisme chrétien s'exprimant dans

2. Aristote (384-322 av. J.-C.), *De la politique*, livre VII. Voir aussi J. Cornette, « Préhistoire de la pensée raciste », *L'Histoire*, n° 214, 26-31, 1997.
3. Cicéron (106-43 av. J.-C.), cité par J. Cornette, *in* « Préhistoire de la pensée raciste », *L'Histoire*, *op. cit.*

la parole de saint Paul et le souvenir de l'Empire romain, creuset de peuples et d'ethnies différents.

Dans l'Occident chrétien, le racisme réapparaît et se développe plusieurs siècles avant l'apparition du concept scientifique de race, à partir de l'an 1000, autour des cristallisations religieuses, l'anti-islamisme et, surtout, l'antijudaïsme. Au XIIᵉ siècle, en pleine querelle des investitures, Anaclète, l'anti-pape élu, a un ancêtre juif. La campagne virulente du camp romain contre cet anti-pape s'appuie sur ses origines maudites souillant tout son lignage, même si ses membres sont devenus des prélats de la sainte Église[4] !

L'antijudaïsme virulent de Saint Louis flirte avec l'antisémitisme (un mot qui n'apparaîtra qu'au XIXᵉ siècle), et c'est un antisémitisme cette fois structuré qui se manifeste dans l'Espagne chrétienne, puisque les juifs convertis (les *conversos*) sont interdits d'accès aux fonctions publiques, au métier des armes, etc. L'Espagne chrétienne décrète que ces individus doivent être écartés parce que l'infamie de leurs pères les accompagnera toujours. La notion d'hérédité d'une infériorité, d'un opprobre, qui constitue une base essentielle du racisme, est donc ici manifeste.

C'est alors que prend place un épisode décisif souvent présenté comme un succès de la civilisation, alors qu'il s'agit d'un drame effroyable : la découverte de l'Amérique par Christophe Colomb. À cette occasion s'accomplit l'un des premiers génocides de l'histoire du monde. Le XXᵉ siècle est présenté comme celui des génocides ; il ne faut cependant pas oublier ce qui s'est passé au Nouveau Monde au tournant du XVᵉ et du XVIᵉ siècle.

---

4. D. lognat-Prat, « Le Moyen Âge était-il antisémite ? » *L'Histoire*, nº 214, 32-33, 1997.

En 1492, Christophe Colomb débarque à Hispaniola (Haïti et Saint-Domingue), une île alors peuplée de trois millions de Taïnos. Ceux-ci sont d'abord décrits, en particulier par Bartolomé de Las Casas, comme des êtres pratiquant, certes, les sacrifices humains, comme presque partout dans l'Amérique précolombienne, mais, sinon, paisibles et aux riches traditions culturelles. Trois ans après la découverte de l'île, il ne reste déjà plus qu'un million d'Indiens. Soixante ans après, ils ne seront plus que deux cents, qui disparaîtront rapidement[5].

Ce ne sont pas seulement les épidémies qui les tuent, comme on l'avance trop souvent. Tous les ingrédients du racisme tel qu'il s'est manifesté, y compris dans l'univers concentrationnaire, sont ici réunis. Les Indiens sont parqués, mis au travail forcé, les enfants sont tués, les femmes enceintes sont éventrées. Les massacres collectifs répondent à des velléités de révolte. Dans cette misère extrême, les femmes n'ont plus d'enfants, voire pour échapper à leur malheur, se suicident en masse.

Les Indiens ne sont pas encore assimilés à une « race » (ce mot est alors surtout employé dans le sens de lignage) ; on les massacre cependant, sans justification particulière et, à quelques exceptions près, en toute bonne conscience. À partir de 1519, et surtout en 1550, d'âpres débats théologiques opposent Bartolomé de Las Casas, qui est entre-temps devenu dominicain, à différents autres ecclésiastiques. La confrontation la plus connue est la « controverse de Valladolid », en 1550, entre Las Casas et Juan Ginés de Sepúlveda. La discussion renvoie, des siècles après, à Aristote, à sa

---

5. M. A. Garcia Arevaldo, « Les Taïnos, les Indiens de Colomb », *in* Jacques Kerchache, *L'Art Taïno*, Paris-Musées, Paris, 1994.

conception que certains hommes sont des « choses animées », des esclaves par nature, et à sa contestation par saint Paul, selon lequel tous les hommes peuvent recevoir, sans distinction, le message messianique.

En présence de Charles Quint et de quatorze prélats, la « discussion » acharnée arrive à la conclusion, acquise de justesse, que les Indiens ne sont pas de nature différente des autres Hommes. On continue malgré cela à les massacrer, et l'Amérique, qui comptait quatre vingts millions d'aborigènes aux temps précolombiens, ne compte plus que huit millions d'habitants quatre-vingts ans après sa « découverte » par Christophe Colomb et sa conquête par les Espagnols.

Par la suite, les Indiens ayant été massacrés et décimés par les maladies, apportées avec eux par les conquérants européens (variole, rougeole, tuberculose, etc.), se pose le problème de la main-d'œuvre dans les colonies américaines. Cette question devient cruciale lorsque s'y développe la culture de la canne à sucre, conduisant le Portugal, puis la France et l'Angleterre à développer le commerce trilatéral et la traite des Noirs : les navires quittent l'Europe avec des objets de troc qu'ils utilisent pour acheter des esclaves aux trafiquants de « bois d'ébène » de la côte africaine. Chargés d'esclaves, dont beaucoup meurent en route, les navires voguent vers les plantations de canne à sucre des Antilles et d'Amérique et, ayant échangé leur cargaison contre la précieuse matière première, s'en reviennent en Europe pour la vendre.

Depuis le Moyen Âge jusqu'au XVIIIe siècle, entre la naissance de l'antisémitisme chrétien, la conquête de l'Amérique et la traite des esclaves noirs, ce sont donc tous les ingrédients du racisme qui se mettent en place, tous ses crimes qui sont inaugurés.

Le concept scientifique de race n'apparaît qu'au XVIIIe siècle. Il est déjà perceptible au milieu du siècle sous la plume de Carl von Linné, dont la classification systématique des êtres vivants s'étend aux hommes, rangés en six catégories, qui deviendront des races : les « Monstrueux » (c'est-à-dire les personnes malformées que Linné assimile à une race à part entière), les Hommes sauvages, les Africains, les Européens, les Américains et les Asiatiques. À chacune de ces catégories, il attribue des caractéristiques et des qualités comportementales, les plus flatteuses étant sans surprise réservées aux Européens.

Avant le XVIIIe siècle, nous l'avons vu, le mot « race » est surtout utilisé dans le sens d'un lignage aristocratique. On parle d'enfants de bonne race, de bon lignage…, un peu comme de chevaux de bonne race.

Au tout début de ce siècle, Henri de Boulainvilliers, cependant, reprend dans sa défense des privilèges de la noblesse des thèses mythiques, remontant au XVIe siècle, qui racialisent la différence des ordres. La vraie noblesse, selon lui, serait issue de la nation franque, celle des guerriers virils qui, avec Clovis, a vaincu les Gaulois et les Romains. Le tiers état, en revanche, serait composé des descendants de ces Gallo-Romains vaincus. Boulainvilliers écrit que l'inégalité des ordres est ainsi la conséquence d'une lutte des races[6].

C'est à partir de la fin du XVIIIe siècle, et surtout au XIXe, que l'on assiste à la structuration des préjugés proto-racistes en idéologie par agrégation successive des progrès scientifiques, principalement la théorie de

---

6. J. Cornette, « Préhistoire de la pensée raciste », *L'Histoire, op. cit.*

l'évolution. C'est à cette même époque qu'apparaissent les deux grandes thèses opposées sur l'origine de l'Homme : produit de l'évolution ou créature, est-il apparu une fois – les hommes actuels étant tous les descendants de cet ancêtre (monogénisme) – ou plusieurs fois de façons séparées et indépendantes – les différents groupes ethniques ayant alors des ancêtres différents (polygénisme) ?

Bien entendu, c'est cette dernière hypothèse que privilégient les doctrinaires du racisme. Le polygénisme sera la thèse privilégiée par les créationnistes esclavagistes américains jusqu'à la fin du XIXᵉ siècle. Ils appuient parfois leur vision sur un passage ambigu du texte de la Genèse de la Bible.

On sait que l'Ancien Testament est issu de la réunion de plusieurs textes d'origines diverses. Ainsi, dans la Genèse, peut-on lire d'abord (chapitre 1, verset 27) ; au sixième jour : « Dieu créa les êtres humains comme une image de Lui-même ; Il les créa hommes et femmes. » Puis, au chapitre 2, qui relate les événements du jardin d'Éden (le paradis terrestre), verset 7 : « Le Seigneur Dieu prit de la poussière du sol et en façonna un être humain. Puis Il lui insuffla dans les narines le souffle de la vie, et cet être humain devint vivant. »

Cette succession de deux récits de la création de l'homme ne signifiait-elle pas que Dieu avait créé deux types d'hommes, les premiers à l'origine des races inférieures, et Adam à l'origine des Européens ?

Le mécanisme de la sélection naturelle comme moteur de l'évolution, proposé par Charles Darwin, et surtout la lecture qu'en fait le philosophe anglais Herbert Spencer, contemporain de Darwin, vont modifier en profondeur la forme de l'idéologie raciste. En effet, le mécanisme de l'évolution, la lutte pour la vie, selon Darwin, devient, sous l'influence de Spencer, la survivance du plus apte, formulation que Darwin lui-même reprendra d'ailleurs plus tard à son compte.

Appliquée aux civilisations, cette notion peut constituer une justification a posteriori de la domination des vainqueurs, qui sont bien entendu les plus aptes puisqu'ils l'ont emporté. Un tel raisonnement tautologique s'est révélé d'une redoutable efficacité à l'appui des thèses racistes. À vrai dire, il serait profondément injuste de faire porter à Charles Darwin, l'un des plus grands scientifiques qui aient existé, la responsabilité personnelle des dérives idéologiques dont ses travaux ont fait l'objet et ont été victimes.

Comme cela est, en partie, bien développé dans son ouvrage *The Descent of Man*[7], Darwin développe une vision plutôt optimiste de l'évolution humaine vers une amélioration du niveau de conscience morale pour tous les peuples, même s'il lui semble possible – il faut faire la part de l'époque – que leur degré d'évolution ne soit pas encore similaire. On retrouve ici une confiance en l'homme proche de celle de Cicéron. De même, Darwin a toujours récusé l'interprétation eugéniste et sociale des mécanismes de l'évolution qu'il avait mis au jour.

Les lois de la génétique, c'est-à-dire les règles gouvernant la transmission des caractères héréditaires, énoncées initialement par le moine Gregor Mendel en 1865, demeureront inconnues de Darwin et de ses successeurs immédiats. Elles seront cependant redécouvertes au début du XXe siècle par des botanistes européens, puis développées par l'Américain Thomas Hunt Morgan sur le modèle de la drosophile, ou mouche du

---

7. C. Darwin, *The Descent of Man*, 1871, 1874. *La Filiation de l'homme et la sélection liée au sexe*, éditions Syllepse, Paris, 1999.

vinaigre[8]. La génétique aura alors une influence considérable sur la biologie et, plus généralement, sur l'évolution sociale et politique des nations.

On assiste en effet à la tragique synthèse entre le racisme, théorie de l'inégalité des races ; le déterminisme génétique, qui considère que les gènes gouvernent toutes les qualités des êtres, notamment les qualités morales et les capacités mentales des Hommes, isolément ou en société ; et l'eugénisme, qui se fixe pour objectif l'amélioration des lignages humains. Sous l'influence de la génétique, le dessein eugénique devient l'amélioration génétique de l'Homme, la sélection des bons gènes et l'élimination des mauvais gènes qui gouvernent l'essence des personnes et des races. L'Allemagne nazie poussera cette logique jusqu'à l'élimination des races « inférieures » censées porter et disséminer de mauvais gènes.

Les racistes et le quotient intellectuel

Beaucoup plus près de nous, on trouve un exemple frappant de cette structuration idéologique des préjugés racistes avec l'utilisation des tests psychométriques. Tout d'abord, dans l'armée américaine, en 1917, puis dans le dernier ouvrage de Charles Murray et Richard Herrnstein, *The Bell Curve*, paru en 1994[9].

En 1906, un sociologue travaillant pour l'Éducation nationale, Alfred Binet, invente les échelles dites de

---

8. M. Morange, *Histoire de la biologie moléculaire*, La Découverte, Paris, 1994.

9. R. J. Herrnstein et C. Murray, *The Bell Curve*, Free Press, New York, 1994.

Simon-Binet dans le but de dépister, puis d'aider les enfants en difficulté scolaire.

D'emblée, Binet indique que l'objet de son test est de détecter les enfants qui auront probablement des difficultés scolaires, afin de leur apporter un soutien personnalisé, mais qu'il n'est pas un test d'intelligence. Trois ou quatre ans après, cependant, l'école psychométrique américaine utilise largement ces tests dans le but de mesurer l'intelligence, considérée comme une caractéristique biologique génétiquement déterminée, dans la lignée du courant déterministe qui a fleuri dès la fin du XIXe siècle.

En 1917, à l'aide de tests modifiés, une grande enquête est réalisée sur près d'un million de recrues américaines qui s'apprêtent à se battre sur le front européen[10]. Les tests sont menés dans de mauvaises conditions par des personnes sans expérience et sur de jeunes soldats perturbés, inquiets, parfois d'origine étrangère et parlant mal anglais. L'interprétation de l'étude est parfaitement extravagante, témoignant de ce qu'une idéologie peut facilement troubler jusqu'au plus élémentaire bon sens. Tout ce que l'on croit savoir est confirmé. On « confirme » ainsi que les Européens du Nord sont bien plus intelligents que ceux du Sud. Parmi ces derniers, on observe que ceux qui résident aux États-Unis depuis trente ans sont « plus intelligents » que ceux qui viennent d'arriver.

L'explication est évidente : certains parlent à peine l'anglais, sont effarés lorsqu'on leur montre un objet publicitaire typiquement américain et qu'on leur demande à quoi cela leur fait penser ! Plus généralement, on sait que l'immigration en provenance des pays

10. S. J. Gould, *La Mal-Mesure de l'homme*, Ramsay, Paris, 1983.

du Nord est la plus ancienne, les immigrants et leurs enfants étant bien intégrés à la société américaine en 1917. Or la conclusion, typiquement idéologique, des auteurs de l'étude est que les gens originaires des pays du nord de l'Europe sont supérieurs sur le plan intellectuel à ceux du Sud qui, par ailleurs, ont d'abord envoyé aux États-Unis la crème de leurs citoyens et maintenant y envoient la lie !

Les conséquences sociopolitiques de ces aberrations idéologiques devaient être lourdes, marquées notamment par l'*Immigration Restriction Act* de 1924 limitant l'entrée aux États-Unis des ressortissants issus de ces pays où, selon les psychométriciens américains, sévissait la débilité.

Apparemment, la grossièreté de ces interprétations n'a pas empêché certains de retomber dans les mêmes errances, ainsi qu'en témoigne le livre *The Bell Curve* (la « courbe en cloche »). Selon cet ouvrage, la société moderne est une méritocratie, le succès y dépendant du mérite intellectuel. L'intelligence est héritable à près de 80 % et le Q.I. est une bonne mesure de l'intelligence. Affirmant s'entourer de toutes les précautions nécessaires, les auteurs mesurent alors le Q.I. de personnes appartenant à différents groupes ethniques : ils trouvent en moyenne 110 pour les Asiatiques, 108 pour les Blancs, c'est-à-dire les WASP (*White, Anglo-Saxons, Protestants*), 100 pour les Hispano-Américains, 98 pour les Noirs.

La conclusion du livre est qu'il ne sert vraiment à rien de lancer des plans éducatifs et sociaux dans les minorités ethniques, puisque les difficultés de certaines communautés sont de nature biologique, génétique. Il vaudrait beaucoup mieux, dans un souci d'humanité, leur créer un monde au sein duquel, en fonction de leurs possibilités réduites, ils trouveraient néanmoins à s'épanouir !

Il est en fait très aisé de démontrer l'inanité scientifique de ces conclusions. Tout d'abord, l'héritabilité, c'est-à-dire la transmission des caractères ou des tendances spécifiques d'un être vivant à ses descendants, n'est pas synonyme d'hérédité génétique inéluctable. Les coutumes alimentaires sont, par exemple, héritables, et non héréditaires. Ensuite, on sait que l'environnement humain et social joue un rôle fondamental dans le Q.I. Entre 1952 et 1982, les Néerlandais ont ainsi gagné 21 points de Q.I. moyen, et l'on sait que dans toutes les populations cette valeur augmente régulièrement de 3 points tous les dix ans, sans que l'on doive en conclure que nous sommes plus intelligents que nos parents[11].

Enfin, c'est une erreur scientifique grossière de comparer la signification de l'héritabilité d'un trait particulier, dans un environnement donné, à la nature des variations de ce trait dans deux environnements différents[12]. Considérons, par exemple, diverses variétés de maïs cultivées dans de bonnes conditions. La vigueur de ces variétés dépendra de leur fonds génétique. Maintenant, plaçons ces maïs dans de très mauvaises conditions, dans une terre peu fertile. Globalement, les plantes seront alors deux fois plus petites qu'auparavant. Il serait à l'évidence stupide de conclure que cette différence d'un facteur deux dans la productivité des maïs placés dans de bons et de mauvais terrains est d'origine génétique !

---

11. U. Neisser, « Sommes-nous plus intelligents que nos grands-parents ? » *La Recherche*, 309, 46-52, 1998.
12. W. W. Feldman et R. C. Lewontin, « The Heritability Hang-Up », *Science*, 90, 1163-1168, 1975.

En 1999, plusieurs études d'origine américaine et française ont, sans équivoque, montré l'importance fondamentale de l'environnement humain, culturel et éducatif sur la valeur du Q.I.

Lorsque des enfants de milieux pauvres et culturellement sous-développés, dont les mères ont un Q.I. moyen de 85, sont partagés en deux groupes, les uns confrontés à une prise en charge sociale habituelle, assurant leur état sanitaire et nutritionnel, et les autres soumis dès l'âge de deux mois à un programme spécial de stimulations intellectuelles adaptées à leur âge, le second groupe a, à trois ans, un Q.I. de 17 points supérieur au premier. Le gain est durable et reste de plus de 10 points à l'âge de quinze ans. Dans un cas où mère et grand-mère ont un Q.I. particulièrement bas, la petite fille intégrée à ce programme a, une fois adolescente, une valeur de Q.I. de 80 points supérieur à celle de la mère[13]. Ces données sont tout à fait confirmées par une étude du Français Michel Duyme[14] montrant la progression – jusqu'à plus de 15 points – d'enfants en difficulté, de milieux défavorisés, adoptés par des familles d'enseignants, de cadres supérieurs ou de médecins.

Par ailleurs, certaines des déductions de Murray et de Herrnstein semblent pour le moins étranges sur le plan génétique. Les Hispano-Américains sont des métis d'Amérindiens, originaires d'Asie, et d'Européens hispaniques, c'est-à-dire de groupes dont les Q.I. moyens sont, pour les auteurs, respectivement de 110 et de 108. Si le Q.I. est largement déterminé par la génétique,

13. I. Wickelgren « Nurture Helps Mold Able Minds », *Science*, 283, p. 1832-1834, 1999.

14. M. Duyme « How Can we Boost IQs of "dull children" : A Late Adoption Study » *Proceedings of the National Academy of Sciences of USA*, 15, 8590, 8794, 1999.

comment est-il alors possible d'expliquer que ces personnes aient un Q.I. moyen de 100 ?

Tout cela est scientifiquement incohérent et les données de Murray et de Herrnstein semblent plutôt liées aux conditions économiques et socioéducatives dans lesquelles vivent ces communautés.

On peut également critiquer la notion même de Q.I., qui est un outil très précieux, mais dont il faudrait définir exactement le type de mesure qu'il permet. Créé par une civilisation, le Q.I. donne dans l'ensemble une bonne idée des atouts qu'ont des individus pour y réussir sur le plan intellectuel ; il ne représente, en revanche, certainement pas une approche absolue des capacités humaines. Après tout, s'il faut trouver quelque chose de plus universel pour définir la spécificité humaine, ne peut-on plutôt mettre en avant l'aptitude à créer de la beauté ? De ce point de vue, qui peut prétendre que les peuples qui ont créé l'art précolombien d'Amérique, la civilisation de l'or en Colombie, les Incas, les Taïnos d'Hispaniola, que les Dogons du Mali, les musiciens de jazz afro-américains n'ont pas été, ne sont pas parmi les créateurs les plus inspirés du monde ?

Racisme et antiracisme aujourd'hui

La réfutation des oripeaux scientifiques dont se drapent les préjugés racistes est par conséquent relativement aisée et reste indispensable. Cependant, cette réfutation risque d'être insuffisante pour plusieurs raisons. D'abord, elle risque d'avoir peu de prise sur le racisme instinctif des milieux défavorisés, par exemple dans les banlieues des grandes villes : celui-ci reflète, en effet, surtout un profond mal-être individuel et social. Ensuite, les préjugés racistes précèdent largement leur édification en idéologie par accrétion d'un discours scientifique, et résisteront à son invalidation ; et surtout, parce qu'on assiste, depuis quelques décennies, à une modification complète du discours raciste, si bien que le risque existe de continuer à pourfendre une idée qui n'est plus celle avancée par les « nouveaux racistes ».

Dans le discours des racistes modernes, ce ne sont plus aujourd'hui les races qui sont incompatibles ou inégales, ce sont les coutumes et les civilisations. Ce dont on parle, c'est de choc des cultures. Ce qui est rejeté, ce n'est plus tellement l'homme noir, blanc ou jaune, ce sont les odeurs, les couleurs, les sonorités, les habitudes des autres.

On retrouve ici l'une des bases du racisme, l'ethnocentrisme, avec sa hiérarchie établie entre la culture propre de la tribu et celle, par nature inférieure, de tous les autres. On trouve aussi dans cette évolution des idées racistes la revendication inquiétante, de part et d'autre, c'est-à-dire par les minorités culturelles aussi bien que par la majorité, du droit à un apartheid culturel généralisé, tel qu'il se manifeste dans la montée en puissance des discours communautaristes. C'est une tendance du même ordre que l'on note dans certaines composantes du mouvement américain New Age.

Le retour à l'ethnocentrisme correspond à un positionnement préraciste, alors que la tendance à un communautarisme exclusif me semble pratiquement préhumaine. Ce qui caractérise, en effet, les civilisations humaines et leur évolution, ce sont les échanges culturels. Les Phéniciens subissent l'influence des Hittites, des Sumériens, des Assyriens, des Babyloniens, qui échangent avec l'Égypte, avec la Grèce. Les Étrusques, nourris des arts et techniques grecs et phéniciens, sont à l'origine de la culture romaine.

Celle-ci, à Constantinople, est remodelée par la civilisation grecque, puis intègre de nombreux apports orientaux. Le progrès des sociétés humaines est toujours passé par le métissage culturel.

À l'inverse, les races animales n'échangent guère. Le chien berger tourne autour des bêtes, le chien courant court après le gibier, le chien d'arrêt s'arrête afin de le lever. Entre ces animaux, nul emprunt comportemental, chacun restant dans les limites innées de sa nature. C'est en ce sens que, dans ses excès, le repli communautariste peut être considéré comme une tendance à une régression pré-humaine.

Au total, confronté au fléau récurrent du racisme, que peut faire le scientifique ? Réfuter la couverture scientifique de l'idéologie raciste est aisé mais n'est pas suffisant.

En tant que science, la génétique est moralement neutre. Cependant, le scientifique, qui connaît l'histoire et sait combien la génétique a été appelée, dans le passé, à la rescousse des idéologies d'exclusion, n'a guère d'excuse pour être moralement irresponsable. Le généticien a donc le devoir d'expliquer ce que dit la découverte scientifique, ce qu'elle ne dit pas, et ce à quoi elle ne peut en aucun cas servir. La science peut ainsi facilement démontrer que les bases biologiques avancées à l'appui des thèses racistes sont infondées.

Cependant, chacun peut observer que les pires excès « racistes » s'accommodent fort bien de la non-existence des races humaines. En ex-Yougoslavie, les plus effroyables comportements de type raciste ont opposé les Slaves du Sud, les uns convertis au catholicisme (les Croates), les autres à l'islam (les Bosniaques), et les derniers à la religion orthodoxe (les Serbes). En Inde, les massacres intercommunautaires n'ont généralement pas de bases raciales.

Au-delà du discours scientifique, le chercheur, comme tout autre citoyen, doit aussi fonder sa position sur un engagement moral. Ce n'est pas à la science de dire que la dignité de tous les hommes est identique, c'est à la conscience de chacun.

Aujourd'hui nos sociétés semblent confrontées à une nouvelle forme de racisme fondée sur l'intolérance à l'égard des coutumes et des modes de vie d'autrui. Or la diversité culturelle est l'apanage du cerveau humain, et le métissage culturel a toujours été, dans l'histoire, l'instrument de cette diversification, c'est-à-dire le facteur du progrès des civilisations. Ici, la diversité doit être considérée comme un don, puisqu'il faut être divers pour échanger et échanger pour progresser.

Chapitre 4

Dignité et droits de l'Homme, pourquoi, pour qui ?

Lamarck et Darwin l'ont proposé, tout dans les recherches paléontologiques et biologiques modernes semble le confirmer : l'Homme est un produit de l'évolution. De ce fait, du point de vue biologique, du fonctionnement de ses cellules et de ses gènes, *Homo sapiens* n'est guère différent des autres êtres vivants, et en particulier des mammifères. Les techniques d'embryologie, d'analyse et de transformation génétiques peuvent être indifféremment utilisées sur des cellules humaines ou non humaines. Depuis 1973, avec l'avènement du génie génétique, on sait notamment asservir partiellement, grâce au transfert de gènes, n'importe quel être vivant à l'exécution d'une partie du programme génétique d'un autre être. Cela signifie qu'un gène humain transféré dans un colibacille, une fraise ou une vache va commander à ces organismes de fabriquer une protéine humaine, l'inverse étant également, en principe, vrai.

Cette interchangeabilité quasi universelle des gènes n'a rien de prodigieux, elle est une conséquence logique de l'évolution : si tous les êtres vivants, y compris l'Homme, dérivent d'une cellule originelle apparue sur la Terre il y a 3,8 milliards d'années, il faut s'attendre que les mécanismes fondamentaux de leur fonctionnement, notamment leur contrôle génétique, soient similaires. Le principe de l'évolution implique donc l'universalité du code génétique, c'est-à-dire des règles de transmission du message « codé » dans les gènes, permettant la synthèse des protéines, molécules essentielles dans la structure et la fonction des organismes vivants.

Les bases de la dignité

Du fait de la profonde unicité du vivant, il est impossible de faire l'économie de cette question centrale : qu'est-ce qui rend moralement illégitimes certaines pratiques, applicables et appliquées à d'autres êtres vivants, dès lors qu'on voudrait les utiliser chez l'Homme ? Est-ce parce que la dignité de la personne est incompatible avec ces pratiques ? Mais encore faut-il alors définir les bases de cette dignité et la raison pour laquelle celle-ci serait agressée par les dites pratiques. D'un point de vue dualiste, religieux, tout est simple : si l'Homme a été créé à l'image de Dieu, la question de sa dignité supérieure ne se pose pas. De même si, dans le règne vivant, l'Homme seul possède une âme, cela suffit à lui conférer une dignité et, donc, des droits particuliers. La question des bases de la dignité de la personne dans une approche moniste et laïque est, en revanche, d'une extrême complexité.

La référence principale du discours éthique appliqué à la biologie et à la médecine est, en Europe continentale en tout cas, Emmanuel Kant, pour qui l'éthique consiste dans la libre acceptation d'un devoir que la raison représente à la volonté comme nécessaire[1, 2]. Ainsi émerge l'idée d'une loi morale qui puise ses sources dans la raison pure elle-même, a priori, et qui s'exprime en impératifs catégoriques, c'est-à-dire inconditionnels. Ces impératifs peuvent s'énoncer sous la forme de préceptes dont les plus utilisés dans la réflexion sur l'éthique en biologie et en médecine sont ceux de l'universalité du champ d'application de la loi morale, et de la dignité en soi de l'humanité : « Agis suivant une maxime qui puisse valoir comme loi universelle ! Toute maxime non qualifiée pour cela est contraire à la morale », dit le premier précepte, alors que le second stipule : « Agis de telle sorte que tu traites l'humanité, aussi bien dans ta personne que dans la personne de tout autre, toujours en même temps comme une fin et jamais simplement comme un moyen[3]. »

Kant, croyant convaincu, ne se pose guère la question de ce qui justifie l'impératif catégorique du respect des personnes puisque leur dignité de créatures privilégiées de Dieu va de soi. Il donne cependant, en réalité, les éléments d'une réponse possible à cette question qu'il n'a pas de raison d'aborder de front.

---

1. Emmanuel Kant (1724-1804), *Critique de la raison pratique*, P.U.F., coll. « Quadrige », Paris, 1989.

2. L. Sève, *Pour une critique de la raison bioéthique*, Odile Jacob, Paris, 1994.

3. E. Kant. *Métaphysique des mœurs*, in *Œuvres philosophiques*, t. III, Gallimard, « Bibliothèque de la Pléiade », Paris, 1986.

La notion des droits de l'Homme ne permet pas non plus de progresser, puisque c'est la dignité de la personne qui justifie ses droits, dont le premier est certainement celui du respect de la dignité. Ces notions de droits et de dignité se répondant ainsi exactement, en écho l'une de l'autre.

En octobre 1995, l'Académie des sciences organise un important colloque international consacré au problème de « la propriété intellectuelle dans le domaine du vivant », dont je dois tirer les conclusions. Après mon intervention dans laquelle j'en appelle à plusieurs reprises aux droits de l'Homme[4], James Watson, Prix Nobel, avec Francis Crick et Maurice Wilkins, pour la découverte, en 1953, de la structure en double hélice de l'A.D.N. prend la parole. Le professeur Watson est un extraordinaire biologiste, un homme de génie qui représente assez bien un courant de pensée très répandu dans la communauté scientifique internationale, notamment américaine et britannique.

Il commence sa conférence en disant : « J'ai bien entendu Axel Kahn parler des droits de l'Homme ; mais de quoi voulait-il parler en particulier ? […] les êtres humains n'ont pas de droits, ils ont des besoins élémentaires […], de nourriture, d'éducation, de santé. Les besoins ne changent pas, mais ce que nous percevons comme des droits de l'Homme varie non seulement d'une région du monde à l'autre, mais aussi au cours de l'histoire. Ainsi, il importe d'être très prudent dans la référence aux droits de l'Homme et à leur caractère intangible. […] Je pense que dans les dix

---

4. A. Kahn, « Propriété intellectuelle et recherches sur le génome : réflexions sur un colloque », *in La Propriété intellectuelle dans le domaine du vivant*, p. 260-271, Technique et documentation, Paris, 1995.

mille ans qui viendront, celui qui s'imposera comme la figure dominante de l'histoire de l'Homme ne sera pas Jésus-Christ, ou Mahomet ou d'autres grands philosophes ou mystiques, mais Charles Darwin [...] Une conséquence de la révolution darwinienne est que si vous avancez que l'Homme a des droits inaliénables, cela s'appliquera aussi au chien, puis à la petite souris, à la mouche du vinaigre... Où tracerons-nous la limite ? [...] Le génie génétique et les biotechnologies nous ont donné de puissants outils pour influencer l'évolution, et cela en alarme certains car ces pouvoirs étaient jusqu'alors considérés comme l'apanage des puissances surnaturelles [...]. Mais, après tout, ce n'est pas la première fois que l'Homme se prend pour Dieu [...]. Il l'a fait en domestiquant les animaux [...], en développant l'agriculture[5]. »

Quoique ne partageant pas l'essentiel des analyses de l'illustre James Watson, je dois leur reconnaître le mérite insigne d'exiger que l'on se pose la question de la base des droits de l'Homme, c'est-à-dire de sa dignité.

La spécificité humaine la plus apparente est bien évidemment l'ensemble de ses capacités intellectuelles, sa créativité, son aptitude au sens moral, sa capacité de construire et de manipuler des concepts. Pour autant, on ne peut limiter la définition de la personne à des capacités mentales largement liées aux propriétés biologiques du cerveau sans risquer alors d'en déduire que quiconque a des aptitudes intellectuelles insuffisantes n'a point droit à prétendre à une telle dignité humaine. On serait alors menacé de retomber dans une barbarie dont les pires méfaits sont suffisamment proches de nous pour que personne ne puisse les oublier. Donc, une

---

5. J. Watson, « Biotechnology and "Humanism" », *in La Propriété intellectuelle dans le domaine du vivant, op. cit.*, 283-285.

définition biologique de la personne ne suffit pas à fonder sa dignité.

Par ailleurs, la notion d'un Homme seul n'a probablement pas de sens : pour qu'une personne entraîne son cerveau à utiliser ses capacités mentales potentielles, il faut au moins le contact « humanisant » avec une autre personne. Chacun connaît l'histoire des petits enfants qui, dès leur naissance ou très tôt dans leur enfance, ont perdu tout contact avec des sociétés humaines, les enfants loups du Bengale, Victor de l'Aveyron, etc. Ces petits d'Homme, génétiquement programmés pour jouir totalement de leurs facultés intellectuelles, n'avaient pas pu les développer hors de la société humaine.

De ce fait, l'affirmation de Karl Marx selon laquelle « l'Homme, c'est le monde de l'Homme », recèle une profonde vérité. Cependant, cette définition de la personne ne convient pas non plus à elle seule puisqu'elle a conduit, avec la négation de l'individu, aux pires errements de la société stalinienne[6].

Ne peut-on pas, en réalité, se demander si ce qui fonde le plus probablement la dignité de l'Homme et ses droits n'est pas le fait que, seul parmi toutes les espèces vivantes, il a la capacité de se poser lui-même cette question de sa dignité et de ses droits ? En termes kantiens, n'est-ce pas la capacité qu'a l'humanité de se forger par la raison une loi morale définissant des devoirs à remplir dans la liberté qui donne en effet des droits aux Hommes ? Cette capacité que possède la personne humaine de se projeter comme sujet digne et doté de droits me semble fonder, en effet, une dignité telle qu'elle dépasse les conditions qui l'ont permise – les

6. D. Lecourt, « La "personne humaine" en question », *Médecine Sciences*, 7, 602-603, 1991.

capacités mentales – pour s'étendre à ses avatars (tous les désordres plus ou moins graves de l'entendement) et à ses projets, c'est-à-dire à l'embryon.

Cette extension du droit à la dignité me semble en particulier justifiée par deux processus, l'un de l'ordre de la promesse, l'autre du transfert. L'embryon, le fœtus et le nouveau-né n'ont à l'évidence pas la capacité de revendiquer un droit à la dignité ; ils sont cependant en attente de le faire, en sont la promesse, ou au moins la potentialité. Or il est constant que la magnificence d'une fin retentisse sur la considération que l'on a pour son dessein et les premières étapes qui peuvent y conduire. Il est ainsi moralement bien différent de saboter ou d'interdire des travaux dont le but (ou l'issue possible) est d'améliorer la formule d'un shampooing, ou bien celui de préparer un vaccin actif contre le paludisme ou le sida ! Par ailleurs, la valeur d'une chose ou d'un être dépend non seulement de ce qu'ils sont en eux-mêmes, mais aussi de la valeur qu'ils ont pour des personnes, c'est-à-dire du transfert dont ils sont l'objet de leur part.

En ce sens, fœtus, nouveau-nés et handicapés mentaux sont aussi dépositaires de la dignité projetée sur eux par tous ceux à qui ils importent, non seulement les parents et les proches, mais aussi la communauté humaine dans son ensemble. C'est ce type de considération qui rend légitime le passage d'une reconnaissance de la dignité et des droits de l'Homme à celle de la dignité de l'espèce humaine en tant que telle. Cette conception est certainement schématique et évidemment discutable. L'un de ses mérites est néanmoins qu'elle est opérationnelle pour une approche éthique de la plupart des problèmes posés par le développement des sciences et des techniques, en particulier dans le domaine biomédical.

Faire reposer le débat éthique moderne sur la notion kantienne de dignité rencontre aujourd'hui une vive opposition qui a été bien illustrée par une série de commentaires et de lettres polémiques parus dans les colonnes du grand journal scientifique anglais, *Nature,* en 1997. En février de cette année, *Nature* publiait l'article fameux dans lequel était annoncée la naissance de la brebis Dolly, issue du clonage d'un animal adulte (voir chapitre 11).

À la demande de la revue, je rédigeai moi-même un commentaire sur les implications éthiques de cette spectaculaire première scientifique, dans lequel j'évoquais les perspectives d'application à l'Homme de la technique de clonage[7, 8]. Je les discutais en regard des droits et de la dignité de l'Homme dans une optique globalement kantienne, ce qui me valut une contradiction très vive d'un éthicien (John Harris) et de l'ancien président d'un équivalent anglais du Comité consultatif national d'éthique français, David Shapiro[9, 10, 11].

Au centre de leur réponse se trouvait la notion que le principe kantien de dignité n'était plus un concept opérationnel dans l'éthique biomédicale moderne. En fait, à travers cette discussion, transparaît l'opposition

---

7. A. Kahn, « Clone Mammals, Clone Man », *Nature*, 386, 119, 1997.

8. A. Kahn, « Cloning, Dignity and Ethical Revisionism », *Nature*, 388, 120, 1997.

9. J. Harris, « Is Cloning an Attack on Human Dignity », *Nature*, 387, 754, 1997.

10. J. Harris, « Cloning and Bioethical Thinking », *Nature*, 389, 433, 1997.

11. D. Shapiro, « Cloning, Dignity and Ethical Reasoning », *Nature*, 388, 511, 1997.

entre une éthique continentale aux références kantiennes fondée sur la notion de dignité, et une éthique utilitariste et pragmatique, née en Grande-Bretagne et aujourd'hui particulièrement bien représentée dans ce pays et aux États-Unis.

L'origine de l'utilitarisme est l'empirisme, plus spécifiquement dans sa version conduisant à un scepticisme absolu développé au XVIIIᵉ siècle par David Hume, dont l'œuvre est à la fois saluée et réfutée point par point dans de nombreux écrits de Kant[12]. Le grand philosophe écossais ne reconnaît qu'une seule source à l'entendement : les perceptions, dont on a une impression immédiate, et les idées, qui représentent l'empreinte plus ou moins atténuée qu'elles laissent. Rien n'assure que les objets existent en eux-mêmes entre deux impressions qu'en a l'observateur. Ce que l'on appelle lien de causalité n'est que la succession réitérée de deux impressions indépendantes qui aboutit à l'idée qu'elles sont liées par un lien de cause à effet. En l'absence de lien de causalité, impossible de préjuger de ce qui se passera sur la base d'une analyse de ce qui s'est passé.

Puisque Hume conteste que l'origine d'un jugement moral puisse être la raison a priori s'appuyant sur une analyse des liens de causalité entre des actions, il en déduit que la notion de bien et de mal n'est pas une caractéristique des actes en soi mais dépend de ce que nous ressentons. « La raison, écrit-il, est et ne devrait être que l'esclave des passions, et ne peut en aucun cas prétendre à autre chose que de les servir et de leur obéir. » Ce qui compte, ce sont les sentiments et les désirs, et la raison n'est en fait que l'expérience, c'est-à-dire l'ensemble des idées laissées par les impressions,

12. M. Malherbe, *Kant ou Hume*, librairie philosophique Jean-Vrin, Paris, 1993.

qui nous permet d'atteindre ce que nous désirons. L'un des sentiments ressentis est celui de sympathie, ce qui nous incline à la bonté. L'idée de ce sentiment de sympathie contribue à corriger une conduite qui ne serait sans cela déterminée que par la recherche d'une satisfaction immédiate des désirs[13].

C'est ce dernier aspect de la pensée de Hume qui, au temps des débuts du libéralisme anglais, constitue la base de la philosophie utilitariste de Jeremy Bentham. Poussant à l'extrême la notion selon laquelle bien et mal ne sont que des sensations, le bien devient pour Bentham synonyme de plaisir, de jouissance, alors que le mal est représenté par la douleur. Dès lors, est bien tout ce qui contribue à maximiser les plaisirs et à diminuer la douleur des individus et du genre humain dans son ensemble. Bentham parle même d'une « arithmétique des plaisirs » dont le résultat, un terme positif ou négatif de jouissance apportée ou de douleurs évitées, détermine la légitimité morale d'une action[14].

John Stuart Mill, le principal continuateur de Bentham, achève de structurer la doctrine philosophique de l'utilitarisme et également de la « civiliser » quelque peu. En effet, Jeremy Bentham ne fait guère de différence entre ces plaisirs et jouissances à la satisfaction desquels se ramène la morale, les plus apparemment dégradants y côtoyant les plus nobles. De fait, le refus de toute référence à une loi morale permettant de juger les plaisirs sur le plan des valeurs lui interdit de les différencier. Soucieux de ce que cette promiscuité entre

---

13. David Hume (1711-1776), voir M. Malherbe, *La Philosophie empiriste de David Hume*, librairie philosophique Jean-Vrin, Paris, 1976.
14. Jeremy Bentham (1748-1832), voir M. P. Mack, *Jeremy Bentham, 1748-1792*, Heinemann, Londres, 1962.

des désirs « honorables » et d'autres « honteux » peut avoir de scandaleux, Mill s'efforcera d'établir une hiérarchie des plaisirs dépassant leur simple arithmétique.

Cependant, ce faisant, il réintroduit une référence à un jugement extérieure à la sensation des plaisirs de nature à miner le cœur de la doctrine utilitariste[15, 16], comme l'observe avec pénétration le philosophe John Grote (voir les notes 15 et 16) : « Dès que Mill s'écarte de l'arithmétique des plaisirs que Bentham a cru possible d'instituer, il abandonne l'utilitarisme. Dès que nous commençons à parler de la qualité du plaisir, en donnant à ce mot toute sa signification, nous commençons à admettre que *la notion de plaisir* n'a de sens que si nous tenons compte en même temps de beaucoup d'autres choses. Le bonheur est une fonction vitale. » Ainsi, la tentative d'atténuer la « morale de pourceaux[15] » qu'évoque l'utilitarisme de Bentham en ruine le fondement conceptuel, et l'on voit bien alors la nécessité d'appeler à la rescousse une loi morale qui ne se fonde pas uniquement sur les sensations.

Aux États-Unis, la doctrine empiriste-utilitariste va inspirer l'école pragmatique de Charles Sander Peirce et, surtout, William James[17, 18]. Selon ce dernier, c'est l'examen de leurs conséquences qui permet d'évaluer la valeur des actions et, plus généralement, de départager les théories, philosophiques ou autres. D'ailleurs,

---

15. H. B. Acton « Radicalisme philosophique », *in Histoire de la philosophie*, t. III, vol. I, p. 257-282, Gallimard, Paris, 1974.

16. John Stuart Mill (1806-1873), voir A. Ryan, *The Philosophy of John Stuart Mill*, MacMillan, Londres, 1970.

17. H. B. Acton, « La philosophie anglo-saxonne » in *Histoire de la philosophie*, t. III, vol. I, *op. cit.*, p. 357-391.

18. A. J. Ayer, *The Origin of Pragmatism*, MacMillan et Freeman, Londres, San Francisco, 1968.

les doctrines et les actions ne sont vraiment définies que par leurs conséquences pratiques. Deux idées dont la mise en application aboutit au même résultat ne peuvent être distinguées.

Cette manière de voir amène à juger les moyens utilisés dans une action par leur résultat indépendamment de tout jugement moral sur la nature de ces moyens, et est donc en parfaite cohérence avec l'adage selon lequel la fin justifie les moyens. Empirisme, utilitarisme et pragmatisme sont des doctrines qui, d'une part, trouvent à s'épanouir dans le cadre du libéralisme politico-économique qui marque l'ascension économique britannique et américaine des XIXᵉ et XXᵉ siècles, et d'autre part en sont des justifications philosophiques.

Ce n'est d'ailleurs pas un hasard si Adam Smith, le théoricien du libéralisme économique, a été l'ami très proche et l'exécutaire testamentaire de David Hume, précurseur de l'utilitarisme et chef de file de l'empirisme sceptique.

Hédonisme, individualisme, liberté maximale vis-à-vis de toute loi régulatrice extérieure ou intérieure aux individus et à leurs entreprises, appréciation de la valeur de celles-ci et des moyens qu'elles mettent en œuvre seulement en fonction de leurs résultats, constituent en effet un corpus d'une impressionnante cohérence sur lequel se fonde le libéralisme, qui saura aussi se couler avec délectation dans la théorie darwinienne de l'évolution (voir chapitres 2 et 9). Les mots mêmes utilisés comme critères d'appréciation éthiques et économiques des entreprises humaines deviennent identiques, se ramenant à un bilan coût-bénéfice exprimé en termes de rapport plaisirs-douleurs ou de valeurs financières. Le mot « valeur » lui-même renvoie indistinctement à une référence éthique ou à une plus-value boursière ou marchande.

Loin de moi, cependant, l'idée de caricaturer et de démoniser l'éthique utilitariste : elle est une composante fondamentale de la pensée éthique moderne, insistant de manière essentielle sur la « vie bonne » qui nécessite parfois plus de compassion envers l'individu qu'une référence à des principes intangibles, parfois déshumanisés. Cette vision intègre donc une saine « casuistique », étude en tant que telle des cas et des situations individuels.

Ainsi, parmi les chrétiens fidèles aux prescriptions religieuses du respect de la vie et de la chasteté hors mariage, peut-on schématiquement distinguer deux tendances. Les « casuistes » considèrent que la miséricorde envers la fragilité humaine nécessite néanmoins que l'on évite que des femmes interrompant leur grossesse risquent d'en mourir ou que des personnes aux relations sexuelles hors normes risquent d'être contaminées par le virus du sida. D'autres, avec le pape Jean-Paul II, privilégient la règle, qui ne doit pas ici être confondue avec la loi morale telle que l'entend Kant, sans soucis de la personne. Ils combattent donc tout à la fois la diffusion des moyens contraceptifs, l'utilisation des préservatifs et l'attitude de compréhension envers la détresse de femmes incapables d'assumer une grossesse non désirée. Je me sens fort proche des premiers et suis choqué, voire horrifié par les seconds. Pour autant, l'absence totale de référence à des principes moraux fondateurs présente le vice rédhibitoire de ne pas préserver une approche uniquement utilitariste des dérives vers une certaine forme de barbarie.

Un article publié, dans les années 90, par deux éthiciens australiens et traitant de la légitimité éthique du recours à des xénogreffes (c'est-à-dire des greffes de tissu animal à des personnes) illustre bien ce risque d'un recours exclusif à la logique utilitariste. Ces auteurs indiquaient que, la vie humaine étant de valeur bien supérieure à toute vie animale, il pouvait sembler légitime de sacrifier celle-là pour préserver celle-ci. Cependant, ajoutaient les deux éthiciens, la vie d'un jeune chimpanzé en bonne santé a probablement une valeur supérieure, en termes d'épanouissement, à celle d'un malade mental grave. En conclusion, si le sacrifice d'un primate pour sauver un Homme est concevable, il y a lieu d'envisager d'abord l'utilisation d'organes provenant de grands retardés mentaux avant que de se résoudre à sacrifier un jeune singe en bonne santé. De fait, la vie sacrifiée du grand malade mental, incapable de ressentir vraiment du plaisir, comptera pour peu en négatif dans l'arithmétique de Bentham, alors que la vie sauvée de la personne saine d'esprit... et la vie épargnée d'un animal jeune seront affectées d'une importante valeur positive.

Cette logique utilitariste rejoint aujourd'hui le combat antihumaniste de défenseurs radicaux du droit des animaux. Ainsi Peter Singer, qui a longtemps dirigé le centre de bioéthique de Melbourne, auteur de *La Libération animale*[19], écrit-il dans son best-seller contesté *Practical Ethics, Second Edition*, publié en 1993[20] : « Appartenir à l'espèce *Homo sapiens* ne donne pas droit à un meilleur traitement que le fait d'être membre d'une espèce différente à un niveau mental similaire » (p. 262 de l'édition française). Il se sert de cet argument pour justifier que l'on élimine les enfants handicapés ou les malades qui souffrent et dont les chances de guérison

---

19. P. Singer, *La Libération animale*, Grasset, Paris, 1993.
20. P. Singer, *Pratical Ethics, Second Edition*, Cambridge University Press, 1993 (*Questions d'éthique pratique*, Bayard, Paris, 1997).

sont négligeables, au même titre que l'on abat les animaux blessés.

Ailleurs, Singer considère le cas des nourrissons et fait cette analyse : « Les nourrissons sont des êtres sensibles qui ne sont ni rationnels, ni conscients d'eux-mêmes […] : comme l'espèce ne détermine pas le statut moral, le principe selon lequel il est mal de tuer des animaux non humains sensibles, s'applique également à un nourrisson » (p. 178). Cependant, « rien ne prouve que tuer un nourrisson est aussi mal que tuer un adulte *innocent* » (p. 167). En effet, le niveau de conscience de l'adulte est bien supérieur à celui d'un « bébé d'une semaine [qui] n'est pas un être rationnel conscient de soi, et il existe de nombreux animaux non humains dont la rationalité, la conscience de soi, l'éveil et la capacité de sentir, notamment, dépassent ceux d'un bébé humain âgé d'une semaine ou un mois [dont la vie] a moins de valeur [pour lui] que la vie d'un cochon, d'un chien, d'un chimpanzé n'en a pour chacun de ces animaux non humains » (p. 166).

Ces outrances pourraient n'être considérées que comme la manifestation ésotérique d'un pluralisme philosophique qui vit aussi de ses opinions radicales, si Singer n'était pas, en fait, le chef de file d'un courant très actif de remise en cause de l'humanisme… assimilé à du racisme (ou plutôt à du « spécisme » antianimal) et s'il ne venait pas de se voir proposer, en 1999, le poste de professeur titulaire de bioéthique dans la prestigieuse université de Princeton, aux États-Unis.

Nous verrons, dans le chapitre 14 de cet ouvrage, d'autres exemples de la faiblesse de la seule approche utilitariste pour tracer une démarcation claire entre l'acceptable et l'inacceptable dans les essais sur l'Homme. Il est en effet bien difficile dans toutes ces situations de se passer du recours à un impératif caté-gorique de valeur universelle signifiant que le respect de la personne s'impose comme une priorité. La loi morale permet seule d'opposer l'inhumanité des moyens à la réalisation de projets dont est vantée de manière crédible la magnificence des perspectives. L'inadéquation de la logique purement utilitariste à « fonder l'inviolabilité de chaque membre de la société, et à reconnaître qu'il a priorité sur tout, même sur le bien-être de tous les autres », est notée d'ailleurs par des analystes modernes de l'éthique utilitariste, tels que John Rawls, auteur de la citation qui précède[21], et Tho-mas Scanlon, qui conteste que l'on puisse définir des « intérêts moralement légitimes » à partir « du concept de ce qu'un individu peut rationnellement désirer[22] ».

Nous verrons plus loin comment ces deux logiques, l'utilitariste et la kantienne, mènent à des analyses tou-tes divergentes de la légitimité morale de recourir au clonage embryonnaire pour faire naître un enfant. S'opposent en effet ici la revendication au droit de satis-faire des désirs individuels afin d'atténuer une détresse, une frustration et l'exigence de respecter des principes fondateurs des rapports humains, ceux de l'égalité et de l'autonomie des personnes.

Accepter que dans une société coexistent deux types de citoyens, les uns en ayant voulu d'autres tels qu'ils sont, au moins physiquement, les autres ayant été vou-lus, risquerait d'introduire, selon cette seconde sensibi-lité à laquelle je me rattache, une fêlure dans le principe d'autonomie, de nécessaire irréductibilité de chaque

21. J. Rawls, *Théorie de la justice*, Seuil, Paris, 1987.
22. T. Scanlon, « Contractualisme et utilitarisme », *in La Pensée américaine contemporaine*, sous la direction de J. Rajchman et C. West, P.U.F, Paris, 1991.

personne, de son corps indissociable de son être, à la volonté d'autrui.

Quel respect pour l'embryon ?

J'ai indiqué plus haut que ma conception de la dignité d'une personne englobait ses projets et ses avatars, ce qui m'amène notamment à faire profiter l'embryon d'au moins une partie du respect de la dignité due à la personne. Le sujet est éminemment polémique, et nul consensus ne peut sans doute être trouvé sur la question du statut de l'embryon comparé à celui de la personne. Pour autant, cet embryon est défini par cet adjectif…, il est « humain », et non pas simien ou murin. Dans un certain nombre de cas, le développement de cet embryon donnera naissance à une personne. Il est donc, au moins, la possibilité d'une personne, ce que le Comité consultatif national d'éthique en France définissait comme une « personne humaine potentielle[23] ».

Dès lors, il est possible de formuler la question de nouvelle manière : ce dont l'embryon est une potentialité, c'est-à-dire la personne, est infiniment digne. Quelle dignité cela lui confère-t-il ? Je me refuse à enfermer l'embryon et la personne dans des définitions biologiques et des limites chronologiques précises.

La législation britannique a choisi une voie différente, celle d'une définition juridique de la limite chronologique d'apparition de l'humain dans l'embryon : entre 13 jours, 23 heures, 59 minutes et 59 secondes… et 14 jours. Impossible d'être plus précis. Avant, cette

---

23. Avis n° 3 du Comité consultatif national d'éthique du 23 octobre 1984, *in Les avis de 1983 à 1993*, Comité consultatif national d'éthique, Paris, 1993.

chose, résultant de la fécondation d'un ovule féminin par un spermatozoïde masculin, n'a rien à voir avec une personne, peut être créée pour la recherche et utilisée à des fins diverses sans contrainte particulière. Mais, au-delà, la force de la loi ayant le pouvoir du feu divin, nous nous trouvons devant un petit être humain immature qu'il s'agit de respecter en tant que personne.

Avant quatorze jours, la loi parle de « pré-embryon », concept surprenant pour un stade du développement appelé « embryon » dans toutes les espèces animales. Ainsi, pour quiconque aura le projet de « tirer sur le pianiste », conviendra-t-il dans l'avenir de créer le concept de « pré-pianiste ». Cette législation n'a en réalité aucunement vocation à transposer dans le droit un fait biologique, mais reflète la tradition utilitariste et pragmatique de nos voisins d'outre-Manche : puisqu'il est incontestablement utile de faire de la recherche sur l'embryon humain mais que tout un corpus de loi protège la personne, ce qui rend incertain le statut de son embryon, le législateur anglais contourne la difficulté en créant un objet virtuel, une fiction juridique sous la protection de laquelle pourront œuvrer les biologistes. Les attendus scientifiques de la logique anglaise relèvent d'ailleurs eux-mêmes de l'utilitarisme : si la limite de quatorze jours a été retenue, c'est qu'apparaît alors la ligne primitive, ébauche du système nerveux qui permettra ensuite de ressentir la douleur. En fait, l'œuf fraîchement fécondé, embryon unicellulaire, se développera de façon progressive, il acquerra sa forme, ses mouvements, son système nerveux se développera jusqu'à la naissance et au-delà. La réalisation du projet est donc un processus dynamique.

Parallèlement, la relation à cette personne en formation se modifie elle aussi, définie par un respect croissant. Ainsi, l'embryon humain, potentialité de personne digne, n'est-il jamais, selon moi, chose banale. Pour autant, il n'est pas non plus une personne dans la société avec la plénitude de ses droits. D'ailleurs, cette évidence, quoique inavouée, est intériorisée, y compris par les plus intégristes des groupes opposés à toute intervention sur l'embryon : ils sont heureusement bien rares ceux qui, hérauts des embryons mais partisans singuliers de la peine de mort, sont favorables à son application avec la même sévérité pour le forcené qui tronçonne sa victime et le chercheur qui scinde un embryon humain.

Il peut se faire qu'existent des situations de conflit entre la détresse et la volonté de la femme, personne incontestée, et la dignité évolutive graduelle de son embryon. Pour avoir, comme médecin réanimateur, connu la période où tant de jeunes femmes mouraient d'avortements clandestins, réalisés dans des conditions effroyables, je sais qu'alors la dépénalisation de l'avortement permettant une interruption de grossesse médicalisée équivaut à un secours apporté à une personne en danger. Dans l'immense majorité des cas, la seule question est, en réalité, de savoir si l'interruption de grossesse sera réalisée dans des conditions menaçant ou non la vie de la femme.

Ainsi peut-on à la fois refuser toute réification de l'embryon humain et, pour autant, ne pas suivre ceux qui prétendent qu'une telle démarche est incompatible avec la dépénalisation de l'avortement.

Cependant, considérer que l'embryon humain n'est pas un objet banal implique au minimum de le voir comme le projet possible d'une personne, c'est-à-dire aussi comme une fin en soi, et non pas simplement comme un moyen de réaliser autre chose n'ayant plus rien à voir avec l'avènement d'une vie humaine. Cela m'amène à être franchement réticent à la création d'embryons humains en dehors de tout projet parental, uniquement pour la recherche, ou dans le but de préparer du matériel thérapeutique.

Cette possibilité nous ramène d'ailleurs aux techniques de clonage : l'une des applications potentiellement importantes du clonage embryonnaire humain pourrait être thérapeutique, une forme de clonage qui n'a pas pour but d'aboutir à la naissance d'un enfant mais simplement de préparer un matériel cellulaire parfaitement compatible sur le plan immunologique, permettant de pratiquer des greffes tolérées chez les personnes à l'origine de l'embryon cloné (voir chapitre 11). Quand les barrières morales et légales interdisant la création d'embryons humains en dehors d'un projet parental seront franchies – et elles le seront sans doute si les perspectives du clonage thérapeutique tiennent leur promesse – que restera-t-il dans les faits de l'affirmation selon laquelle l'embryon humain ne peut être réifié ?

On objecte parfois à cette vision que c'est l'intentionnalité qui crée le projet[24], ce qu'on ne peut contester, et le projet qui confère sa dignité à l'embryon humain. De ce fait, l'avortement d'une grossesse non désirée cesse de poser le moindre problème éthique et l'embryon d'*Homo sapiens* créé à des fins de recherche ou de fabrication d'un matériel cellulaire thérapeutique, qui ne véhicule aucun projet parental, n'est pas humain et n'est donc pas concerné par les interrogations sur la part de dignité à laquelle il a droit.

Le législateur britannique a probablement perçu la faille d'un tel raisonnement lorsqu'il a établi la limite de quatorze jours au terme de laquelle l'embryon humain devait être protégé dans tous les cas : l'argu-

---

24. R. Frydman et A. Kahn, « Réflexion sur un grumeau de cellules », *Le Monde des débats*, 12-13 juin 1999.

ment de l'intentionnalité ne s'oppose pas à l'infanticide d'un enfant né non désiré ou au déclenchement prématuré de grossesses mises en route dans le but de récupérer des organes fœtaux.

Peter Singer, notre défenseur du droit des animaux et auteur d'un traité de bioéthique pratique déjà cité, ne voit d'ailleurs à cela rien de répréhensible sur le plan éthique puisque « si l'on compare honnêtement le veau, le cochon et le poulet avec le fœtus, selon des critères moralement significatifs tels que la rationalité, la conscience de soi, la conscience, l'autonomie, le plaisir et la souffrance, etc., alors [ces animaux] viennent bien avant le fœtus quel que soit l'état d'avancement de la grossesse. Car même un poisson manifeste davantage de signes de conscience qu'un fœtus de moins de trois mois » (p. 150).

Cette vision extrême restant tout de même, à ce jour, minoritaire, les partisans d'un système où ce serait la réalité d'un projet parental qui humaniserait l'embryon sont tenus, afin d'éviter ces formes de barbarie, d'instituer parallèlement une limite temporelle, et donc de réintroduire cette notion de pré-embryon (même si le vocable change) dont nous avons vu combien elle était difficilement justifiable sous l'angle de la biologie, ou même sous celui du simple bon sens.

Enfin, comment accepter sereinement que la nature des choses et des êtres ne dépende que du bon vouloir de quelqu'un ? Y a-t-il une grande différence entre la prétention de Caligula à décider si son cheval est une monture ou un consul, entre celle des prélats de l'ancien temps à établir si les femmes, puis les Indiens ont une âme, et celle des biologistes, qui pourront dire, observant deux embryons, que le premier est humain, alors que le second ne l'est pas… parce qu'on l'a voulu ainsi. Lorsque, dans la pièce de Corneille, Horace dit à son beau-frère, Curiace, amant de sa sœur Camille : *Et pour éviter tout discours superflu, Albe vous a nommé, je ne vous connais plus,* il assujettit la réalité à la volonté. Mais Curiace lui répond : *Et moi, je vous connais encore, et c'est ce qui me tue,* manifestant ainsi l'une des plus évidentes et des plus contraignantes des exigences éthiques : c'est dans la reconnaissance des tensions, et non dans leur négation que résident les bases de leur résolution, dans le respect de la nature des faits, des choses et des gens.

Pour autant, je n'entends pas refuser toute notion de recherche sur l'embryon. Dans le cadre de l'assistance médicale à la procréation, les embryons créés ne sont pas tous transférés dans l'utérus maternel. Aujourd'hui, le devenir des embryons non réclamés par les géniteurs reste en suspens. Toute recherche sur l'embryon aboutissant à sa destruction étant exclue par la loi en France et dans de nombreux pays à travers le monde, force est cependant d'en déduire qu'à terme c'est la destruction des embryons en surnombre qui est envisagée. Dans ces conditions, dans le cadre d'un projet de recherche évalué sur les plans éthique et technique, avec l'assentiment des géniteurs, la réalisation de recherches sur ces embryons avant leur destruction doit-elle être considérée comme une atteinte au respect dû à la nature humaine de l'embryon ? La reconnaissance de la dignité des personnes n'a jamais été un obstacle insurmontable à la réalisation de recherches biomédicales à tous les âges de la vie humaine, chez l'enfant, l'adulte ou le vieillard.

Il est vrai que la particularité de la recherche sur l'embryon est qu'elle aboutit en général à sa destruction, ce qui la singularise totalement des autres formes de recherches sur l'Homme. Cependant, cette objection tombe dès lors que la destruction de l'embryon est programmée indépendamment de tout projet de recherche.

En quoi serait-il plus respectueux vis-à-vis d'un embryon humain de le détruire en le décongelant sans ménagement, plutôt que de le soumettre à une recherche de qualité dont on espère un accroissement des connaissances et des moyens de lutte contre l'infertilité ou les maladies du développement ? Il y a là, me semble-t-il, un élément de solidarité entre une vie qui n'adviendra pas et l'amélioration des conditions d'établissement d'autres vies humaines dans le futur qui rappelle la greffe d'organes de donneurs morts, où des personnes disparues passent à des personnes vivantes en difficulté des « témoins » de vie.

Éthiques plurielles, source d'enrichissement mutuel

Le monde est riche de la diversité des démarches individuelles et collectives pour aboutir à la sagesse. Cependant, celles-ci sont parfois opposées en une époque où la communauté internationale tente d'établir des règles universelles de coexistence ou de développement conjoint. Dans le domaine éthique, une harmonisation est en particulier activement recherchée. Celle-ci est sans doute souhaitable, à condition qu'elle ne corresponde pas à une recherche d'uniformité. Oui à l'harmonisation des démarches éthiques, oui à l'approche plurielle des problèmes éthiques, oui à la recherche d'un consensus éthique à partir de démarches originales.

En revanche, non à cette tendance que l'on voit poindre d'un réductionnisme éthique, produit de lanormalisation à travers une pensée unique. Remplacer le débat entre des approches éthiques diverses nourries par une multiplicité d'influences culturelles et historiques par la référence automatique à une norme unique serait un appauvrissement pour tous.

Il existe en apparence deux écueils opposés ; je dis « en apparence », car le danger existe que ni l'un ni l'autre ne soit évité. Le premier est la référence universelle à la seule éthique utilitariste et individualiste, fruit du libéralisme économique triomphant. L'autre est le relativisme moral dont James Watson se fait le chantre dans la citation rapportée au début de ce chapitre : les droits de l'Homme ne sont pas intangibles, ils changent selon les pays et les époques. C'est une question cruciale, objet de bien des débats, d'autant plus que le passé colonial des puissances de l'Occident chrétien a laissé le souvenir d'un système de valeurs occidentales s'intégrant à une logique de domination.

La mondialisation économique et culturelle, c'est-à-dire, en réalité, l'imposition des standards des vainqueurs, engendre en réaction le repli identitaire et communautariste, d'ailleurs acceptable par une pensée individualiste. Ainsi coexistent des normes universelles liées à l'acceptation générale des règles économiques d'un marché souverain, au principe de la libre concurrence des personnes et de leurs entreprises, et donc à la primauté des libertés individuelles de ceux qui ont les moyens de les exercer, et la tolérance envers des particularismes communautaires et ethniques foulant aux pieds des principes aussi fondamentaux que le refus de l'esclavage et de la discrimination liée au sexe.

C'est pourquoi je ne considère pas que la notion de dignité soit aujourd'hui une conception nonopérationnelle, emphatique et historiquement datée. Elle reste l'objectif majeur de la démarche et de la réflexion éthiques, qui doivent être à la fois précisées et inlassablement défendues. En fait, le respect de la dignité de la personne me semble encore aujourd'hui être un objectif essentiel pour le futur.

Chapitre 5

Quelle autorité
pour quelle morale ?

Le mot « morale » a aujourd'hui mauvaise presse, renvoyant à l'image oppressante d'un moralisme pesant réduit à la soumission à un ensemble de règles d'origine religieuse, culturelle et sociale dont l'un des points communs est la diabolisation du plaisir. Ainsi toute une génération a-t-elle cherché à se libérer d'une telle sujétion, revendiquant comme un droit essentiel celui de rechercher la satisfaction des désirs et l'accès au plaisir, libéré de toute entrave morale. Cette connotation négative de la morale a puissamment contribué au succès de l'éthique, que les dictionnaires définissent pourtant comme la science de la morale ! Il n'y a donc pas lieu de s'arrêter à la différence entre morale et éthique, qui est d'ordre sémantique. Ces deux mots renvoient à la réflexion sur le bien et le mal, sur la conduite bonne et l'art de la déterminer. Ainsi oserai-je parler, presque indifféremment, de morale ou d'éthique.

Morales plurielles, morale universelle ?

Y a-t-il une autorité en morale ? Cette question pose d'abord le problème de savoir s'il existe une morale universelle, transcendante à toute autorité, qui coexisterait avec des morales plurielles faisant référence à des cultures, à des religions et à des lois particulières. Ces morales sont diverses. Couper les têtes de l'ennemi et les réduire afin d'en décorer sa maison est par exemple un acte éminemment moral pour certaines tribus, alors que dans tel autre groupe, en Inde ou au Tibet, tuer un être vivant est une totale abomination. Dans une société éthiopienne, le manquement absolu à la morale, c'est de mentir. Ailleurs, le mensonge est l'expression de la considération que l'on a pour les gens, la vérité n'étant que la relation des faits tels qu'ils se sont passés, sans intervention de la conscience et de l'imagination, donc, sans considération pour autrui. De la même manière, une vie sexuellement dissolue, immorale pour les uns, se révèle pour les autres une manière d'honorer les divinités de la nature. En Chine, un ethnologue a rapporté les coutumes inhabituelles des Na du Yunnan quant aux relations entre hommes et femmes. Le mariage n'y existe pas, les mœurs étant ceux d'une polyandrogynie excluant totalement la monogamie. Hommes et femmes ont des partenaires multiples, mutuellement acceptés. Les enfants sont élevés par la maisonnée maternelle, sans père reconnu. Ce mot n'existe d'ailleurs pas dans le dialecte na. Le couple stable, monogame, y est considéré comme contre nature et immoral[1].

Dans un autre registre, l'opprobre lié au vol dépend de la place de la propriété privée dans la collectivité et varie selon les civilisations. Ces différences de morales et d'échelles de valeurs sont des facteurs d'« incommunicabilité » et engendrent des tensions entre les groupes d'individus, formant ainsi l'une des bases du racisme.

Cependant, l'existence de corpus moraux divers selon les époques et les endroits n'exclut pas que puissent être dégagées, en parallèle, les bases d'une morale universelle, conséquence d'une loi naturelle qui, en quelque sorte, fonderait la démarche éthique définie par tout ce qui concourt au respect dû à la personne humaine. Si une telle éthique commune est reconnue, quelle en est l'origine et peut-il exister une autorité qui serait garante de son respect ?

Les oppositions à cette notion, farouches, sont de deux types. Le premier est issu des peuples qui ont connu, qui connaissent encore, sous une autre forme aujourd'hui, la domination occidentale, et pour qui la morale universelle a la même signification que la mondialisation économique, celle d'une volonté normalisatrice des puissances dominantes. L'« idéologie des droits de l'Homme » est alors regardée comme le dernier avatar des prétentions des pays impérialistes à assumer leurs missions, jadis évangélisatrices et civilisatrices…, aujourd'hui éthiques, sous le couvert desquelles se manifeste en réalité leur volonté dominatrice[2]. L'autre type d'opposition est bien illustré par la

---

1. C. Hua, *Une société sans mari ni père, les Na de Chine*, P.U.F, Paris, 1997.
2. J.-P. Changeux (dir.), *Une même éthique pour tous ?*, Odile Jacob, Paris, 1997.

déclaration de James Watson (voir chapitre 4) mettant en garde contre toute référence à des droits de l'Homme fondés sur des principes immuables : tout évolue, les espèces comme les principes moraux, ce qui justifie un relativisme éthique généralisé.

Pour ma part, je reste désespérément attaché à l'idée d'une éthique universelle. Avant tout, d'ailleurs, pour des raisons opérationnelles, parce que la position contraire rend impossible la condamnation de l'inacceptable : l'infanticide des nouveau-nés féminins, la mutilation sexuelle des filles par excision et infibulation, l'esclavage sexuel des femmes et des enfants, l'éviction des filles et des femmes de l'enseignement, de l'exercice des droits civiques, parfois même des soins. Ces pratiques ne sont en effet inacceptables que par référence à des normes morales universelles dont aucun particularisme ethnique ou culturel ne peut atténuer le caractère impératif.

La morale a-t-elle une valeur sélective ?

Pour les croyants, le fondement de la loi naturelle réside en Dieu dont les créatures sont dotées d'un sens moral leur permettant de percevoir le bien et le mal et de suivre la Loi. Il est ainsi significatif de retrouver dans le Lévitique de l'Ancien Testament (chapitre 19, verset 18), dans l'Évangile (Matthieu, chapitre 22, verset 39), dans la philosophie morale de Platon et dans la plupart des textes philosophiques et religieux orientaux, sous des formes diverses, les mêmes références à la nécessité de la justice et le même type de prescription : aimer son prochain comme soi-même.

Pour les non-croyants, à la suite de Darwin *(The Descent of Man),* une autre thèse a été avancée : l'aptitude au sens moral se serait développée parallèlement au processus d'hominisation, c'est-à-dire à l'émergence de l'Homme[3, 4]. Elle pourrait même en constituer une condition nécessaire, au moins sous la forme d'une morale élémentaire qui aurait ensuite progressé de concert avec les progrès de l'évolution humaine. Selon cette hypothèse, l'aptitude à la morale, au moins, en son état le plus primitif, aurait eu une valeur sélective.

Le sens moral est, à l'évidence, propre à l'espèce humaine. Parler de Bien ou de Mal n'a bien entendu aucune signification s'il s'agit de qualifier une action animale, même si elle paraît cruelle. Il y a donc au moins coïncidence entre la naissance de la morale et l'apparition de l'Homme. Par ailleurs, le parallélisme entre le processus d'hominisation et le développement du cerveau, organe de la complexité des tâches accomplies, de la pensée, de la morale et de la liberté, a déjà été souligné dans cet ouvrage. Le cerveau humain a de merveilleuses potentialités, il peut engendrer une immense diversité de représentations mentales, notamment celles du fonctionnement mental d'autrui. Cependant, il faut pour cela qu'il y ait eu un contact éducatif avec d'autres êtres humains. Le cerveau ne réalise jamais ses potentialités lorsqu'un Homme est élevé dans un environnement uniquement animal, sans contact avec d'autres Hommes, comme le montrent les exemples déjà mentionnés des enfants loups, des enfants sauvages. Pour pouvoir profiter de la plénitude de ses capacités, un cerveau humain vierge doit impérativement être engagé dans un

---

3. J.-P. Changeux (dir.), *Les Fondements naturels de l'éthique*, Odile Jacob, Paris, 1993.

4. P. Tort, « Effet réversif de l'évolution », *in Dictionnaire du darwinisme et de l'évolution*, *op. cit.*, vol. I, p. 1334-1335.

échange d'une qualité « humanisante » avec d'autres Hommes.

Cet échange ne se limite pas à la communication d'informations, ce dont sont aussi capables, à un certain niveau, les sociétés animales. Par exemple, un animal sentinelle avertit le troupeau d'un danger. Chez les primates, les échanges d'informations structurant la vie sociale des groupes semblent atteindre une certaine complexité. Il faut, pour que fonctionne le principe édificateur des capacités mentales de l'Homme, que l'échange obéisse au principe de l'altérité. C'est le moment à partir duquel, non seulement on pense à l'autre, mais également à ce que pense l'autre.

Cela suppose d'être à la fois capable d'engendrer des représentations mentales, mais aussi de s'imaginer ce que sont les représentations mentales d'autrui, capacité spécifiquement humaine à la base d'un dialogue argumenté. Imaginer ce à quoi pense l'autre conduit au souci de ce que l'autre pense de ce que l'on pense soi-même, c'est-à-dire du sentiment d'autrui sur soi-même. Dès lors existent les conditions d'une sélection rapide dans les premières sociétés humaines d'une disposition mentale à privilégier les attitudes et comportements favorisant l'harmonie du groupe. C'est là en effet un facteur essentiel au bon déroulement des échanges « humanisants » qui donnent accès au meilleur des potentialités cérébrales. Or ces potentialités constituent le seul avantage sélectif de l'Homme primitif dans un milieu hostile, lui qui, par ailleurs, a des dents et des griffes moins redoutables que celles de prédateurs animaux et court moins vite qu'eux. L'Homme était faible, mais déjà rusé et capable de s'adapter à des situations nouvelles.

Ce moteur évolutif a pu conduire, parallèlement, d'une part à l'amélioration des potentialités cérébrales, qui se manifeste notamment par l'augmentation du néocortex et du volume cérébral, et, d'autre part, à l'acquisition de la disposition au contact « édificateur » avec l'autre au sein du groupe, permettant à l'Homme de se servir au mieux des capacités intellectuelles potentielles ainsi améliorées par l'évolution. Or, créer les conditions d'être « édifié » par l'autre, au contact de l'autre, c'est lui reconnaître une dignité du même ordre que la sienne propre, c'est-à-dire avoir avec lui, déjà, une relation éthique.

Ainsi, l'aptitude mentale à développer une relation éthique dans le groupe peut être considérée aussi bien comme une conséquence du processus d'hominisation que comme l'un de ses moteurs essentiels. Ce sens moral primitif est initialement limité au cercle proche, la famille ou la tribu, composé d'individus que l'Homme a reconnus comme ses semblables. Là réside peut-être, nous l'avons vu, l'origine de l'ethnocentrisme (voir chapitre 3).

Cependant, l'amélioration des capacités de raisonnement sous l'effet du processus évolutif a pu amener l'Homme en société à se poser la question de la légitimité d'une limitation aux proches immédiats de la reconnaissance d'une dignité justifiant le respect, alors que les autres, ceux de l'extérieur, étaient en réalité si semblables. Cette interrogation serait alors à la base du passage d'une « éthique biologique » aux prémisses d'une éthique à vocation universelle.

D'ailleurs, l'une des bases du racisme réside dans le refus de reconnaître autrui comme semblable à soi et aux siens, ce qui amène à le rejeter hors du cercle de ceux auxquels on est lié par une relation éthique.

La notion d'une éthique assimilée à une morale universelle, aux fondements biologiques et évolutifs, est certainement contestable ; elle est cependant tout à fait applicable aux questions d'éthique biologique ou médicale où il s'agit, d'abord, de s'efforcer de respecter les droits des personnes, considérés comme procédant d'une valeur transcendante dans le contexte d'une évolution rapide des savoirs et des techniques.

Dire l'éthique ?

Puisque le fondement de la dignité humaine ne saurait relever, selon cette approche, d'une autorité, faut-il néanmoins une autorité pour en dire les conditions du respect dans un monde changeant ? Cette question concerne au premier chef les comités d'éthique nationaux, tel le Comité consultatif national d'éthique français, ou internationaux, qui se trouvent face à un choix de fonctionnement dépendant de l'idée qu'ils se font de leur rôle. S'agit-il d'une sorte de « Conseil constitutionnel » ou de « Cour suprême » chargés de veiller à ce que les actions de la société, de ses chercheurs et médecins se conforment à une loi naturelle dont les comités seraient les gardiens ? Ou bien faut-il privilégier une conception où les comités d'éthique contribuent au débat démocratique, le préparent et l'alimentent ?

Les questions éthiques soulevées concernent habituellement la légitimité morale d'une application à l'Homme et à son environnement de nouvelles techniques engendrées par de nouveaux savoirs, c'est-à-dire l'évaluation du risque qu'encourent ces techniques d'attenter à la dignité de la personne, à ses droits. Il s'agit là de sujets complexes, nécessitant de clarifier et d'expliciter les techniques en cause, leur nature et leurs conséquences éventuelles, puis d'envisager en quoi elles pourraient contrevenir aux droits de la personne, immédiatement ou dans le futur.

Ensuite, ce travail réalisé, un comité d'éthique donne son avis, c'est-à-dire l'opinion argumentée d'un groupe de citoyens de bonne volonté acceptant de consacrer une partie de leur temps à cette tâche. La contribution la plus éminente d'un comité d'éthique à la réflexion de la société n'est pas l'avis lui-même – qui peut d'ailleurs changer –, mais l'argumentaire qui l'accompagne. Ce dernier inclut l'exposé des différentes facettes de la question traitée, la présentation des positions qui se sont initialement manifestées et le compte-rendu du processus délibératif ayant conduit à l'avis adopté. Chaque fois que cela est nécessaire, le document final doit rendre compte des divergences d'opinions qui n'ont pas été aplanies au cours du débat.

C'est par leur exemplarité plus que par leur nature même que valent les conclusions des travaux d'un comité d'éthique. Il revient alors aux citoyens concernés de se réapproprier la question posée et, à l'aide du matériel intellectuel fourni par le comité d'éthique, au travers du débat démocratique, de se forger eux-mêmes une opinion suffisamment éclairée.

À l'évidence, cette seconde lecture de la fonction des comités d'éthique est seule acceptable, la première revenant à installer des sages se comportant comme les grands prêtres d'une religion qui n'existe pas, à confisquer ce qui doit rester du ressort de l'exercice de la démocratie. Nul doute qu'une éthique à vocation universelle, dont les conditions d'application aux réalités de la vie serait du strict ressort de sages transformés en exégètes d'une loi non écrite, cesserait bien vite de pouvoir prétendre à l'universalité et deviendrait une morale singulière parmi d'autres.

La seule autorité dont doit se prévaloir un comité d'éthique est une autorité morale, c'est-à-dire celle qui lui est reconnue par le plus grand nombre du fait de la qualité et de la lucidité de ses avis. Si le travail d'un comité d'éthique n'est pas une contribution, certes, parfois éminente, au débat public, il perd l'essentiel de son originalité par rapport aux autorités nombreuses, religieuses ou politiques, disant le Bien et le Mal en fonction de convictions particulières.

Au total, s'il ne peut exister de morale particulière en dehors d'une autorité pour la dire, je pense à une morale universelle, aspiration de l'éthique, qui ne relèverait d'aucune autorité. Cela ne signifie cependant pas qu'il soit inutile de réunir des groupes d'hommes et de femmes « faisant autorité » dans son interprétation.

Chapitre 6

L'Homme, la science,
la vertu et les mythes

La question des fondements de la morale et de ses références est posée depuis la plus lointaine Antiquité et se trouve au centre des traditions populaires et religieuses. Les relations entre les aspirations humaines et les limites naturelles ou divines auxquelles elles se heurtent sont au centre de récits mythiques qui mettent tous en scène l'Homme (ou son allié, dans le cas de Prométhée), ses desseins et sa tendance à la démesure et à la transgression. La tradition selon laquelle c'est là que réside la source originelle du péché est depuis longtemps opposée aux entreprises humaines scientifiques et techniques. Mais l'Homme peut-il exister hors de la transgression ?

De la vertu innée à l'eugénisme

La nature de la vertu est débattue dans plusieurs dialogues philosophiques célèbres de Platon dans lesquels il met en scène son maître Socrate. Dans l'un, le jeune disciple Ménon pose d'emblée la question : « Pourrais-tu me dire, Socrate, si la vertu peut être enseignée ou si, ne pouvant l'être, elle s'acquiert par la pratique, ou enfin si elle ne résulte ni de la pratique ni de l'enseignement, mais vient aux hommes naturellement ou de quelque autre façon[1] ? »

Les sophistes professent que la vertu, entendue dans le sens des vertus civiques et politiques, peut être enseignée. D'ailleurs, ils en font leur profession lucrative. Socrate, quant à lui, évolue au cours du dialogue. Il commence par expliquer que la vertu, dont la définition lui semble d'ailleurs incertaine, ne peut pas s'enseigner. Des hommes vertueux, Périclès, par exemple, bien qu'investis dans l'enseignement de leurs enfants, n'ont pas pu leur transmettre cette vertu politique que chacun admirait chez eux.

Dans un deuxième temps, Socrate admet que si, néanmoins, la vertu peut s'enseigner, c'est qu'elle n'est en réalité que l'une des conséquences de la science : le vrai doit obligatoirement engendrer le bon et le beau, puisque, dans la conception de Platon, un homme sachant ce qui est bien et ce qui est mal, ce qui est beau et ce qui est laid, ne peut d'aucune manière faire le mauvais choix. Il n'est pas sûr qu'existent aujourd'hui beaucoup de penseurs pour se retrouver dans cette vision optimiste de la nature humaine ! Mais non, se reprend Socrate, les exemples abondent montrant qu'il n'est pas

---

1. Platon (env. – 427 à – 347 av. J.-C.), *Ménon*, p. 325, Garnier-Flammarion, Paris, 1967.

possible par l'enseignement de transmettre la vertu. Par conséquent, si la vertu ne peut s'enseigner, elle n'est pas une science, puisque celle-ci, à l'inverse, s'enseigne. Mais dès lors, comment fonder la vertu ? Curieusement, l'hypothèse qui clôt ce dialogue propose que, au-delà de la science, l'opinion vraie, innée, en constitue le fondement.

Cette opinion vraie s'est forgée dans les expériences antérieurement vécues, dans d'autres corps, par cette âme éternelle passant de l'un à l'autre, selon la conception platonicienne. « Il s'ensuit, dit Socrate, que la vertu n'est ni un don de nature, ni une matière d'enseignement, mais que c'est par une faveur divine qu'elle arrive dans l'intelligence chez ceux qui en sont favorisés[2]… » Par la faveur des dieux, certains hommes se montrent vertueux, mais cette qualité ne peut se communiquer. Et si jamais un homme capable d'enseigner la vertu existait, il serait parfaitement exceptionnel, tel Tirésias parmi les morts, dont Homère dit : « Il est le seul sage tandis que les autres ne sont que des ombres errantes[3]. »

Cette dernière hypothèse que Platon met dans la bouche de Socrate renvoie très singulièrement au débat bien actuel sur le déterminisme des qualités morales, thème récurrent, nous l'avons vu, des discours racistes.

La conception que l'homme vertueux l'est par don divin évoque la thèse de la prédestination, point majeur des conflits théologiques entre les protestants et les catholiques. Cette différence d'interprétation religieuse a joué un rôle dans la diffusion internationale de l'un des avatars pervertis du darwinisme, l'eugénisme.

---

2. Platon, *Ménon*, p. 374, *op. cit.*
3. Platon, *Ménon*, p. 375, *op. cit.*

Francis Galton[4], cousin de Charles Darwin, a fondé la thèse de l'eugénisme sur la conception suivante : l'atténuation par la civilisation de la rigueur des processus de sélection naturelle risque d'aboutir à l'accumulation de lignages humains aux qualités inférieures. Avant même le paroxysme de l'Allemagne nazie, cela aboutit à des campagnes de stérilisation massive de personnes considérées comme asociales, épileptiques, délinquantes, de faible quotient intellectuel…, toutes particularités que le déterminisme ambiant attribuait à la nature et aux gènes.

Des dizaines de milliers de personnes furent stérilisées dans les pays scandinaves, aux États-Unis d'Amérique, en Suisse, au Canada anglophone. Si le Québec fut plus épargné, la langue n'y est naturellement pour rien : la théologie catholique du jugement des hommes en fonction de leurs actes ne peut guère se satisfaire d'une idéologie fondée sur l'hérédité des qualités morales. En revanche, cette conception n'apparaît pas incompatible avec la théorie de la prédestination. Loin de moi, évidemment, l'idée de prétendre que la foi protestante a conduit à l'eugénisme ; cet exemple a pour seul objectif d'indiquer le caractère complexe de la structuration d'une idéologie, résultat d'une alchimie entre des préjugés, une science, éventuellement une religion et une société.

En revanche, l'idée selon laquelle la conception de Platon s'intègre à une vision qui n'exclut pas l'eugénisme est parfaitement valable. Dans un ouvrage ultérieur, *La République*[5], Platon s'efforcera de définir

---

4. F. Galton (1822-1911), *Inquiries into Human Faculty and its Development*, 1883. Voir aussi C. Lenay, *Dictionnaire du darwinisme et de l'évolution*, vol. II, *op. cit.*, 1783-1789.

5. Platon, *La République*, Gallimard, coll. « Folio », Paris, 1993.

l'organisation de la Cité idéale où régnera la justice. Dans cette Cité, des hommes remarquables, gardiens de la Cité, procréeront avec des femmes choisies pour leurs qualités morales et physiques afin de perpétuer un lignage exceptionnel ! Il faut remarquer que l'on est passé, du *Ménon à La République,* de qualités innées mais intransmissibles à des talents héréditaires.

Cet exemple de l'eugénisme illustre à la perfection le phénomène d'idéologisation d'un sentiment, d'un préjugé ou d'une croyance antérieurs sous l'effet de l'intégration d'une avancée scientifique. Les racines de l'eugénisme, comme celles du racisme et du déterminisme, sont fort anciennes, voire multimillénaires. Cependant, c'est bien la révolution créée par la découverte des principes de l'évolution qui les ont structurées en ces idéologies dont nous avons douloureusement vécu les différentes conséquences au XXᵉ siècle.

Science et morale, de Platon à Rabelais

Dans le dialogue *Protagoras,* Socrate en reste aux deux premières des idées qu'il défendra successivement dans *Ménon,* écrit ultérieurement : il est impossible d'enseigner la vertu à moins qu'elle ne soit une science, le vrai et le bon étant de même nature. Cette position a été l'objet de nombreux contresens conférant au mot « science » une signification moderne qu'il n'a pas ici. Platon ne dit en effet certainement pas que le progrès des sciences débouche sur la vertu, puisque l'idée même de progrès lui est parfaitement étrangère. Pour lui, le monde où il vit, avec ses connaissances et ses arts, est indépassable, et le mot « science » recouvre, certes, la réacquisition des connaissances (je dis « réacquisition », car, selon Platon, elles ont pu être acquises par l'âme en une vie antérieure), mais aussi et surtout la recherche de la sagesse et de la morale, la science du bien et du mal. Socrate dit par exemple à Protagoras : « Lorsqu'un homme a la connaissance du bien et du mal, rien ne peut le vaincre et le forcer à faire autre chose que ce que la science lui ordonne[6]. »

Afin de développer la thèse selon laquelle le savoir ne suffit pas à déboucher sur la vertu, Protagoras s'appuie sur le récit réinterprété du mythe de Prométhée[7]. « Il fut jadis un temps où les dieux existaient, mais non les espèces mortelles. Quand le temps que le destin avait assigné à leur création fut venu, les dieux les façonnèrent dans les entrailles de la terre. [...] Quand le moment de les amener à la lumière approcha, ils chargèrent Prométhée et Épiméthée de les pourvoir et d'attribuer à chacun des qualités appropriées. »

Épiméthée, celui qui ne prévoit pas, qui ne se rend compte qu'après coup, décide de se charger du travail. Il attribue si bien à toutes les espèces vivantes des qualités judicieuses, complémentaires, assurant leur survie et leur multiplication, que, sans y prendre garde, il dépense pour les animaux toutes les facultés dont il disposait, rien ne lui restant pour la race humaine.

Prométhée vient alors pour examiner le partage : « Il voit les animaux bien pourvus, mais l'homme nu, sans chaussures, ni couverture, ni arme, et le jour fixé approchait où il fallait l'amener du sein de la terre à la lumière. Alors Prométhée, ne sachant qu'imaginer pour donner à l'homme le moyen de se conserver, vole [aux dieux] la connaissance des arts avec le feu [...] et il en fait présent à l'homme [...] lui donnant ainsi la science

---

6. Platon, *Protagoras*, p. 83, Garnier-Flammarion, Paris, 1967.
7. Platon, *Protagoras*, p. 52-54, *op. cit.*

propre à conserver sa vie ; mais il n'avait pas la science politique ; celle-ci se trouvait chez Zeus » et était bien gardée.

L'homme possède ainsi les arts et les techniques. Cependant, il n'a pas les vertus civiques ; « aussi les hommes à l'origine vivaient isolés et les villes n'existaient pas ; ainsi périssaient-ils sous les coups des bêtes fauves, toujours plus fortes qu'eux ; les arts mécaniques suffisaient à les faire vivre ; mais ils étaient d'un secours insuffisant dans la guerre contre les bêtes […] Ils tentaient de se réunir mais quand ils s'étaient rassemblés, ils se faisaient du mal les uns aux autres parce que la science politique leur manquait, en sorte qu'ils se séparaient de nouveau et périssaient ».

C'est alors que, craignant que la race humaine ne soit anéantie, Zeus demande à son messager Hermès de porter aux hommes *aïdos* et *dikè,* c'est-à-dire la pudeur, que Dominique Lecourt[8] propose de traduire plutôt par respect mutuel, et la justice. Cette leçon que Protagoras tire du mythe prométhéen nous semble aujourd'hui l'emporter sans contestation sur les positions que Platon prête à Socrate : la science et les techniques sont indispensables mais insuffisantes à l'homme pour survivre. Il lui faut également la justice et le respect mutuel, qui sont d'une autre nature.

François Rabelais reprendra cette idée dans sa célèbre formule si rebattue qu'elle est à la philosophie ce que le *Canon* de Pachelbel ou l'*Adagio* d'Albinoni sont à la musique : « Science sans conscience… »

---

8. D. Lecourt, *Prométhée, Faust, Frankenstein, Fondements imaginaires de l'éthique*, Groupe synthélabo, Les Empêcheurs de penser en rond, Paris, 1996.

La science se fixe pour objectif l'approche du vrai, ou au moins du plausible, ce qui est insuffisant pour engendrer des valeurs et fixer les règles de la conduite bonne, déterminer ce qui sépare le bien du mal. L'adhésion à cette thèse du sophiste Protagoras est (et surtout a été) moins évidente qu'il n'y paraît. La notion de progrès, le Progrès avec un grand P, telle que l'idée s'en est imposée parallèlement aux révolutions scientifiques du XVIIe siècle, jouant un rôle considérable dans l'histoire de l'Occident du siècle des Lumières à nos jours, implique que le progrès des connaissances, aboutissant à celui des techniques, indispensable au progrès de l'économie, est facteur du progrès des sociétés, l'une des conditions de l'épanouissement de l'Homme.

De ce fait, le progrès des connaissances et des techniques tend par essence vers le bien et le bon. Jean-Paul Sartre dira que le Progrès est « la notion d'une ascension qui rapproche l'homme indéfiniment d'un terme idéal » ; Victor Hugo le considérera comme « le pas collectif du genre humain » alors qu'Auguste Comte, chantre du positivisme, appellera de ses vœux un système ayant l'ordre pour base et le Progrès pour but, fondement de la république bourgeoise et de ses piliers – les policiers, les instituteurs et les savants.

Le courant politique du progressisme sera largement fondé sur cette conception du Progrès considéré comme mouvement ascendant coordonné du savoir, des techniques et de la société.

À l'inverse, depuis la condamnation de Galilée, l'Église catholique ne cessera de s'opposer aux racines mêmes de ce mouvement, contestant la véracité des découvertes scientifiques. Contre Darwin, Rome soutient que l'ancienneté de la vie et de la Terre ne dépasse pas quatre mille ans avant Jésus-Christ. L'Église considérera ultérieurement que l'atome est une notion impossible puisqu'elle ne permet pas d'expliquer la transsubstantation de l'eucharistie. Au siècle dernier, Léon XII déclare que se faire vacciner revient, pour un catholique, à s'opposer à la volonté de Dieu, créateur de la nature et de ses épidémies.

Ces positions, dont se repent aujourd'hui la hiérarchie romaine, devaient entraîner une inéluctable cassure entre l'Église et le Progrès, facteur déterminant, depuis le siècle des Lumières et la Révolution, des premiers grands clivages politiques. Le début du XXe siècle est donc, dans de nombreux pays d'Occident, largement progressiste, anticlérical… et optimiste.

À la fin du XXe siècle, rares sont ceux qui, surtout en Europe, gardent la même foi dans le Progrès. Cette remise en cause est due au fait que, malgré l'essor des connaissances et des techniques, malgré les avancées considérables qui ont allégé le fardeau des Hommes, certains espoirs ont été déçus.

Et, pourtant, nombreux sont les éléments positifs qui ont changé du tout au tout les conditions et les perspectives de la vie des femmes et des hommes : en Europe, la disparition de la famine ; la fin de cette fatalité que représentaient encore au début du siècle la lourde mortalité périnatale des enfants et celle des femmes en couches ; la diminution des grandes épidémies, l'éradication de la variole ; l'accroissement de la durée de vie dans des proportions considérables (l'espérance de vie à la naissance au début du siècle était, en France, de l'ordre de quarante-cinq – cinquante ans ; elle est aujourd'hui de soixante-quatorze ans pour les hommes et de près de quatre-vingt-trois ans pour les femmes) ; et, enfin, la maîtrise par les femmes de leur fécondité, élément fondamental de notre siècle qui est à l'origine d'un progrès et d'une capacité d'épanouissement dont on ne dira jamais assez le caractère révolutionnaire. Sans oublier toutes les innovations que l'on dit « de confort » mais qui représentent, en fait, tout ce qui allège la peine de l'Homme et lui donne les moyens de sa réalisation personnelle, notamment intellectuelle.

D'un autre côté, ce siècle a connu les holocaustes – l'Arménie, la barbarie nazie –, les guerres. L'industrie chimique a eu son Bhopāl, l'industrie nucléaire a eu son Tchernobyl.

On sait que l'excès d'industrialisation est responsable d'une accumulation de gaz carbonique entraînant un effet de serre. Un réchauffement de la planète devrait s'ensuivre, aggravant les catastrophes écologiques d'aujourd'hui : celles liées à la surindustrialisation aveugle dans l'ex-Union soviétique, à la surpopulation, à la surexploitation agricole conduisant à un appauvrissement des terres dans les pays en voie de développement, à la déforestation et à la pollution marine.

Enfin, certains résultats du progrès dont on pouvait être le plus fier sont aujourd'hui remis en question : des maladies que l'on croyait vaincues refont parler d'elles ; la tuberculose réapparaît, flambe en Afrique et est loin d'avoir disparu dans les pays développés ; le cancer, malgré les progrès considérables accomplis dans la compréhension de ses mécanismes, frappera, en l'an 2000, une personne sur trois et en tuera probablement une sur cinq. Les affections neurodégénératives – la maladie d'Alzheimer – sont menaçantes. Enfin apparaissent de nouvelles maladies, à l'origine de nouvelles peurs, tels les encéphalites spongiformes bovine et humaine, le sida, l'infection par le virus Ebola, etc.

De ce fait, on a assisté en cette fin de siècle à un éclatement de la notion de progrès, conçu comme l'évolution générale et continue des sociétés humaines vers leur plus grande réalisation. Ce progrès-là est remplacé aujourd'hui plutôt par des progrès sectoriels, le progrès continu des connaissances qui conduit plus ou moins rapidement au progrès des techniques. Ce dernier est l'un des éléments du progrès économique. Mais l'on sait aujourd'hui que les progrès techniques et économiques ne débouchent pas obligatoirement sur un progrès pour l'Homme et, dans certains cas, semblent pouvoir mettre en péril des progrès antérieurs des conditions de vie des personnes.

Aujourd'hui, l'idée de mondialisation de l'économie conduit parfois à la mise en cause de ce qu'on appelle des avantages acquis mais qui, en réalité, sont aussi des conditions d'épanouissement et de mieux-vivre que les peuples d'Occident ont conquis de haute lutte depuis deux siècles. Ces peuples ne sont-ils pas fondés à marquer leur désarroi face aux contraintes d'un progrès économique qui n'est plus le moyen du progrès individuel, mais devient, à l'inverse, le but en soi auquel les citoyens sont tenus de sacrifier certaines de leurs conquêtes antérieures ?

Par conséquent, même si elle n'a pas disparu, la foi dans le Progrès a diminué. Elle est souvent remplacée par une crainte plus ou moins vague, parfois même par une violente hostilité, qui culmine dans une infinie variété d'intégrismes et de fondamentalismes religieux ou écologique en arrivant même à rejeter jusqu'à la légitimité du questionnement et de la démarche scientifiques.

Aujourd'hui, ce large désamour des citoyens européens envers la science contraste de manière significative avec le sentiment des citoyens américains et de nombreux pays émergents, par exemple en Asie du Sud-Est.

Pour les États-Unis ou, à une tout autre échelle pour des pays tels que Singapour ou Taïwan, il est évident que leur situation favorisée, prédominante, pour ce qui concerne les États-Unis, vient avant tout de leurs performances dans le domaine de la science et de la technologie. Nul citoyen américain n'ignore que la place de son pays, son niveau de vie, pour ceux qui ne font pas partie des fortes minorités défavorisées, sont liés à la puissance économique engendrée par la prépondérance technologique de ce pays-continent. C'est pourquoi le citoyen américain conserve en général une foi dans le Progrès qui rappelle celle de l'Européen au tournant du XIXᵉ et du XXᵉ siècle. Cela est l'un des éléments qui expliquent la différence d'attitude de part et d'autre de l'Atlantique vis-à-vis des biotechnologies, du nucléaire, de l'effet de serre, etc. Incidemment, cet état d'esprit donne encore aux États-Unis les moyens d'accroître leur prééminence scientifique et technique.

L'Homme et les mythes de transgression

Dans ce va-et-vient perpétuel entre mythes récurrents et modernité, la remise en cause de l'idée de progrès et la contestation de la légitimité d'une démarche scientifique ont des racines anciennes. La pensée de l'Homme est confrontée, aussi loin que l'on remonte, à l'interrogation sur les limites légitimes de son action, par rapport au sentiment philosophique de la démesure, l'*hybris* des Grecs, ou à l'empiétement sur le domaine réservé des dieux. Le mythe de Prométhée, utilisé par Protagoras dans sa démonstration, repose sur cette interrogation.

Dans le récit fondateur de *La Théogonie* d'Hésiode, huit cents ans av. J.-C., Prométhée prend le parti des hommes contre les dieux, défie ces derniers, donne le feu divin aux humains et se retrouve puni pour l'éternité. Dans des récits ultérieurs, comme celui d'Ovide[9], Prométhée deviendra même le créateur de l'Homme.

La différence entre les récits d'Hésiode et d'Ovide n'est peut-être pas aussi fondamentale qu'il y paraît : avant que Prométhée ne vole le feu des dieux au profit de l'Homme, la race humaine vivait à l'abri des peines, de la dure fatigue et des maladies douloureuses qui apportent le trépas. Mais, dépourvus du feu divin, ces hommes ne possédaient pas les arts et les techniques. Ils les acquièrent grâce à Prométhée, mais ils sont punis par Zeus, qui, par l'intermédiaire de Pandore, la femme source de tous les maux, leur apporte l'amour, la mort, la peine, la souffrance et la maladie. Mais comment peut-on définir cet être, immortel, sans peine et sans souffrance, sans amour, sans art et sans science ? Il n'est à l'évidence pas humain, et c'est donc par la transgression de la loi divine, des limites imposées par les dieux, que Prométhée leur confère leur humanité, de manière aussi déterminante que dans la version d'Ovide où le Titan façonne l'homme avec de l'argile, de l'eau et du feu.

Ce mythe prométhéen n'est pas sans évoquer le récit du paradis terrestre dans la Genèse. En effet, après qu'il a créé l'homme puis la femme, au sixième jour, Dieu leur interdit de manger des fruits de l'arbre qui donne la connaissance de ce qui est bon et mauvais. Néanmoins, poussé par Ève, dont la fragilité à la tentation aboutit, comme la curiosité de Pandore dans le récit d'Hésiode, au malheur humain, l'homme désobéit. Alors, l'homme et la femme se voient tels qu'ils sont, nus. Ils en ont honte et se fabriquent un pagne avec des feuilles de figuier. Le Seigneur Dieu, voyant cela, en

9. Ovide, (– 43 av. J.-C. – 17 ap. J.-C.), *Les Métamorphoses*, livre I. Traduction de J. Chammard, Flammarion, Paris, 1966.

déduit immédiatement ce qui s'est passé. Il dit à la femme (chapitre 3, verset 16) : « Je rendrai tes grossesses pénibles, tu souffriras pour mettre au monde des enfants » puis il dit à l'homme (verset 17) : « [...] Par ta faute, le sol est maintenant maudit. Tu auras beaucoup de peine à en tirer ta nourriture pendant toute ta vie ; il produira pour toi épines et chardons. Tu devras manger ce qui pousse dans les champs ; tu gagneras ton pain à la sueur de ton front jusqu'à ce que tu retournes à la terre dont tu as été tiré car tu es poussière et tu retourneras à la poussière. »

Comme dans le cas de *La Théogonie,* ce qui naît de la malédiction divine, c'est un être mortel qui peine et qui souffre, qui est réduit à travailler pour subsister ; ayant goûté le fruit de l'arbre de la connaissance, il sait où se situent le bien et le mal et est donc maintenant doté d'un sens moral ; il voit les choses telles qu'elles sont, constate sa nudité et l'habille. En bref, c'est l'Homme réel qui, là aussi, émerge par la transgression. D'ailleurs, une autre similitude existe entre le mythe prométhéen et le récit biblique de la Genèse. Dans l'un et l'autre cas Dieu se sent menacé par un pouvoir acquis et revendiqué par l'Homme. Ainsi, après que Dieu a lourdement puni l'homme et la femme de leur transgression, Il se dit (chapitre 3, verset 22) : « Voilà que l'homme est devenu comme un Dieu, pour ce qui est de savoir ce qui est bon ou mauvais. Il faut l'empêcher maintenant d'atteindre aussi l'arbre de la vie ; s'il en mangeait les fruits, il vivrait indéfiniment. » Alors le Seigneur Dieu renvoie l'homme du jardin d'Éden.

Cette même notion d'un génie humain constituant une menace pour Dieu transparaît dans le récit de la tour de Babel. Parlant tous les mêmes langues, les hommes décident de réunir leurs efforts et de bâtir un grand logis commun, la tour. Ils se disent (chapitre 11, verset 4) : « Allons au travail pour bâtir une ville, avec une tour dont le sommet touche au ciel ! Ainsi nous deviendrons célèbres, et nous éviterons d'être dispersés sur toute la surface de la terre. » Le Seigneur descend du ciel pour voir la ville et la tour que les hommes bâtissaient. Après quoi Il se dit (verset 5) : « Eh bien, les voilà tous qui forment un peuple unique et parlent la même langue ! S'ils commencent ainsi, rien désormais ne les empêchera de réaliser tout ce qu'ils projettent. Allons ! descendons mettre le désordre dans leur langage et empêchons-les de se comprendre les uns les autres. » Le Seigneur les disperse sur l'ensemble de la Terre et ils doivent abandonner la construction de la ville. Ainsi la Genèse suggère-t-elle que la volonté réunie des Hommes joignant leurs efforts est une menace pour Dieu contre laquelle Il doit se prémunir…

Toute l'ambiguïté de ces récits de la Genèse apparaît maintenant en toute clarté. Ils sont en général regardés comme les mythes constitutifs des concepts de péché et de malheur. Cependant, ils indiquent aussi que c'est par la transgression, celle de Prométhée ou de l'Homme lui-même, que l'Homme réel, celui qui vit, souffre, aime et meurt, émerge. Cette tendance à l'exploration des limites et à leur transgression est fondatrice de l'Homme. Elle est une menace pour Dieu…

Depuis l'origine du mythe, le Titan Prométhée est évoqué soit comme l'exemple du châtiment infini auxquels sont promis ceux qui ont commis le sacrilège d'attenter au pouvoir divin, d'empiéter sur son domaine, soit comme le modèle du bienfaiteur d'une humanité qui n'existe et ne progresse que dans le défi et le refus des limites.

Au début du XIXᵉ siècle, la toute jeune Mary Shelley intitule son ouvrage *Frankenstein ou le Prométhée moderne*[10]. En réalité, Mary Shelley mélange ici deux mythes. Le premier est celui de Prométhée, qui confère, grâce au feu électrique doté de certains des pouvoirs du feu céleste, la vie à des fragments disparates d'hommes grossièrement assemblés. Victor Frankenstein, le Prométhée moderne, en est puni puisqu'il finit par succomber à la vengeance de sa créature. L'autre mythe est naturellement celui de l'apprenti sorcier datant de l'Athènes du IIe siècle : on sait qu'un apprenti dont le maître magicien transforme un manche à balai en serviteur à son service, lorsqu'il en a besoin, décide, se rappelant les formules magiques utilisées, d'imiter ce maître en son absence. Il commande au serviteur ainsi obtenu d'aller chercher de l'eau. Cependant, le jeune homme a oublié la recette de la transformation inverse. Il tente alors de briser le balai porteur d'eau et en obtient deux faisant le double du travail ! Il se serait noyé dans la maison inondée par ces serviteurs infatigables charriant des seaux d'eau si le magicien n'était venu à temps pour rétablir la situation.

Victor lui aussi est un apprenti sorcier ne sachant pas maîtriser la créature à laquelle il a donné vie et qui le poursuit de son désir de vengeance. L'auteur manifeste clairement ses intentions dans le dialogue final où Victor Frankenstein, mourant, met en garde le capitaine Walton, un explorateur à la recherche d'une voie maritime, qui l'a recueilli dans le Grand Nord : « Apprenez donc, sinon par mes préceptes du moins par mon exemple, combien il est redoutable d'acquérir certaines connaissances, et combien plus heureux que l'homme qui aspire à devenir plus grand que sa nature ne lui destine,

---

10. Mary Shelley (1797-1851), *Frankenstein, or the Modern Prometheus*, Wordswooth Ed. Ltd, Londres, 1993. *Frankenstein ou le Prométhée moderne*, J'ai lu, Flammarion, Paris, 1997.

est celui qui s'imagine que sa ville natale est le pivot de l'univers. »

Ici, c'est pour sa démesure, pour la transgression de la barrière entre œuvres humaines et domaine divin qu'est puni Victor Frankenstein. Cependant, loin des intentions de Mary Shelley, il existe une autre interprétation de l'œuvre. Ce dont périt Victor, le Prométhée moderne, c'est de l'imperfection de son œuvre, c'est d'avoir échoué à créer un être humain authentique qui aime et est aimé. La créature mâle de Frankenstein n'est pas insensible. Ce monstre peut ressentir de la compassion et a soif d'aimer ; il voudrait l'être en retour. Pourtant, son créateur le lui refuse puisqu'il détruit avant qu'elle ne soit terminée la créature féminine qu'il assemblait à cette fin. Victor laisse ainsi son œuvre inachevée, monstre solitaire à l'humanité incomplète, privé d'amour et, de ce fait, incontrôlable.

Le mythe du Frankenstein de Mary Shelley, celui d'un Prométhée blasphémateur et apprenti sorcier, est fréquemment utilisé pour stigmatiser les folies des sciences et des techniques modernes, et avant tout du génie génétique qui, de son côté, s'arroge le privilège divin de décider de la nature des êtres vivants. Au début de l'année 1999, la presse populaire anglaise présente ainsi une pomme de terre ayant subi des modifications génétiques par transfert de gènes comme l'archétype des *Frankenfoods* qui menaceraient la pérennité de l'humanité. Les scientifiques, avides de transgression, ne respectant pas la nature divine de l'ordre naturel, sont des apprentis sorciers engendrant des monstres aussi redoutables que la créature de Victor Frankenstein, dont ils perdront la maîtrise et qui sont une menace pour le genre humain !

Dans l'opinion publique, ce n'est pas l'image d'un Prométhée bienfaiteur de l'humanité, qui défie les dieux pour améliorer la condition humaine, qui l'emporte aujourd'hui. C'est plutôt celle du blasphémateur impie, responsable du malheur de l'Homme chassé d'un jardin d'Éden originel, et pour cela justement puni, qui s'impose. C'est cette image d'un Prométhée – Frankenstein – apprenti sorcier que l'on accole souvent aux biologistes, aux généticiens dont on se demande de plus s'ils n'ont pas vendu leur âme au diable.

Le chercheur et le diable

Le Faust de Goethe[11] ne supporte plus sa misère et l'inanité de ses efforts. Il veut aboutir, il veut tout, à tout prix et tout de suite, et passe avec le diable le pacte infernal qui lui donne jeunesse, richesse, amour et pouvoir. Pour le chercheur moderne, le diable peut être l'argent, le pouvoir économique auquel les chercheurs font si souvent appel pour accroître leurs moyens. Le diable, c'est également le mal, c'est-à-dire, dans la conception éthique discutée plus haut, ce qui constitue une menace pour les droits de l'Homme, et d'abord pour son droit à la dignité. En d'autres termes, le chercheur moderne, en dehors de son alliance suspecte avec les forces de l'argent, n'est-il pas toujours prêt, dans son appétit de puissance, à prendre des libertés avec le respect dû à autrui ?

En réalité, de même qu'il existe une interprétation positive du mythe prométhéen dans laquelle se retrouve volontiers le chercheur, il faut se rappeler que, dans le *Faust* de Goethe, c'est en définitive Dieu, le bien… et Faust qui l'emportent grâce à un marché de dupes avec

---

11. Johann Wolfgang von Goethe (1749-1832), *Faust*, Diane de Selliers, Paris, 1997.

Méphistophélès : le pacte stipule que l'âme de Faust pourra être emportée en enfer si, comblé par les jouissances que lui procure son partenaire infernal, il manifeste son plaisir total et indépassable. Pour Faust, le risque n'est pas grand : comme le chercheur en quête perpétuelle d'un savoir sans limites, et de toute façon toujours remis en question, Faust ne s'imagine pas déclarer un jour qu'il est totalement satisfait et n'a plus de désirs ! Et pourtant cela se produit par un curieux renversement de situation, lorsqu'il s'engage corps et âme dans une action au service des autres, l'assèchement d'un marais hollandais. Ainsi, y étant parvenu, il se déclare satisfait, et meurt ; mais après une telle action c'est au ciel que va son âme !

Par conséquent, le chercheur ne récuse ni les critiques liées à ses aspirations prométhéennes ni l'accusation d'un pacte infernal faustien. Après tout, dans l'un et l'autre cas, c'est l'humain qui est bénéficiaire, et le côté sombre de la divinité, celui qui s'oppose aux aspirations et à l'épanouissement humains, qui est grugé ! Le chercheur est profondément convaincu que c'est dans la révolte contre les limites mises à ses aspirations que l'homme s'est toujours élevé, voire qu'il a émergé, selon les différents récits de la Genèse, dans la transgression et par la transgression. Pour autant, les scientifiques n'en ont pas moins l'ardente obligation de se poser la question des limites légitimes de leur action, au-delà desquelles ce qu'ils accompliraient serait mal.

Cependant, la référence ultime, la seule susceptible d'entraîner une adhésion du plus grand nombre, c'est bien l'Homme lui-même et non point des barrières édifiées selon les préceptes d'une morale particulière. L'Homme peut très légitimement revendiquer la liberté d'accéder au savoir, de se donner, toute sa vie, les moyens de tenter de répondre à ces questions que les enfants posent à leurs parents : qu'est-ce que c'est ? Comment c'est fait ? Comment ça marche ? À quoi ça sert ? Ces pulsions de connaître et ce désir de léguer son savoir sont en effet indissociables de la qualité d'Homme. Cependant, cette liberté obéit à la règle générale, c'est-à-dire qu'elle s'arrête là où elle commence à attenter à la liberté d'autrui, à sa dignité, à ses droits, à son autonomie et à sa sécurité. La frontière entre le licite et l'illicite est là et nulle part ailleurs : le droit d'apprendre à connaître et à faire n'implique aucunement celui de l'exercer dans le mépris des personnes, par exemple, celles qui se prêtent à des expériences ou qui peuvent être, directement ou indirectement, concernées par celles-ci (voir chapitre 14). Enfin, lorsqu'un savoir débouche sur le développement de techniques qui concernent l'Homme et son environnement, et par conséquent les générations futures, il ne revient pas au monde scientifique de déterminer s'il est licite de les utiliser et dans quelles conditions, pas plus, nous l'avons vu, qu'à un comité de sages de dire en cette matière ce qui est bien et ce qui est mal. C'est bien à la communauté des citoyens tout entière, par les procédures délibératives et décisionnelles qui lui sont propres, de trancher.

Dans ce processus, le monde scientifique ne devrait pas en principe avoir de pouvoir de décision particulier. Cependant, c'est lui qui alerte, qui informe et expertise, en une période où les opinions publiques ont ainsi évolué que la suspicion est générale quant aux valeurs véhiculées par la science, et même parfois quant à l'indépendance et à la moralité des scientifiques.

Une réelle tension s'est donc développée, surtout en Europe, entre les citoyens et leurs chercheurs. Pourtant, comment imaginer que nos sociétés puissent faire demain l'économie d'une pacification du dialogue entre la société civile et la science, tenant compte des besoins, des peurs et des espoirs de l'une, et de la logique de l'autre. Il en va de l'exercice de la démocratie dans un monde technicisé, en développement rapide, entre technocratie et crispation antiscientifique nourrie de la référence réflexe à des mythes terrorisants non réinvestis.

Chapitre 7

Peurs, espoirs, expertise
et valeurs

Les espoirs et les peurs qui composent conjointement le regard des hommes de la fin du XXe siècle sur l'avenir se cristallisent, selon les cas, sur le progrès scientifique et technique, ses promesses, ou bien, beaucoup plus souvent, la crainte de ses excès, alimentée par toutes les récurrences mythiques, la transgression prométhéenne, l'inconscience du scientifique apprenti sorcier, l'immoralité du savant faustien, la menace des êtres hybrides monstrueux créés par des biologistes moléculaires dignes de Frankenstein. Le sentiment public sur la science oscille donc entre peurs et espoirs.

Les multiples visages de la peur et de l'espoir

Au sens littéral du terme, la notion d'espoir inclut deux composantes : le désir que quelque chose se réalise et la confiance que l'on a en sa réalisation. Quand la réalisation de ce qu'on désire semble très improbable, on ne parle plus d'espoir mais de fol espoir : on est au-delà de l'espoir. L'espoir est synonyme d'attente confiante de la réalisation d'une chose que l'on désire. Appliquées au futur, ces notions indiquent que l'espoir recouvre tout d'abord le choix d'un avenir que l'on souhaiterait voir se réaliser pour soi-même, pour les siens et pour ses descendants, puis la prédiction ou la prévision de ce qui se passera réellement.

Ces prévisions sont indispensables à la constitution d'un espoir. En effet, je peux très bien désirer voler comme un oiseau, ou être doué d'un génie comparable à celui d'Einstein, mais, ne le croyant pas possible, je ne l'espère pas. La structuration d'un espoir nécessite donc, outre la reconnaissance de ce que l'on désire, soit une évaluation objective de ses chances de survenue, soit une foi. Un croyant espère que le Christ reviendra sur Terre, qu'il y aura résurrection des corps. Il ne cherche pas à mesurer la probabilité de ces événements mais y croit.

Un espoir est en principe positif : je formule l'espoir que la faim reculera dans le monde et que se développera la démocratie – et, grâce à quelques indications, j'ai le sentiment d'y assister. J'espère que la faim reculera parce que je pense que la science peut apporter des solutions au problème des rendements agricoles…, sinon à celui des désordres économiques et sociaux. J'ai l'espoir également que se maintiendront, malgré les atteintes qu'ils connaissent aujourd'hui, les sentiments de justice, de solidarité. J'ai l'espoir que l'on vaincra demain des maladies que l'on ne sait pas à ce jour guérir parce que la biologie et la médecine font des progrès. J'ai l'espoir que la conquête de l'espace progressera encore et permettra de découvrir des merveilles qui nourriront l'imaginaire des hommes futurs, voire influeront sur leur vécu.

Parfois, cependant, l'espoir a une définition négative : espérer que ce que l'on craint ne se réalisera pas. Par exemple, j'ai peur d'être victime d'un accident de voiture mais j'espère qu'il ne se produira pas. Ou encore, et pour être plus dans notre sujet, j'espère que le troisième millénaire ne sera pas celui de la déchéance des civilisations humaines, victimes de leur folie, de leur violence et de leur irresponsabilité. Je ne le prévois pas, mais j'en ai peur.

Contrairement au sentiment d'espoir, qui est proprement humain puisqu'il projette sur l'avenir – autant que l'on sache, seule l'espèce humaine est capable de penser l'avenir –, le sentiment de peur n'est que la traduction humaine d'un réflexe qui n'est pas le propre de l'Homme. La peur est un comportement adaptatif, sélectionné au cours de l'évolution animale, qui amène à vouloir se prémunir, par la défense ou par la fuite, contre toute agression ou menace. L'adaptation et le caractère sélectif sont ici tout à fait évidents. Imaginons un lapin qui n'aurait peur ni du chasseur, ni du renard, ni de l'aigle : il ne ferait évidemment pas de « vieux os ».

Le fait d'avoir peur est facteur de survie. Chez l'Homme, ce sentiment de peur va recouvrir toute une série d'états psychiques et leurs conséquences physiologiques, liées à la perception, à la prise de conscience d'un danger, qu'il soit réel ou imaginaire. Évidemment, seul l'Homme a peur de l'avenir puisque, nous l'avons vu, aucune autre espèce n'a probablement de conscience claire du futur. Donc, l'Homme peut redouter un danger pour le futur, danger qu'il encourra lui-même ou bien qu'encourront les générations à venir. Il s'agit là encore d'une peur spécifiquement humaine car on n'imagine pas quelle espèce animale soit en mesure de s'interroger sur le risque encouru par sa progéniture. Nous avons donc peur de ce qui risque de nous menacer demain, nous, les nôtres, et les autres. Cette peur recouvre une série de menaces.

Tout d'abord, les menaces non identifiées qui fondent la peur de l'inconnu. Par définition, l'inconnu est imprévisible et, par conséquent, il peut être bon aussi bien que mauvais. On a forcément peur de l'inconnu puisqu'il peut être défavorable. La peur de l'inconnu est une réaction physiologique qui existe chez tout animal aussi bien que chez tout être humain.

Existent ensuite toute une série de menaces identifiées et concrètes. L'objet menaçant est ici connu, compris. La grandeur de la menace a pu être évaluée, justifiant plus ou moins la crainte qu'elle inspire. Par exemple, on a peur des épidémies, du sida, de la maladie de Creutzfeldt-Jakob, des maladies vénériennes, du cancer ; dans les pays en voie de développement, après une mauvaise récolte, on a peur de la famine ; ou, au contraire, dans nos pays de suralimentation, on a peur que la nourriture ne soit malsaine ; on a peur du chômage, toujours menaçant, de la violence, de la guerre, de la surpopulation, de la pollution.

À toutes ces peurs engendrées par des menaces définies et connues se surajoute très souvent un phénomène lié à la non-compréhension, à la non-appréhension de leur nature. Par exemple, le nucléaire est une menace bien identifiée – il y a eu Hiroshima, Nagasaki et, pour le civil, Tchernobyl –, mais qui sait, parmi la population, ce dont il s'agit ? Ces rayons qu'on ne voit pas, qui peuvent modifier notre A.D.N., entraîner une maladie sans blessure, sans fracture, à petit feu, créent une peur panique.

Les manipulations génétiques peuvent être rangées dans la même catégorie que le nucléaire quant à la nature des peurs qu'elles engendrent dans le public. Et pourtant, depuis vingt ans qu'existe le génie génétique, la réalité de la menace qu'il constitue pour l'Homme et l'environnement n'a encore jamais été démontrée. Il n'empêche qu'on imagine que ces êtres nouveaux créés par les manipulations génétiques, qu'on ne connaît pas, qu'on ne peut définir, sont probablement fort dangereux. Les manipulations génétiques sont aussi parfois ressenties comme un quatrième type de menaces, de caractère métaphysique, ontologique. Cette catégorie de menace est liée à la crainte d'une atteinte à des valeurs individuelles ou collectives : peur d'une perte de l'identité et des racines, d'une remise en cause de la culture, atteinte à une foi.

Les peurs ontologiques ne sont pas du domaine de l'expertise scientifique, ce qui les rend irréductibles aux procédures habituelles d'évaluation du risque. En principe, en effet, la compréhension de la nature d'une menace et l'appréhension objective de son importance aboutissent à la stabilisation de la peur, souvent à un niveau inférieur à celui de l'angoisse initiale. Ainsi, tout le monde a peur du cancer et sait que le tabac en est un grand pourvoyeur ; quiconque prend son automobile pour se déplacer est conscient du risque encouru. Cela est encore plus vrai pour les pratiquants des sports à risque. Cependant, toutes ces menaces sont bien éva-luées, anciennement reconnues ; elles sont intégrées à un niveau stabilisé dans la conscience de chacun.

En revanche, la nouveauté d'une menace accroît con-sidérablement la peur. En effet, cette nouvelle menace est une intruse, elle n'est pas familière, ce qui démulti-plie l'angoisse en y introduisant l'élément de l'inconnu. Cela aboutit à des conséquences stupéfiantes. Il n'est pas probable que l'épidémie d'encéphalite spongiforme bovine (maladie de la vache folle) ou la présence de traces de dioxine dans le lait et les poulets mettent en danger un nombre considérable de vies humaines partout en Europe. Les éléments épidémiologiques et toxicologiques dont nous disposons aujourd'hui ne justifient pas les prédictions de cataclysmes sanitaires. En revanche, le nombre de morts qu'il y a chaque week-end sur les routes ou que provoquent le tabac ou l'alcool est, lui, une tragique réalité. Il n'empêche qu'actuellement les populations ont bien plus peur de la vache folle et de la dioxine que de se tuer dans un accident de voiture ou d'avoir le cancer du poumon lié à la consommation de cigarettes. Ces dernières craintes sont « de vieilles maîtresses », elles nous sont familières, alors que la vache folle est une nouvelle venue que l'on regarde du coin de l'œil et qui terrorise.

Chaque fois qu'une menace est nouvelle, mal comprise, pratiquement inconcevable, elle engendre une peur parfois sans commune mesure avec la réalité du risque encouru.

Expertise et démocratie

Certaines peurs sont irréductibles à l'expertise, nous venons de le voir. Par ailleurs, l'expertise elle-même est aujourd'hui en crise profonde, principalement en Europe.

Au début de l'année 1997, l'émission de télévision « La Marche du siècle », sur France 3, est consacrée au génie génétique et aux plantes transgéniques. J'y fais part des conclusions rassurantes de comités d'experts concernant la sécurité alimentaire des produits dérivés d'un soja transgénique, ce qui me vaut la réplique de l'animateur, Jean-Marie Cavada, que cela ne le convainc pas, car la crédibilité des experts est désormais pratiquement nulle : ils se sont trop trompés dans le passé et ont bien souvent partie liée avec les promoteurs des dossiers expertisés. Je rétorque alors que, dans ces conditions, il vaut mieux alléger immédiatement le processus décisionnel du fardeau d'expertises inutiles et supprimer tous les comités d'experts, ce qui entraîne ce cri du cœur de J.-M. Cavada : « Mais alors, ce serait le chaos ! »

Ce bref échange résume la situation de crise à laquelle se trouvent confrontées les sociétés démocratiques. Les choix à faire, les décisions à prendre ont de plus en plus fréquemment une importante composante scientifique et technique qu'il est indispensable de prendre en compte. De ce fait, des scientifiques et des techniciens, réunis en collèges d'experts, sont mobilisés pour instruire les données du problème posé. Choisis pour leur compétence, ils sont le plus souvent désignés par une autorité politique possédant la légitimité démocratique qui leur fait défaut.

Il arrive que la société tout entière soit directement impliquée dans la discussion des questions posées, lors de grands débats passant par des relais associatifs ou politiques, de consultations nationales directes ou de référendums locaux. Mais, pour que cette participation citoyenne – l'approche démocratique du processus décisionnel – soit effective, les autorités politiques et les citoyens doivent disposer des informations et des outils d'appréciation – de la culture – pour appréhender la nature des enjeux et évaluer les avantages et les inconvénients respectifs des solutions proposées. Or l'évolution de plus en plus rapide de la science laisse en quelque sorte les citoyens « sur place ».

Deux risques se profilent alors : déléguer des décisions essentielles à des comités d'experts sans légitimité démocratique ou aboutir à des choix non éclairés pouvant se révéler gravement préjudiciables à la société.

Dans nos sociétés démocratiques à haut niveau de développement scientifique et technique, il y a en effet contradiction entre, d'une part, une formidable accumulation d'un savoir pluriel obligatoirement affaire de spécialistes et, d'autre part, la nécessité impérieuse pour la masse des citoyens et de leurs représentants de comprendre la nature des problèmes scientifiques et techniques posés afin que la solution choisie, dont dépend l'évolution de la société, puisse réellement être discutée de façon démocratique.

Un débat existe entre ceux qui baissent les bras avec une facilité suspecte devant l'ampleur de la tâche et ceux qui considèrent qu'il est possible de fournir aux citoyens les outils conceptuels et les informations de base nécessaires à l'exercice souverain de leur citoyenneté sur ces questions à dimension technique qui se posent de plus en plus souvent dans la vie des nations.

Si la première attitude me semble suspecte, c'est qu'elle revient à se résigner à ce que des pans entiers des décisions concernant le futur échappent au débat contradictoire et sortent ainsi du champ de l'exercice démocratique. On voudrait qu'elles s'imposent à chacun par leur nécessité supérieure et impérieuse, comme l'ont décrété des experts dont la compétence technique ne s'étend pourtant pas à la détermination assurée de ce qui est bon et souhaitable pour les gens.

La tendance actuelle à la globalisation des problèmes et à l'uniformisation des échelles d'évaluation renforce d'ailleurs dangereusement cette évolution vers un exercice démocratique restreint au contingent et au local, les autres problèmes – nationaux, régionaux et mondiaux – étant de bien trop grande importance pour être réglés par d'autres que par les experts des puissances dominantes.

Il faut reconnaître que la seconde position, qui revient à réaffirmer sa fidélité à l'esprit des Lumières et des fondateurs de la république – le savoir par la démocratie, la démocratie grâce au savoir – peut facilement être taxée d'angélisme et de naïveté. Cependant, si l'on considère la différence existant entre culture et érudition et le fait que la première mais non la seconde fait partie du bagage minimal du citoyen, l'entreprise ne me semble pas irréaliste. La culture, notamment scientifique, n'est pas simple cumul de connaissances, même si elle requiert la familiarité avec certaines d'entre elles, éléments du langage permettant de discuter les problèmes. Elle est surtout affinement progressif des capacités de discernement et de jugement des réalités mouvantes et évolutives auxquelles sont confrontées les sociétés humaines.

L'expert, le décideur et la société

J'ai déjà discuté les mécanismes expliquant la désaffection des citoyens européens envers la science, l'affaiblissement de leur adhésion à l'idéal du Progrès. Pour beaucoup, la science a déçu, d'aucuns sont prêts à dire qu'elle a trahi. Les experts scientifiques sont les premières victimes de ce désamour. Leurs incertitudes, voire leur faillite dans les crises récentes du sang contaminé, de la transmission de la maladie de Creutzfeldt-Jakob par administration d'hormone de croissance, de l'épizootie d'encéphalite spongiforme bovine et son passage à l'homme, de l'amiante…, n'ont pas redoré leur blason aux yeux des citoyens. Les comités d'experts sont donc souvent considérés comme la manifestation arrogante de la technoscience, composés de féaux des pouvoirs politiques, économiques, ou d'une nomenklatura de la Science.

Existe-t-il un profil idéal de l'expert ? La première exigence est celle de la compétence, qui parfois ne doit pas se limiter aux matières scientifiques et techniques mais s'étendre aux sciences sociales et humaines. Malheureusement, la notion de « compétence reconnue » range souvent ipso facto l'expert dans l'establishment, ce qui constituera un facteur de défiance supplémentaire à son encontre.

La deuxième exigence est celle de l'indépendance vis-à-vis des divers intérêts concernés par le sujet de l'expertise. Cette condition est souvent difficile à remplir, la compétence traduisant souvent l'attrait particulier pour – et donc l'implication dans – le dossier traité. La constitution d'un panel d'experts de sensibilités et d'origines diverses, incluant des étrangers quand cela est possible, peut résoudre ce problème.

En dehors de toute pression et de toute connivence, il existe un mécanisme naturel poussant un expert réellement indépendant, mais familier d'un dossier entrant dans son champ de compétence, à en devenir l'avocat. La seule solution pour atténuer les effets de ce phénomène est, là encore, de multiplier les expertises indépendantes. Cela permet d'évaluer à la fois la crédibilité du dossier et celle des experts.

S'il est vrai que la motivation de ceux-ci a pu être, et est encore parfois, d'accéder à la reconnaissance publique, cette ambition semble de plus en plus hors d'atteinte. L'expert est en effet un scientifique, un technicien ou un industriel établi ayant à diriger ses propres programmes. Son action est très exigeante mais la plupart du temps obscure et presque toujours bénévole. La considération du public, nous l'avons vu, est bien incertaine, de même que celle des autorités politiques dont il est chargé d'instruire les dossiers.

Sans vouloir sembler exagérément angélique ou naïf, je crois bien que l'intérêt intellectuel intrinsèque du travail accompli, le sentiment très fort qu'il est indispensable au fonctionnement de la démocratie et le désir de servir sont des motivations que l'on retrouve peu ou prou chez la plupart des experts, en tout cas pratiquement chez tous ceux avec qui il m'a été donné de travailler. Il faut d'ailleurs reconnaître que l'efficacité de ces motivations doit être bien grande pour l'emporter sur la nécessaire ingratitude des autorités politiques et la suspicion permanente, sur fond d'incrédulité, de la société en général.

Les scandales touchant à des problèmes de santé publique qui ont récemment ébranlé de nombreux pays imposent de rappeler ce qu'est une expertise, et ce que peut être la responsabilité, individuelle et parfois pénale, de l'expert. La méfiance de la société s'accompagne en effet d'une méconnaissance complète de la nature et des limites d'un travail d'expertise scientifique.

Le but d'une expertise est de présenter l'« état de l'art » et non point de prédire l'avenir. L'état de l'art est la somme des connaissances historiques, théoriques et expérimentales sur le sujet traité, à laquelle s'ajoutent les interprétations et les hypothèses rationnelles découlant de ce savoir. Lorsque celles-ci sont diverses, elles doivent toutes être présentées, et éventuellement hiérarchisées en fonction des soutiens dont elles disposent dans la communauté scientifique.

Enfin, le travail d'expertise doit présenter les conséquences possibles des différents choix en fonction des théories acceptées. En matière d'évaluation du risque, il doit déboucher sur l'appréciation du niveau de danger d'un phénomène potentiel et de sa vraisemblance. L'expertise revient en général à comparer les risques d'une procédure envisagée à ceux associés aux procédures antérieures ou alternatives. Un expert ne peut jamais dire : « Rien d'inattendu et de potentiellement dangereux ne peut survenir » ; un tel énoncé serait à l'évidence non scientifique. Son seul message est : « En l'état des connaissances, ce choix particulier semble comporter un risque inférieur, égal ou supérieur à tel autre choix possible », ou au statu quo.

Dès lors, compte tenu de l'évolution des connaissances, il arrive que ces analyses conduisent à un choix qui se révèle déplorable. Quelle est, dans ce cas, la responsabilité de l'expert et celle du décideur politique ? Ce dernier peut arguer, à juste titre, qu'il n'avait pas d'autre solution raisonnable que de suivre l'avis rendu par le comité d'experts. Ces derniers feront valoir que leur évaluation était la meilleure possible au moment où elle a été menée. Cette esquive mutuelle fera dire à certains que, face à cette incertitude généralisée, il eût fallu appliquer le « principe de précaution ». Cependant, ce principe, qui prend souvent l'allure du statu quo peut également aboutir au maintien d'une situation imparfaite qu'il eût été possible d'améliorer en adoptant de nouvelles procédures.

En d'autres termes, la plus grande précaution n'est évidemment pas toujours l'abstention. Le principe de précaution est essentiel s'il fonde que tout doit être mis en œuvre pour diminuer les risques d'une innovation, s'assurer qu'ils ne dépassent pas ceux d'autres choix possibles. En revanche, l'entendre comme un principe d'immobilisme reviendrait à considérer que, tout étant parfait, il n'y a rien à améliorer. Qui le croit ?

En tout état de cause, la position de l'expert ne sera tenable que s'il est acquis que son avis était scientifiquement le mieux fondé au moment où il a été rendu, et qu'il n'a en rien été influencé par les différents pouvoirs concernés, a fortiori par son intérêt. Cette indépendance est, par ailleurs, la condition sine qua non de l'estime à laquelle aspirent peu ou prou tous les experts : l'estime de soi, l'estime des pairs, et celle du public en général.

La décision finale est, par essence, politique. Elle peut donc légitimement intégrer bien d'autres considérations, notamment économiques, morales ou sociales, que celles résultant de l'expertise.

Cependant, il importe que chacun assume son rôle et expose clairement ses conclusions et ses motivations. Le décideur politique ayant intégré tous les paramètres de la question en suspens, l'expertise scientifique, les considérations sociales et éthiques, le sentiment général, doit fonder sa décision sur ce qui l'a vraiment motivée. Il doit éviter de justifier toute réponse négative par l'existence d'un risque et toute réponse positive par son absence. Se défausser ainsi de ses prérogatives sur une expertise sollicitée pour les besoins d'une cause enlève à l'action politique sa grandeur, et même sa raison d'être : l'engagement déterminé mû par le sentiment du bien public.

Un politique assumant ses responsabilités, des experts jaloux de leur indépendance mais conscients de leur absence de légitimité démocratique, un respect mutuel et une vision claire des enjeux pour le citoyen, voilà quelques règles simples qui pourraient contribuer à surmonter la crise d'un processus qui, si décrié soit-il, n'en joue pas moins un rôle stratégique dans le fonctionnement de nos sociétés.

Une fois que leurs peurs apaisables ont été apaisées, que les données de l'expertise ont été acceptées, ce qui est déjà en soi bien difficile à atteindre, rien n'indique qu'une nouvelle procédure rendue possible par le développement scientifique et technique sera (facilement) acceptée par les citoyens. En effet, l'adhésion à une innovation, au-delà de la compréhension de sa nature et de sa sécurité, intègre un jugement de valeur qui prend en compte sa finalité. Pourquoi procéder de la sorte ? Cette interrogation sur le sens, celui de la vie et des choix, est certainement l'un des facteurs essentiels du regard que jette la société sur les innovations techniques. À partir du moment où l'adhésion de principe au Progrès et à ses manifestations n'est plus partagée par de très nombreuses personnes, l'acceptation d'une innovation par le public dépend de l'appréciation de sa légitimité par rapport à un besoin ou à une demande et de sa compatibilité avec un corpus de valeurs collectives, culturelles, sociales et parfois religieuses qui sont considérées comme indispensables à la cohésion d'une communauté humaine.

Ainsi des sentiments tels que la répugnance, l'indignation et la révolte, voire la simple antipathie liée à une désapprobation esthétique, constituent-ils fréquemment aujourd'hui le moteur de la résistance à des évolutions technologiques dont la finalité est soit non perçue, soit rejetée.

Le dialogue entre les promoteurs de ces innovations et la société est trop souvent encore un dialogue de sourds. Les premiers sont persuadés que seule l'ignorance, voire l'obscurantisme, explique le rejet de leurs projets, et qu'il suffit d'éduquer et d'expliquer pour les rendre acceptables. La seconde, s'exprimant par tout un réseau associatif, masque souvent une opposition fondée sur des valeurs personnelles par une interpellation sur le plan des risques.

Le meilleur exemple de ces relations difficiles entre progrès technologique et société est certainement fourni par les biotechnologies modernes appliquées à l'agriculture et à l'alimentation.

Chapitre 8

L'Homme, sa nourriture, son environnement et les biotechnologies

Selon la Genèse (chapitre 1, versets 28 et 29), au sixième jour, après avoir créé l'homme et la femme à son image, Dieu leur dit :

« Ayez des enfants, devenez nombreux, peuplez toute la terre et dominez-la ; soyez les maîtres des poissons dans la mer, des oiseaux dans le ciel et de tous les animaux qui se meuvent sur la terre. » Et il ajouta : « Sur toute la surface de la terre, je vous donne les plantes produisant des graines et les arbres qui portent des fruits avec pépins ou noyaux. Leurs graines ou leurs fruits vous serviront de nourriture. »

De fait, qu'il ait obéi à ces prescriptions ou, plus probablement, qu'il ait été sélectionné au cours de l'évolution car il avait la capacité de le faire, l'Homme devait, pour se défendre, se nourrir, se vêtir et se déplacer, marquer en profondeur de son empreinte son environnement vivant, comme l'observait James Watson en prétendant, injustement, ici, que l'Homme avait l'habitude de se prendre pour Dieu depuis qu'il avait domestiqué les animaux et développé l'agriculture (voir chapitre 4).

En fait, d'après la Bible, l'homme ne faisait qu'obéir à Dieu en prenant possession de ce qui lui avait été accordé, le monde vivant. Pour les Grecs, c'est la déesse Déméter – Cérès pour les Latins – qui, dans un accès de bonté, avait envoyé sur Terre un chariot chargé de grain, tiré par un dragon, ensemençant à la fois les champs de céréales et l'âme des hommes des fruits de la civilisation.

Ancienneté des biotechnologies

Sur un plan plus scientifique, les archéologues nous ont appris depuis des décennies que les chasseurs-cueilleurs, à l'orée du néolithique, il y a environ dix mille ans, ont inventé l'agriculture dans le croissant fertile du Proche-Orient, entre Tigre et Euphrate, déchargeant ainsi les communautés d'*Homo sapiens* de la contrainte d'une quête permanente de nourriture. Cela conduisait du même coup à la division du travail et à la libération de temps pour d'autres activités, facteurs de développement démographique, de sédentarisation, d'urbanisation et de civilisation.

En réalité, la transition d'une période à l'autre, d'un mode de vie à l'autre, a certainement été plus progressive. Il y a treize mille ans, des peuples du Proche-Orient cultivaient déjà le seigle mais continuaient de tirer l'essentiel de leur subsistance de la chasse et de la cueillette[1]. Ce n'est, en effet, qu'il y a dix mille cinq cents ans que ces hommes se transforment en agriculteurs à part entière. Quant à l'apparition des premiers regroupements de populations en villages importants, elle semble précéder le développement de l'agriculture au Proche-Orient et lui être bien postérieure en Amérique et en Chine.

Les premières cultures régulières naissent dans ces deux régions peu après leur émergence au Proche-Orient, et semblent plutôt une conséquence de la fin du dernier âge glaciaire que le résultat d'une diffusion culturelle à partir de la Mésopotamie. Le riz sauvage a été peu à peu remplacé par du riz cultivé il y a plus de dix mille ans. En Amérique du Sud, la culture du maïs, provenant de la sélection d'un mutant d'une plante sauvage, la téosinte, daterait de cinq mille à sept mille cinq cents ans. Le blé que l'on connaît actuellement est un monstre végétal résultant de la combinaison des chromosomes de trois espèces de céréales. On suppose qu'il a été obtenu, ou en tout cas sélectionné par l'Homme au Proche-Orient il y a sept mille à neuf mille ans.

La domestication animale a été plus ou moins contemporaine de la culture des plantes, voire, l'a parfois précédée. Le premier animal d'élevage serait le cochon, en Turquie, il y a plus de dix mille ans, suivi de la chèvre et du mouton au Moyen-Orient, puis des bovins. Ce développement de la culture et de l'élevage modifie considérablement l'environnement de l'Homme ; il le peuple d'animaux différents de leurs congénères sauvages et remplace forêts et savanes par des champs cultivés sur lesquels croissent de nouvelles plantes (blé, maïs) jusque-là inconnues dans la nature.

---

1. H. Pringle, « The Slow Birth of Agriculture », *Science*, 282, 1446-1450, 1998.

Cette agriculture doit-elle déjà être considérée comme une biotechnologie ? C'est affaire de sémantique. Les biotechnologies sont les technologies de la vie et pourraient donc inclure les activités agricoles classiques. En tout cas, les techniques de transformation des produits animaux et végétaux sont sans conteste des biotechnologies : elles sont anciennes, elles aussi.

Il y a cinq mille quatre cents ans, en Mésopotamie, un texte sumérien, parmi les premiers écrits connus, décrit à la fois la technique de fermentation du grain pour faire de la bière… et établit la plus ancienne des réglementations du commerce des boissons alcoolisées. Il y a six mille ans, les Égyptiens et les Chinois fabriquaient du pain, des fromages, du vin, toutes denrées et boissons nécessitant une fermentation par des microorganismes, levures ou ferments lactiques. Durant les millénaires qui suivent l'Antiquité, les peuples défrichent, sèment, sélectionnent, croisent végétaux et animaux dans des appariements naturels ou contre nature (mules, mulets, plantes hybrides, techniques de greffes…) et diversifient les techniques de préparation alimentaire.

Les règles des brevets protégeant les droits des inventeurs commencent à être appliquées en Angleterre au XVIIᵉ siècle, puis aux États-Unis et en France en 1790 et 1791, excluant d'abord tous les êtres vivants qui ne peuvent être considérés comme des inventions. Mais, la maîtrise des méthodes de fermentation se développant, les procédés biotechnologiques deviennent eux-mêmes brevetables dès le XIXᵉ siècle. Louis Pasteur est, en 1865, l'un des tout premiers déposants de ce type de brevet.

À partir de 1973, les techniques de génie génétique aboutissent à généraliser les possibilités de transfert de caractères génétiques entre espèces. La première plante transgénique est produite en 1983 par l'équipe des professeurs Van Montagu et Jeff Schell, à Gand, en Belgique[2]. Cependant, les transferts de matériel génétique entre plantes non spontanément interfécondes sont beaucoup plus anciens que le génie génétique. Ils étaient obtenus auparavant, sans remonter jusqu'à l'apparition du blé, il y a environ huit mille ans, par diverses techniques de fécondation assistée, fusion de protoplastes (c'est-à-dire de cellules végétales débarrassées de leur membrane cellulosique), etc.

Des micro-organismes ou organismes deviennent eux-mêmes brevetables à partir de 1980, aux États-Unis, où la Cour suprême, saisie de la célèbre affaire Diamond contre Chakrabarty[3], accepta, par cinq voix contre quatre, d'enregistrer un brevet sur une bactérie modifiée par génie génétique pour métaboliser le pétrole.

Écologies

La prééminence de l'être humain sur le reste du monde vivant n'est guère contestée en Occident jusqu'à la fin du XIXe siècle, puisqu'elle résulte d'une prescription divine. Le droit romain distingue les choses et les personnes ; la première catégorie englobe les choses inanimées, (c'est-à-dire les objets) et les choses animées, c'est-à-dire les végétaux et les animaux. Les uns et les autres sont achetés, vendus, légués, domestiqués,

---

2. F. Casse-Delbart « La transgenèse végétale », *in Les plantes transgéniques en agriculture, dix ans d'expérience de la Commission du génie biomoléculaire*, sous la direction d'Axel Kahn, John Libbey Eurotext, Paris, 1996.

3. A. Kahn, « Le vivant, les gènes, le droit de brevets et les droits de l'Homme », *in Droit et génie génétique*, sous la direction de Serges Soumastre, Elsevier, Paris, 1994.

découpés, intégrés aux préparations alimentaires sans attention particulière. Peut-être faut-il noter l'exception de saint François d'Assise, qui englobe dans la même considération et le même amour toutes les créations de Dieu, les choses et les créatures. Son célèbre cantique des créatures est, en 1225, un chant d'allégresse : « Loué sois-tu, ô mon seigneur, avec toutes les créatures […] messire frère soleil […], sœur lune […], frère vent […] sœur eau […], frère feu […], notre sœur et mère la Terre. Elle nous porte, nous donne à manger et produit des fruits variés avec de l'herbe et des fleurs colorées[4]. »

Saint François pourrait ainsi être tenu pour l'ancêtre d'une écologie absolue établissant l'égalité profonde entre tout objet et tout être. Cependant, le mot et l'idée dans leur perception moderne sont, eux aussi, des fruits de la révolution lamarcko-darwinienne, qui devait anéantir les fondations du piédestal humain. Le mot –kologie est créé en 1866 par Ernst Haeckel[5], le chef de file du darwinisme en Allemagne, grand admirateur de Spencer et embryologiste contesté. Il est aussi le créateur de la notion d'une branche humaine, les Arians, Nordiques anglo-saxons et germaniques d'origine indo-européenne, parvenus au plus grand stade de développement, ainsi qu'en témoigne leur rôle dans l'édification et le développement des théories de l'évolution !

Dans l'esprit de l'évolutionnisme de Spencer, Haeckel établit une continuité dans le développement des êtres et de leurs sociétés, du plus simple au plus complexe. Pour illustrer l'origine commune des lignages

---

4. H. Tincq, *Les Génies du christianisme*, Plon, Paris, 1999.
5. Ernst Henrich Haeckel (1834-1919), voir *Dictionnaire du darwinisme et de l'évolution*, *op. cit*, vol. II, p. 2072-2121.

animaux et humains, il prétend que tous les embryons passent par un stade identique. L'évolution procède, selon cette thèse, par addition successive de caractères supplémentaires, de telle sorte que, dans une espèce évoluée donnée, « l'ontogénie résume la phylogénie » (loi biogénique fondamentale de Haeckel). Selon cette conception, le développement embryonnaire (ontogénie) récapitule de manière accélérée la succession des modifications qui ont transformé les espèces au cours de l'évolution (phylogénie).

Largement fondée sur des données de morphologie embryonnaire arrangées pour confirmer la théorie, dans la plus pure tradition de l'idéologisation de la science, cette vision est aujourd'hui totalement abandonnée. Elle est plutôt remplacée par la théorie de la néoténie, selon laquelle l'évolution est associée à la stabilisation de formes ancestrales immatures du développement. *Homo sapiens* ressemble ainsi plus à un primate anthropoïde nouveau-né qu'à l'adulte. On peut donc le rapprocher d'un grand singe qui aurait conservé ses caractéristiques infantiles.

Cependant, la plus grande originalité de Haeckel par rapport à beaucoup d'interprétations contemporaines de Darwin réside dans sa vision que les phénomènes de l'évolution ne peuvent se limiter à la lutte pour la vie dans une espèce donnée mais exigent, pour être compris, d'instituer une nouvelle discipline, l'*Ökologie,* qui serait une véritable « économie de la nature » dans son ensemble. Il s'agit là « de la science des relations de l'organisme avec l'environnement comprenant, au sens large, toutes les conditions d'existence[6] ».

6. E. H. Haeckel, *Generelle Morphologie der Organismen*, G Reimer, Berlin, 1866.

Cette interdépendance des êtres et de leur environnement avait, en réalité, déjà été soulignée par Darwin lui-même. Pour Haeckel, il existe, de plus, un continuum dans toutes les manifestations de la vie, de la plus élémentaire à la plus élaborée, de la morphologie aux capacités psychiques et aux organisations sociales. Il est, en cela, en parfait accord avec les idées de Spencer, ancêtre de la sociobiologie, dans l'édification conceptuelle de laquelle Haeckel a joué un grand rôle (voir chapitre 9 sur la sociobiologie[7]).

Dans cet équilibre interactif du monde vivant, les modifications acquises par les espèces au contact de leur environnement seront génétiquement transmissibles, en accord avec les mécanismes du transformisme lamarckien.

Si le darwinisme de Haeckel peut ainsi se réclamer à la fois de Spencer et de Lamarck et faire jouer un grand rôle à la transmission des caractères acquis, c'est que cette notion, contrairement à ce qui est souvent affirmé, n'est nullement contradictoire avec le principe de la lutte pour la vie dont Darwin fait le moteur de l'évolution. Darwin envisageait parfaitement que les caractères héréditaires conférant à des individus un avantage sélectif aient pu être acquis.

À dire vrai, ignorant tout des lois de la génétique et de la diversification biologique par le biais des mutations géniques aléatoires, Darwin et Haeckel attachaient à ces phénomènes de modifications transmissibles induites par l'environnement un rôle essentiel dans la création de cette diversité biologique au sein de laquelle se manifeste la sélection naturelle.

---

7. G. Guille-Escuret, « Sociobiologie », *in Dictionnaire du darwinisme et de l'évolution*, *op. cit.*, vol. III, p. 4043-4053.

C'est à la fin du XIXe siècle, avec August Weissmann[8] (voir chapitre 10), et surtout au début du XXe siècle, avec la redécouverte de la génétique, que la théorie de l'évolution prendra la forme actuelle du néodarwinisme, ou théorie synthétique de l'évolution. Selon cette nouvelle lecture du darwinisme, la sélection naturelle par le mécanisme de la lutte pour la vie opère au sein d'une diversité biologique créée par des mutations génétiques aléatoires.

Haeckel privilégie donc une étude globale du vivant, indispensable puisque tous les êtres interagissent, se modifient au contact les uns des autres et influencent ainsi l'évolution générale. L'Homme n'a guère de privilège particulier dans ce mécanisme. D'ailleurs, les différences psychiques entre le rameau humain supérieur des Anglo-Allemands et les races inférieures sont plus grandes, selon Haeckel, que celles entre certains Hommes et certains animaux. Entre eux, « entre l'âme animale la plus élevée et le degré le plus humble de l'âme humaine, il y a seulement une faible différence quantitative et nulle différence qualitative ».

C'est à juste titre que Haeckel est considéré comme l'un des fondateurs de l'écologie moderne, en particulier de sa version antihumaniste sociobiologique, aujourd'hui minoritaire en Europe, mais qui, tout au long du XXe siècle, a flirté avec les idéologies d'extrême droite et a abouti, par exemple, aux législations de 1933 et 1934 en Allemagne nazie. Celles-ci étaient les premières dispositions légales de défense du droit des animaux et de protection de la nature[9].

---

8. August Friedrich Leopold Weissmann (1834-1914) *in* C. Lenay, *Dictionnaire du darwinisme et de l'évolution, op. cit.*, vol. III, p. 4613-4618.

9. L. Ferry, *Le Nouvel Ordre écologique*, Grasset, 1992, Paris.

À dire vrai, l'écologie en Allemagne puise à des sources diverses, l'une étant la référence à la place des divinités de la nature dans la mythologie nordique et germanique, reprise par les romantiques et par Wagner. La conception de la terre comme un organisme vivant harmonieux soumis à des processus d'autorégulation globale et dont tous les êtres vivants ne sont que des cellules particulières est exposée dans le *Gaia*, de James Lovelock, publié en 1979[10]. Le danger mortel pour Gaïa, la déesse Terre, vient des déséquilibres induits par ses cellules humaines, par leur colonisation quasi tumorale de toutes les richesses écologiques et les désordres qui s'ensuivent dans l'équilibre des espèces, de l'air et de l'eau.

Proche de l'écologie haeckélienne et de celle nourrie aux sources de la mythologie et du romantisme germano-nordique, c'est le courant religieux intégriste naturaliste pour lequel l'ordre du monde est d'origine divine. De ce fait, sacré, il ne peut sans blasphème être modifié par la main de l'Homme. Ce rapprochement est audacieux, car Haeckel lui-même fait preuve d'un anticléricalisme moniste virulent. Cependant, dans l'ensemble de toutes ces visions, ce qui est contesté est la position particulière de l'humanité lui donnant des droits sur les autres êtres vivants et leur environnement. Soit l'Homme, produit de l'évolution, n'a aucune base pour justifier ses prétentions, soit le monde naturel est d'essence divine et doit par conséquent rester inaccessible à l'Homme. On retrouve ici l'esprit de Léon XIII condamnant les catholiques prêts à se laisser vacciner, puisque les épidémies ont été créées par Dieu (voir chapitre 6).

10. J. E. Lovelock, *Gaia, a New Look at Life on Earth*, Oxford University Press, 1979.

Après la Seconde Guerre mondiale, un courant écologiste humaniste s'est développé autour du principe du respect de l'environnement dans lequel vivent les générations actuelles et, surtout, vivront les générations futures. Ce courant est souvent positionné à gauche sur le plan politique. Il nourrit son combat de l'indignation ressentie contre les multiples atteintes à l'environnement provoquées par le productivisme industriel et agricole dont la finalité en Occident semble plus être l'accumulation capitaliste que la recherche du bien-être pour le plus grand nombre.

Symbolique du clivage théorique entre les deux approches est la question des droits de la nature et des animaux, notion qui trouve aujourd'hui une traduction législative dans plusieurs pays d'Europe du Nord et en Suisse. En effet, pour revendiquer de tels droits, il faut les faire reposer soit sur une prescription divine et sacrée, soit sur le sentiment radical d'une profonde égalité de tous les êtres dans une économie naturelle résultant des mécanismes de l'évolution. Ceux-ci dissipent en effet l'illusion d'un privilège humain et, selon certains, justifient que les mêmes droits soient reconnus à l'*Homo sapiens* et aux autres espèces. C'est par crainte d'une revendication de cette nature, dont il admettait la légitimité, que James Watson mettait en garde contre la reconnaissance des droits de l'Homme (voir chapitre 4).

Le courant radical de défense du droit des animaux a déjà été illustré au chapitre 4 (voir les notes 19 et 20) par les citations de Peter Singer, qui établit une sorte de hiérarchie négative dans l'acte de tuer : selon sa logique, le plus grave est de supprimer la vie d'un Homme adulte conscient et innocent, puis d'un animal en pleine possession de ses moyens, puis d'un nourrisson encore inconscient de lui-même et enfin d'un handicapé sévère.

En France, ce courant est aujourd'hui avant tout représenté par deux philosophes qui partagent l'analyse de Singer, directement dérivée de l'utilitarisme, selon laquelle les droits doivent être fondés non sur la raison et les devoirs, mais sur la sensibilité et la capacité à souffrir des animaux, qu'ils ont en commun avec les êtres humains[11, 12]. Chez ces deux auteurs, Élisabeth de Fontenay et Florence Burgat, ce décentrement de la raison vers la sensibilité s'accompagne d'une critique radicale de la « métaphysique humaniste » et notamment, bien entendu, de l'éthique kantienne.

En revanche, l'essentiel de la tradition biblique, le cartésianisme dualiste, la morale kantienne et l'humanisme laïque moderne ne peuvent accepter l'idée d'une symétrie essentielle des droits de tous les êtres vivants, tout en reconnaissant qu'existe un véritable devoir de l'Homme dans son rapport à l'environnement. En effet, la solidarité à autrui s'applique en tout lieu et en tout temps. Elle implique par conséquent l'exigence d'une attention soutenue aux conditions que nous créons et dans lesquelles nos semblables, dans tous les pays du monde et pour les générations futures, trouveront à s'épanouir.

En ce sens, le respect de l'environnement découle tout naturellement de l'amour du prochain, du respect de sa dignité et de la recherche des meilleures conditions de son épanouissement.

Vis-à-vis du monde animal, ces considérations s'ajoutent à la conscience croissante qu'a l'homme de l'incontestable capacité que ressentent les animaux à

---

11. E. de Fontenay, *Le Silence des bêtes : le philosophe à l'épreuve de l'animalité*, Fayard, Paris, 1998.
12. F. Burgat, *Animal, mon prochain*, Odile Jacob, Paris, 1997.

éprouver du bien-être ou du mal-être, à souffrir. De ce fait, n'accorder aucune considération à cette capacité semble indigne de l'Homme et est par là même une atteinte à sa dignité.

Contrairement à Singer, à de Fontenay et à Burgat, je persiste à penser que la notion d'un droit reconnu à des animaux qui n'ont pas de devoirs est singulière sur le plan philosophique. En effet, imaginons un monde peuplé d'êtres dotés de droits, dont aucun n'aurait le devoir de les respecter. Tout animal, tout Homme aurait droit à la vie et au bien-être, mais aucun n'aurait le devoir d'éviter de faire souffrir les autres, par exemple de se jouer d'eux ou de les manger tout vifs par petits morceaux, comme la vie sauvage nous en donne l'exemple. La notion de droits n'aurait dès lors plus de sens, ce qui démontre que c'est celle de devoir qui lui en donne un. Ainsi, il serait impossible de parler de droits des animaux si n'existait pas le devoir des Hommes, qui seul assure une protection au monde animal. Alors que l'existence de devoirs sans droits, qui renvoie à l'esclavage, est discutable, l'inverse ne semble pas même avoir de sens. Or personne n'a encore contesté que seul l'Homme, qui revendique des droits, ait de ce fait des devoirs, notamment ceux, impérieux, de prendre en compte dans ses actions la douleur et le bien-être animal et de préserver le meilleur environnement possible pour les Hommes sur la Terre, en particulier pour ceux qui naîtront dans le futur.

Parfois, les différents courants de l'écologie moderne se retrouvent dans une sorte de nostalgie vaguement rousseauiste pour des temps passés mythiques où l'homme vivait en parfaite harmonie avec une nature intacte. Il y a, naturellement, beaucoup d'onirisme dans une telle vision, la plupart des écologistes en conviennent eux-mêmes. En effet, le « monde de nature », non souillé par l'activité humaine, est celui qui précède l'irruption de l'agriculture, celui des chasseurs et des cueilleurs, antérieur aux progrès de la biologie et de la médecine, un monde où la longévité moyenne des Hommes est inférieure à quarante ans, où plus de la moitié des enfants nés ne dépassent pas un an et où tant de femmes meurent de fièvres puerpérales. Un monde, par conséquent, impitoyable pour l'être humain, qui n'a eu de cesse depuis des millénaires que d'en desserrer l'étau.

De plus, il faut se garder de la vision simpliste selon laquelle la dégradation de l'environnement est continue, linéaire et inéluctable. En fait, les exemples sont nombreux d'une amélioration significative de l'environnement durant les décennies récentes dans les pays les plus riches. En France, par exemple, la déforestation était absolument dramatique aux XVIIIe et XIXe siècles. Aujourd'hui, la forêt continue de gagner du terrain dans notre pays. Dans mon enfance, la Seine à Paris était un cloaque immonde, de même que beaucoup de sites de notre façade maritime où se déversaient sans aucun traitement les égouts de grandes villes. Le *smog* londonien et son équivalent parisien ont disparu, la teneur en SO^2 de l'air a considérablement diminué. Quant à la sécurité alimentaire, qui inquiète tant nos concitoyens, chacun sait qu'elle continue de s'améliorer : il y avait encore des milliers de toxi-infections alimentaires graves par an en France en 1950, alors que ce chiffre a été de deux cent cinquante pour l'année 1998.

Certes, d'autres problèmes se sont aggravés : l'agriculture intensive, l'un des facteurs ayant permis le reboisement, a, en revanche, accru le déficit en eau de certaines régions et créé une pollution par les nitrates. L'augmentation du rejet de gaz carbonique, entraînant un effet de serre qui contribue au réchauffement de la planète, est bien loin d'être maîtrisée.

Malheureusement, ce bilan « globalement positif » de la réhabilitation de l'environnement dans les pays riches est contrebalancé par l'effroyable bilan en cette matière des pays de l'ex-bloc soviétique et par une dégradation accélérée dans les pays pauvres d'Amérique du Sud, d'Afrique et d'Asie. Ici se conjuguent les effets d'une croissance démographique forte, de la misère et de l'insuffisance des moyens publics, et l'exportation par les pays riches de certaines de leurs nuisances.

Pour un pays insuffisamment développé, confronté à la demande de sa population, à l'exemple des pays riches, et à la surenchère de ces derniers pour conquérir de nouveaux marchés, la préoccupation prioritaire est naturellement la subsistance, c'est-à-dire la survie. Les habitants aspirent aussi à recueillir quelques miettes de la société de consommation dont les avantages sont si généreusement vantés par des messages publicitaires mondialisés. Quand la satisfaction des besoins du moment mobilise tous les efforts et toutes les richesses, il reste peu de moyens à consacrer aux soucis du lendemain. La prétention que manifestent parfois les pays riches de freiner le développement des pays pauvres pour « préserver l'environnement » est considérée comme impudente et intolérable. La solution ne réside pas là, mais plutôt dans une aide déterminée au développement des pays les plus pauvres, afin de leur permettre, tout à la fois, de répondre aux besoins et aux revendications légitimes de leurs citoyens et de se préoccuper des conditions dans lesquelles vivront leurs descendants.

L'exemple des pays riches montre que, techniquement, il n'est pas trop tard pour sauver la Terre que nous léguerons à nos enfants, tout en goûtant les fruits du développement : il y suffirait d'un peu plus de solidarité, donc de générosité. Mais c'est aussi pourquoi ce défi-là est loin d'être gagné...

Les plantes transgéniques : naissance d'une crise

S'il est un domaine où l'évolution des techniques modernes, témoin à la fois du progrès scientifique et de la mondialisation de l'économie, est directement confrontée, je devrais dire affrontée, à tout un système de valeurs touchant à la tradition et à l'environnement, auxquelles nous sommes attachés, c'est bien celui de l'agriculture et de l'alimentation. Pourtant, jusqu'à 1996, tout semblait évoluer rapidement, sans crise majeure dépassant le cadre de jacqueries d'une paysannerie de moins en moins nombreuse, de plus en plus productive et technicisée, au moins dans les pays industrialisés d'Occident, en Afrique du Sud, au Japon et en Australie.

Grâce à l'amélioration génétique des plantes, à l'irrigation, aux engrais, aux produits phytosanitaires et au machinisme agricole, la production avait partout augmenté, bien plus vite que la population dans les pays riches. Ceux-ci, parfois encore menacés de famine il y a un siècle, étaient devenus exportateurs et avaient même des difficultés à maîtriser leur surproduction. Les rendements des grandes céréales, de la betterave sucrière et des oléagineux avaient été multipliés quatre à dix fois en un siècle.

Les supermarchés proliféraient, de même que les chaînes multinationales de restauration rapide. Dans ces deux types d'établissements, l'un des produits vedettes, toutes catégories confondues, était un breuvage américain gazeux, brun, sucré et acide dont le caractère naturel n'était pas la particularité dominante. Ces magasins et leurs produits avaient un succès considérable.

Depuis 1983, on savait utiliser le génie génétique et le transfert de gènes dans le monde végétal. De ce fait, la sélection variétale commençait à intégrer l'adjonction directe à des plantes d'un petit nombre de caractères génétiques provenant de n'importe quel type d'organisme, et non plus seulement des croisements judicieux au sein d'une espèce, ou entre espèces différentes, grâce à l'intervention des biotechniciens.

Les premiers essais en plein champ de plantes transgéniques débutaient en 1986 aux États-Unis et presque en même temps en Europe, surtout en France. En 1995, alors que les premières plantes transgéniques étaient proposées à la commercialisation aux États-Unis et, à une très petite échelle (tomate, soja), en Europe, plus de quarante espèces de plantes avaient fait l'objet d'expériences. Leur nombre atteignait quatre mille aux États-Unis, près d'un millier en France, et autant dans les autres pays d'Europe réunis.

Avant 1995, l'opposition à cette méthode de modification végétale venait surtout de groupes dits « environnementalistes », qui s'étaient révélés traditionnellement hostiles, depuis 1973, aux techniques du génie génétique[13], et était donc beaucoup plus vive en Allemagne, en Autriche, en Suisse alémanique et dans tous les pays nordiques qu'en France, en Grande-Bretagne, aux Pays-Bas et dans les pays méditerranéens. Les arguments des uns et des autres sur la légitimité, la sécurité et l'intérêt de cette technique étaient échangés en France et dans les pays latins dans une relative indifférence.

---

13. P. Kourilsky, *La Science en partage*, Odile Jacob, Paris, 1998.

J'étais membre, depuis 1986, puis président, de 1988 à 1997, de la Commission dite du génie biomoléculaire chargée, en France, d'évaluer la sécurité des essais au champ de ces plantes, puis de leur commercialisation. Plusieurs fois par an, je rencontrais les journalistes, ou des associations, pour répondre à leurs interrogations. Je me rappelle que la transgenèse végétale avait été présentée en détail à la presse à l'invitation de la société Rhône-Poulenc Agrochimie établie à Lyon, en 1988, en présence des ministres de l'Agriculture et de l'Environnement du moment, Henri Nallet et Brice Lalonde. Les journalistes avaient visité les laboratoires, s'étaient fait expliquer en détail les techniques, avaient inspecté des parcelles d'essais au champ de tabac génétiquement modifié pour résister à un herbicide fabriqué par la société invitante. Brice Lalonde avait bien dit qu'il eût été plus favorable à des plantes résistantes aux mauvaises herbes qu'aux herbicides mais n'avait nullement contesté l'intérêt de la transgenèse végétale.

De retour vers Paris, j'étais abordé par le journaliste représentant le journal *Libération* qui me confiait avoir été fort intéressé par tout ce qu'il avait vu et entendu mais ne pas savoir du tout ce qu'il pourrait bien écrire le lendemain pour ses lecteurs, en quoi tout cela pourrait les concerner. Huit ans après, *Libération* ne doutait plus que ses lecteurs fussent intéressés par le développement des plantes transgéniques. Le 2 novembre 1996, le journal titrait en première page et sur quatre colonnes à la une : « Le soja fou débarque en Europe », faisant allusion à l'arrivée à Rotterdam des premiers navires américains transportant des tourteaux de soja transgénique produits par Monsanto.

Entre-temps, une crise majeure était née, conjonction d'une circonstance, d'une opposition militante et d'une contestation de fond sur le plan des valeurs.

L'élément déclenchant a été l'arrivée de produits alimentaires utilisant la transgenèse végétale sur le marché au moment précis où, en Europe, l'opinion publique était profondément traumatisée par des crises antérieures, surtout celle de l'encéphalite bovine spongiforme et de sa possible transmission à l'homme, qui avait porté l'exaspération à son comble. N'observait-on pas que la folie de l'Homme, l'amenant à vouloir produire toujours plus dans un souci de rentabilité économique, ne le faisait reculer devant aucune aberration, telle celle de rendre partiellement carnivores et boviphages les vaches que l'on croyait pourtant dévolues à manger l'herbe de nos prairies et les plantes de nos cultures ?

À dire vrai, l'utilisation de restes animaux pour fabriquer des farines utilisées comme compléments alimentaires est ancienne et devient générale à partir de 1960, mais le public ne le sait pas. On prétend même qu'après la bataille de Waterloo, en 1815, certains vinrent sur le champ de bataille récupérer des ossements afin de les incorporer à des préparations pour animaux. Ces farines de l'ancien temps, si la rumeur – non confirmée – est exacte, n'étaient alors plus strictement animales !

De façon plus documentée, on attribue le déclenchement de l'épizootie en Grande-Bretagne à une modification des techniques utilisées pour préparer les farines : à partir de 1980, la phase d'extraction des préparations par des solvants organiques est supprimée pour des raisons d'économie[14]. Le 20 mars 1996, alors que la maladie bovine a déjà atteint près de deux cent mille bovins au Royaume-Uni, le gouvernement britannique annonce solennellement à la Chambre des communes que dix cas de maladie de Creutzfeldt-Jakob

---

14. S. Reibel, *Encéphalopathie spongiforme bovine*, Polytechnica, Paris, 1994.

qui affectent des personnes jeunes et se présentent sous une symptomatologie inhabituelle pourraient bien être attribués à la transmission à l'homme de l'agent de la maladie bovine. C'est le séisme[15] !

À l'automne 1996, cette situation a naturellement créé toutes les conditions de la déflagration : les consommateurs, discourant longuement sur la dégradation de leur alimentation liée à son caractère de moins en moins naturel, étaient horrifiés et indignés par les circonstances qui avaient abouti à l'émergence et au développement de l'épidémie d'encéphalite spongiforme bovine.

Par conséquent, les arguments des différents mouvements farouchement opposés soit au génie génétique, soit à l'industrialisation d'une agriculture productiviste, soit encore à l'emprise croissante des multinationales sur les filières agroalimentaires, de la semence aux rayons des supermarchés, ne pouvaient qu'être entendus. De plus, leurs adversaires étaient des industriels par définition non crédibles puisque militant pour l'utilisation et la commercialisation de leurs propres produits, donc, pour l'enrichissement de leurs sociétés.

Quant aux scientifiques, suspects à bien des égards depuis longtemps, déconsidérés par les scandales du sang contaminé, de l'amiante ou de l'hormone de croissance, tenus pour avoir partie liée avec le monde économique, ils n'étaient guère écoutés. De toute façon, étant donné la violence de la polémique, beaucoup préférèrent rester prudemment à l'écart.

Et puis il faut bien reconnaître que les premiers dossiers de plantes transgéniques à être proposés au marché

---

15. C. Fischler, « La maladie de la vache folle », *in Risques et peurs alimentaires*, sous la direction de Marion Apfelbaum, Odile Jacob, Paris, 1998.

européen n'avaient rien pour s'attirer la sympathie des citoyens de ce côté-ci de l'Atlantique : le soja américain, arme de l'impérialisme vert, prenant la place, dans les filières de l'alimentation animale, de nos oléoprotéagineux et dérivés de céréales locaux, était, de plus, trafiqué par l'introduction d'un gène poussant à l'utilisation d'un herbicide vendu par le créateur de la plante ! De même, le *corn gluten feed,* constitué de sous-produits du traitement du maïs, est importé en quantités considérables des États-Unis pour entrer dans les filières de l'alimentation animale.

Il suffit dès lors d'évoquer l'image abominable de lécithines incertaines d'un soja-Frankenstein, retrouvées dans tant de compositions alimentaires, et même, horreur ! dans les petits pots pour bébés, pour que l'opposition fût rapidement et massivement relayée par les puissantes associations de consommateurs. Au plus fort des polémiques sur les aliments transgéniques, le scénario effroyable de petits enfants, de femmes et d'hommes, progressivement transformés par le pouvoir magique des gènes ignominieux qu'ils absorbaient par l'intermédiaire des nourritures biotechnologiques concoctées par des industriels et des techniciens sans morale, s'imposait dans l'opinion.

Il a fallu que quelques personnes de bon sens rappellent que les gènes… cuits ou crus font partie de toute alimentation normale. En effet, à l'exception de quelques condiments alimentaires, dont beaucoup sont d'ailleurs également d'origine biologique, la nourriture de l'homme est composée de cellules vivantes. C'est ainsi que l'absorption d'une douzaine d'huîtres nous amène à gober quelques milliards de copies des gènes intacts de cet honorable coquillage, et lorsque les femmes portent des perles, cela n'a rien à voir avec une transformation par des gènes d'huîtres ! Au rythme de quelques crudités, d'un tartare de saumon suivi d'une pièce de viande bien rouge, le tout couronné de quelques fruits après une bonne salade, nous ingérons au cours d'un seul repas tout un échantillonnage de gènes, animaux ou végétaux, qui nous paraît savoureux. Chemin faisant, la stérilité bactériologique n'existant pas, nous absorbons aussi une quantité considérable de gènes de micro-organismes, bactéries et champignons.

La stabilité de notre aspect physique suffit ainsi à nous convaincre du pouvoir transformant pour le moins limité des gènes que nous consommons… et dégradons rapidement en phosphates, sucres et bases d'une parfaite banalité.

Le tour pris par cette crise est par certains côtés étrange, car les choses auraient pu se dérouler de façon totalement différente. En effet, l'élément déterminant de la réaction du public est l'émoi provoqué par la maladie de la vache folle et son éventuelle transmission à l'homme. Or la cause de cette épizootie est l'adjonction à l'alimentation des animaux d'un extrait protéique brut, obtenu par traitement incomplètement stérilisant des déchets et des charognes de maintes espèces animales.

Il ne s'agit pas là d'un procédé d'un haut niveau de modernité et il est certain qu'un complément protéique fourni par fermentation de bactéries ou de levures génétiquement sélectionnées ou recombinées, produisant, par exemple, un milieu enrichi en acides aminés, n'aurait entraîné aucune conséquence.

De plus, on a suspecté que l'agent infectieux se transmettait de la vache au veau. La panse de ces derniers est utilisée pour faire « cailler le lait », première étape de la fabrication des fromages. Un même résultat s'obtient en utilisant l'enzyme active de cette caillette de veau, la chymosine, qui est aujourd'hui produite par génie génétique. En termes de transmission de l'agent de la vache folle, il va de soi que la chymosine produite de cette façon, dite recombinante, entraîne un risque zéro, ce qui n'est pas le cas, en théorie du moins, de la caillette de veau.

Cela n'a pas empêché les organisations environnementalistes de mener une vigoureuse campagne contre l'utilisation de la chymosine obtenue par génie génétique dans la confection des fromages.

Enfin, l'encéphalite spongiforme bovine est une affection de même nature que la maladie de Creutzfeldt-Jakob. La transmission de cette abominable maladie à des enfants traités par l'hormone de croissance a cessé dès que l'hormone extractible, jadis purifiée à partir d'hypophyses humaines prélevées chez des cadavres, a été remplacée par de l'hormone recombinante.

Hors du domaine de l'alimentation, il n'y aurait pas aujourd'hui des milliers d'hémophiles atteints du sida à la suite de la transfusion de dérivés sanguins contaminés si l'on avait disposé assez tôt de facteurs antihémophiliques recombinants pour les traiter.

Nombreux sont donc les exemples d'une sécurité accrue apportée par l'utilisation du génie génétique. Le public aurait donc pu revendiquer que ces procédés fussent appliqués aussi à certains domaines de l'alimentation afin de remplacer des pratiques moins sûres.

Durant mon long mandat à la tête de la Commission française, j'ai eu l'occasion d'examiner plus de quatre cents dossiers rapportant des milliers d'expériences et d'analyses de plantes transgéniques au champ. Je pense qu'il est dans l'ensemble plus aisé d'évaluer les propriétés de telles plantes, donc les risques de leur culture ou de leur consommation, que pour des espèces nouvellement introduites, quand bien même elles ont été obtenues par des procédés dits traditionnels. En effet, une variété transgénique de plante est fabriquée par transfert, grâce au génie génétique, d'une information génétique limitée et bien caractérisée à une plante familière. En revanche, l'implantation dans un nouvel écosystème d'une variété végétale exotique a des conséquences toujours imprévisibles. Ce que l'on nomme « procédés traditionnels » inclut des échanges génétiques nombreux et complexes entre les plantes parentales, appartenant parfois à des espèces différentes.

Mon propos n'est pas de prétendre qu'une plante transgénique soit par nature plus inoffensive qu'une plante nouvelle créée par les méthodes antérieures. Ce serait manifester là un goût ridicule du paradoxe. Cependant, il est manifeste que l'évaluation du risque est plus facile dans le premier cas que dans le second[16, 17].

En somme, j'ai le sentiment que ce n'est pas sur le plan du risque que les plantes transgéniques posent d'abord des problèmes. D'ailleurs, on peut observer de manière un peu cynique que la vie elle-même permettra très rapidement de répondre aux interrogations quant à la réelle innocuité pour la santé humaine de variétés végétales transgéniques comparées aux variétés dites traditionnelles.

En effet, à la fin de l'année 1999, plus de trente-cinq millions d'hectares sont cultivés dans le monde en plantes transgéniques, principalement en Amérique du Nord, mais aussi en Amérique du Sud, en Afrique du Sud, en Australie et en Asie. Plusieurs dizaines de

16. A. Kahn, *Les Plantes transgéniques en agriculture, dix ans d'expériences de la Commission du génie biomoléculaire*, op. cit.
17. A. Kahn, « Génie génétique, agriculture et alimentation : entre peurs et espoirs », *Risques et peurs alimentaires*, op. cit.

produits ayant utilisé cette technique sont sur le marché en Amérique du Nord.

Des centaines de millions de personnes consomment donc quotidiennement des aliments contenant des dérivés de plantes transgéniques. C'est à l'évidence bien plus qu'il n'en faut pour réaliser une large étude épidémiologique sur d'éventuelles conséquences de ces innovations, de nature à trancher le débat sur ce thème.

Un conflit de valeurs

L'hostilité européenne à la culture des plantes transgéniques et à leur introduction dans l'alimentation, qui s'étend aujourd'hui dans de nombreux pays en voie de développement et se manifeste jusqu'aux États-Unis eux-mêmes, repose sur une contestation beaucoup plus fondamentale de la légitimité de cette manière de procéder qu'une simple interrogation sur des questions de sécurité. C'est probablement pour n'avoir pas envisagé cette dimension du problème que les promoteurs du développement de l'agriculture transgénique se trouvent aujourd'hui face à une situation qu'ils n'avaient pas prévue. Le gouffre d'inconscience et de méconnaissance des réalités culturelles et sociologiques des pays cibles a été magnifiquement illustré par la campagne d'information publicitaire lancée dans des pages entières de journaux dans toute l'Europe par la firme Monsanto en 1998.

La première réaction de l'opinion publique européenne est que les innovations qu'on lui propose ne répondent à aucune attente. Cette situation fait toute la différence avec l'accueil réservé par le public aux innovations biotechnologiques dans le domaine de la santé : ici, les citoyens sont en effet en perpétuelle demande d'améliorations thérapeutiques. Dans le domaine de l'alimentation, les consommateurs désirent surtout qu'on ne bouleverse pas leurs traditions.

L'argument selon lequel il sera possible, grâce aux nouvelles techniques, d'augmenter la production alimentaire, ce qui est nécessaire pour nourrir une population mondiale en continuelle croissance, est en soi recevable mais a peu de prise sur une population européenne consciente des problèmes sociaux et économiques posés par la surproduction et la politique communautaire des quotas. De plus, les promoteurs des projets de plantes transgéniques étant avant tout des industriels, le caractère altruiste et généreux de leurs objectifs laisse sceptique. Tout le débat sur la comparaison des nuisances éventuelles de l'agriculture classique, de ses engrais et phytosanitaires, avec une agriculture qui tenterait de mettre au point des variétés génétiquement modifiées pouvant se passer de ces produits chimiques est extrêmement technique et le citoyen a du mal à se faire une opinion sur la validité des arguments des uns et des autres.

Avant même l'irruption des plantes transgéniques, et quoique le nouveau monde des activités agroalimentaires semblât s'être imposé peu à peu et presque sans douleur, la prise de pouvoir technico-industrielle en agriculture n'était pas regardée avec sympathie. Dans tous les pays développés, même si le monde rural ne représente aujourd'hui qu'une minorité, la majorité des citoyens est fière de ses ancêtres cultivateurs, ou au moins villageois. De ce fait, le concept de « ruralité », qui englobe le maintien de traditions et d'un mode de vie dans lesquels la plupart des personnes plongent leurs racines, recouvre un ensemble de valeurs considérées comme essentielles.

Naturellement, la réalité de la vie et des activités, tant des cultivateurs modernes que des citadins, semble souvent bien peu procéder de ces valeurs-là. Cependant, bien loin d'en être affaiblies, elles en sont comme renforcées, idéalisées par la mauvaise conscience d'amoureux infidèles.

Or la transgenèse végétale est ressentie comme une double atteinte à la tradition et à ses valeurs. D'une part, la transgression généralisée des barrières d'espèces par le génie génétique, la greffe à des plantes de gènes bactériens ou animaux, sont en évidente rupture avec la tradition de la sélection végétale. D'autre part, la haute technologie des procédures nécessaires à la fabrication et à la caractérisation de ces nouvelles variétés témoigne de manière éclatante de cette technicisation des activités agricoles sur laquelle beaucoup jettent un regard soupçonneux.

De plus, lorsque cette irruption de la science apparaît n'être qu'un des maillons d'une intégration des filières agroalimentaires dans laquelle, mondialisation oblige, les grands groupes internationaux, surtout ceux à capitaux américains, dominent, la désapprobation se change plus aisément en hostilité.

Enfin, ce n'est pas un hasard si la crise des plantes transgéniques a pris toute son ampleur lorsque les produits sont arrivés dans l'assiette des consommateurs. L'aliment est lui-même porteur de toute une série de valeurs essentielles pour la société. Les pays développés souffrant en moyenne plus des conséquences de la suralimentation que de la famine, la dimension purement énergétique des aliments est devenue bien secondaire.

La langue et les habitudes alimentaires sont les signes extérieurs les plus évidents des traditions locales, régionales ou nationales. Le sentiment de dépossession qu'entraîne par conséquent l'uniformisation linguistique se ressent de la même manière face à la généralisation de l'alimentation des drugstores et des McDonald's. De plus, l'aliment est un facteur essentiel de convivialité. Comment faire la fête en rupture avec les traditions et dans la négation de l'identité ?

Enfin, l'aliment, de même que la nature, est ressenti comme le dernier lien fort qui nous unit à une terre accueillante et nourricière. Nos villes, nos maisons, nos transports, nos coutumes vestimentaires nous ont menés très loin de cette mère nature. Heureusement reste le lent cheminement sur le sentier de nos campagnes et de nos montagnes, et la consommation de ces produits du terroir dont on aimerait qu'ils fussent naturels et dont, en tout cas, lorsque l'on se pose la question, on n'admet que difficilement qu'ils ne le soient pas.

C'est pourquoi, au-delà de faux-semblants qui ont longtemps monopolisé le débat, c'est bien plus la question des valeurs que celle de la sécurité qui est posée par l'utilisation du génie génétique en agriculture. L'attachement très fort des Français à leurs fromages au lait cru signifie, par exemple, qu'ils considèrent que la valeur de ce plaisir traditionnel l'emporte de loin sur l'incontestable augmentation du risque de transmission de toxi-infections alimentaires, certaines graves, liée à la consommation de ces produits.

Depuis le début de l'année 1999, la mobilisation européenne, et au-delà, contre l'introduction des plantes transgéniques s'est encore accrue. Malgré des excès illustrés par la campagne des tabloïds britanniques contre les pommes de terre empoisonnées et la nourriture « Frankenstein », elle pose aujourd'hui les vraies questions.

Ainsi, la Confédération paysanne, syndicat agricole français minoritaire, mais dont l'action à l'automne 1999 semblait, en France et au-delà, soutenue par une grande majorité, a-t-elle récemment défini sur des bases claires la motivation de ses actions musclées.

Récemment, des chercheurs d'organismes publics de recherche français (Centre national de la recherche scientifique et Institut national de la recherche agronomique) protestaient contre la destruction d'essais de plantes transgéniques au champ ayant pour but de tester les problèmes de sécurité posés par ces cultures. Ils remarquaient qu'il y avait une incohérence à demander que l'on s'entourât de toute la sécurité nécessaire, que l'on prolongeât les études préliminaires avant que d'autoriser la commercialisation large de plantes transgéniques, et l'obstacle posé à ces expériences d'évaluation du risque. À quoi les militants paysans responsables de ces dégradations répondirent que, en réalité, ce qu'ils contestaient avant tout, ce n'était pas l'innocuité des plantes transgéniques mais la légitimité profonde de cette manière de faire. Pourquoi et pour qui ? demandaient-ils. Et contre qui ?

La révolte dont ils voulaient déployer l'étendard était dirigée contre l'uniformisation d'une forme de développement économique, des méthodes de culture et des habitudes alimentaires – la « malbouffe », selon le terme employé par le responsable paysan José Bové –, contre la mainmise des grandes entreprises multinationales, à dominante française ou étrangère, sur le monde de la ruralité dont elles piétinaient ces valeurs essentielles dans lesquelles se retrouvent tant de citoyens.

Incidemment, dès lors que des consommateurs considèrent que l'utilisation du génie génétique dans la préparation des aliments contrevient à des valeurs auxquelles ils sont attachés, ils ont tout naturellement un droit absolu à l'information. Ce droit se rapproche de celui de pratiquants musulmans ou juifs qui tiennent à être informés de la présence de viande de porc dans des préparations culinaires.

Au total, l'épisode de l'application à l'agriculture des méthodes du génie génétique, au même titre que les perspectives de l'application à l'Homme de la reproduction asexuée par clonage, illustre l'une des dimensions d'un débat très insuffisamment mené dans notre monde moderne confronté à l'évolution technologique. Des citoyens interpellent les innovateurs : « Vous nous dites que c'est inoffensif, que cela peut vous enrichir, qu'il y a une demande pour agir ainsi, mais, malgré tout, est-ce légitime ? »

Si nous sommes capables, dans le siècle qui s'annonce, de réintroduire, dans la discussion sur la légitimité des choix, d'un côté leur dimension à la fois économique et sécuritaire, d'un autre côté les valeurs qu'ils recouvrent ou qu'ils agressent, les crises auxquelles nous assistons auront abouti à un progrès décisif du débat public.

Chapitre 9

Génétique, déterminismes
et liberté

La question de la liberté se pose à tout citoyen ; elle s'impose avec une acuité particulière au généticien disposant de connaissances historiques et sensible aux interrogations éthiques. C'est que la science génétique a, depuis son origine, une exquise sensibilité à une récupération par les idéologies de la stigmatisation et de l'exclusion.

La naturalisation du destin

Pour aborder la question des relations entre génétique et liberté, déterminisme biologique et libre arbitre, il faut remonter avant la naissance de la génétique, en 1865, et même avant l'explosion des sciences biologiques au

XVIIIᵉ siècle. Depuis toujours, les hommes sont persuadés que l'avenir est connaissable, c'est-à-dire que le destin est écrit, se déroulant implacablement. Le choc entre la liberté individuelle et le destin inexorable est au centre de la tragédie grecque, à commencer par l'histoire d'Œdipe. L'oracle a dit à Jocaste que son fils Œdipe tuerait son père et épouserait sa mère ; tout est tenté pour déjouer cette prophétie. Malgré tout, Œdipe tue Laïos et épouse Jocaste. Aveuglé par une réalité qu'il ne peut plus supporter, Œdipe manifeste son libre arbitre, il redevient libre : se crevant les yeux, il échappe ainsi à l'oppression du monde réel, va son chemin, hanté par la cruauté d'un destin inéluctable, mais réinvestissant un espace de liberté intérieure.

On retrouve la manifestation de l'implacable destin dans l'histoire des Atrides. Agamemnon sacrifie Iphigénie, Clytemnestre fait assassiner Agamemnon, Oreste se venge en tuant Clytemnestre et son amant... Ici, plusieurs générations subissent l'effet d'un destin pré-écrit. Ce destin auquel on ne peut échapper est une condition contraignante à l'exercice d'une liberté proprement humaine.

Maintenant, franchissons d'un seul coup d'aile deux millénaires pour parvenir à l'orée de notre siècle. On retrouve la même manifestation transgénérationnelle d'un destin funeste, qui, la période changeant, est cette fois devenu biologique : dans la saga des Rougon-Macquart, d'Émile Zola, le destin prend la forme d'une tare biologique, d'une « folie » qui se transmet.

Entre Sophocle et Zola, c'est le mouvement scientifique qui explique la naturalisation du concept de destin : on savait qu'il était écrit, qu'il pouvait être lu par les devins, par l'oracle de Delphes, et l'on pensait désormais que la chair et le sang, on dira les gènes, portaient son empreinte. Le destin est en effet écrit dans la molécule d'A.D.N. de nos chromosomes ; on en connaît l'alphabet et le langage, on peut lire le « grand livre de la vie de l'Homme ».

C'est au milieu du XIXᵉ siècle que, parallèlement aux progrès de la biologie, s'impose, dans de nombreux pays, la notion d'un déterminisme biologique absolu des qualités et capacités des êtres et de leur société, y compris des êtres humains. En cette période où le capitalisme britannique se développe rapidement, il existe une concordance, une résonance naturelle entre la naissance de la société libérale, notamment en Grande-Bretagne, et les théories biologiques dérivées du darwinisme.

Société libérale et sociobiologie

Les relations entre le darwinisme et la théorie du libéralisme économique ne sont pas celles, souvent présentées, d'une application première de la conception darwinienne de la lutte pour la vie au domaine socioéconomique. C'est juste l'inverse. Les grands principes de l'économie libérale sont bien antérieurs à *De l'évolution des espèces,* de Darwin, puisqu'ils sont établis dans une forme presque définitive, proche des bases idéologiques du capitalisme moderne, en 1776, sous la plume de l'illustre moraliste et économiste écossais Adam Smith[1], grand ami et exécuteur testamentaire de David Hume (voir chapitre 4).

---

1. Adam Smith (1726-1790), *Inquiry into the Nature and Causes of the Wealth of the Nations* 1776. Voir aussi P. Tort, *Dictionnaire du darwinisme et de l'évolution, op. cit.*, vol. III, p. 4032-4035.

Dans son ouvrage, *Inquiry into the Nature and Causes of the Wealth of the Nations* (*Recherches sur la nature et les causes de la richesse des nations*), Adam Smith jette les bases d'une société que nous connaissons bien, définie par l'accumulation du capital, l'adaptation de l'offre à la demande, la libre circulation de la monnaie, la liberté absolue du commerce et de l'activité économique en général, et le respect intransigeant de la sphère individuelle. Cette société est stabilisée par de puissants mécanismes autorégulateurs perturbés par toute intervention intempestive. La libre concurrence entre les entreprises individuelles ou collectives aboutit à la persistance des plus performantes et à l'élimination des autres.

Ce système dans son ensemble ne repose d'aucune manière sur un plan prédéterminé du législateur mais sur un mécanisme naturel résultant de la combinaison historique d'intérêts individuels et instinctifs qui ne doit rien à une intervention extérieure. Celle-ci ne peut donc que perturber cet équilibre subtil reflétant la nature profonde des hommes en société.

Darwin étudia et enrichit durant de longues années de travail la masse d'observations accumulées pendant son voyage autour du monde sur le navire *The Beagle* entre 1831 et 1836. Ses travaux l'amenèrent à reprendre à son compte la vision transformiste de Lamarck mais à en contester les mécanismes. Pour édifier sa théorie, il fut alors puissamment inspiré par l'exemple de la sélection artificielle pratiquée par les éleveurs et les planteurs, et put aussi compter sur deux autres sources d'inspiration : le principe de population de Malthus[2],

---

2. Thomas Robert Malthus (1766-1834), *Essai sur le principe de population*, 1798. Voir aussi J. Dupaquier et P. Tort, *Dictionnaire du darwinisme et de l'évolution*, *op. cit.*, vol. II, p. 2787-2793.

surtout, mais aussi les mécanismes de la « lutte pour la vie » à l'œuvre dans la compétition économique, systématisés trois quarts de siècle auparavant par Adam Smith.

Malthus[2] avait, quant à lui, développé à la fin du XVIIIe siècle la thèse pessimiste selon laquelle l'inégalité naturelle entre le pouvoir de multiplication de la population – géométrique, rapide – et le pouvoir de production de la terre – arithmétique, au gré de l'accroissement des surfaces cultivées, forcément lent – constitue l'obstacle majeur au progrès social. Il préconise d'agir sur le premier terme si l'on veut éviter le cortège de malheurs (guerres, famines, inégalités) liés à la compétition pour l'accès à des sources d'approvisionnement limitées.

Malgré les désordres entraînés par la surpopulation, on sait aujourd'hui que Malthus s'est trompé : depuis son époque, la population en Europe a été multipliée par trois à quatre mais les famines ont disparu et ce continent est exportateur de denrées alimentaires.

En revanche, les thèses d'Adam Smith dans le domaine économique et de Charles Darwin dans celui de la biologie sont devenues largement prédominantes, leur correspondance originelle s'étant maintenue, voire renforcée. Le darwinisme social, application des mécanismes de l'évolution à l'analyse des sociétés humaines et de leurs entreprises, est venu en effet ancrer encore plus profondément la logique libérale dans la vision qu'elle reflète un équilibre naturel, voire le seul équilibre naturel possible. Sa victoire récente sur les systèmes socialistes et sa mondialisation ne sont pas de nature à affaiblir cette certitude.

Le matérialisme historique marxiste se targuait de sa scientificité, le capitalisme libéral se revendique comme l'état naturel de l'organisation sociale ! C'est d'ailleurs la thèse que défend avec beaucoup d'ingé-nuité l'Américain Francis Fukuyama, dont le livre, *The End of History and The Last Man,* publié en 1992[3], fut un immense succès international, et souleva une vive controverse. Dans le journal *Le Monde* du 17 juin 1999, Fukuyama persiste et signe en déclarant : « Rien de ce qui est survenu dans la politique mondiale ou l'écono-mie globale durant ces dix dernières années ne remet en cause, à mon avis, ma conclusion : la démocratie libérale et l'économie de marchésont les seules possi-bilités viables pour nos sociétés modernes. »

Au XIXe siècle, une telle conception constituait un ter-reau intellectuel fertile pour l'établissement et le déve-loppement du corpus théorique de ce qui deviendra la sociobiologie, étude des bases et mécanismes biologi-ques de l'organisation et de l'évolution des sociétés ani-males et humaines.

Herbert Spencer, déjà évoqué (chapitre 2), est consi-déré comme le promoteur de ce courant appelé « évo-lutionnisme » avec Spencer, enrichi de l'*Ökologie* d'Ernst Haeckel (voir chapitre 8), puis « éthologie objectiviste » avec Konrad Lorenz et ses collègues[4], et enfin « sociobiologie » avec Edouard Osborne Wilson en 1975[5].

Le statut de la sociobiologie est mixte, scientifique et idéologique. Une semblable ambiguïté est notée dans d'autres champs d'investigation modernes, notamment

---

3. F. Fukuyama, *The End of History and The Last Man*, Mac-Millan, The Free Press, New York, 1992. (*La Fin de l'histoire et le dernier homme*, Flammarion, Paris, 1992.)

4. Konrad Lorenz (1903-1989), *Évolution et modification du comportement : l'inné et l'acquis*, Payot, Paris, 1965.

5. E. O. Wilson, *Sociobiology, the New Synthesis*, Belknap Press of Harvard, Massachusetts, University Press, Cambridge, 1975.

ceux des comportements humains. L'étude des mécanismes évolutifs et biologiques de l'organisation sociale, qu'il s'agisse des sociétés d'insectes de Spencer et de Wilson, d'oiseaux de Lorenz, ou de primates de nombreuses équipes actuelles (voir notamment chapitre 2, note 9), est une discipline scientifique légitime, active et passionnante. L'intégration de tels mécanismes à l'analyse des phénomènes historiques et sociaux des groupes humains est une piste intellectuelle qui mérite d'être explorée. L'utilisation de ces règles pour confirmer que la société libérale reflète des lois biologiques impérieuses qui expliquent et justifient une grande partie des inégalités humaines et conditionnent l'avenir possible, ce dont on était de toute façon persuadé, représente, en revanche, un positionnement typiquement idéologique.

C'est Spencer, que l'on a trop tendance à identifier au darwinisme alors qu'il n'est que le philosophe idéologue précurseur de ses dérives, qui a poussé de la façon la plus extrême la logique brutale d'une application aux sociétés humaines du principe de la survivance du plus apte, par lequel il avait traduit le mécanisme de la lutte pour la vie de Darwin (voir chapitre 2).

Pour Spencer – comme, d'ailleurs, pour l'utilitariste Jeremy Bentham (voir chapitre 4) –, seul l'égoïsme est moteur de l'évolution des sociétés ; l'altruisme n'en est qu'une des manifestations, lorsque l'optimisation des chances de survie (Spencer) et d'accès aux plaisirs (Bentham) nécessite la coopération avec autrui. Le sacrifice au bénéfice des siens, forme extrême de l'altruisme, n'est qu'une des stratégies sélectionnées au cours de l'évolution pour sa capacité à augmenter les chances de survie du lignage. Pour Spencer, l'équilibre entre égoïsme et altruisme se règle spontanément, selon le principe d'autorégulation des sociétés libérales. Toute tentative d'atténuer par l'organisation sociale la prédominance des plus aptes et l'éviction des sujets de qualité inférieure est contraire à une morale évolutionniste qu'il est fondamental de respecter pour le progrès des sociétés, humaines ou non humaines[6].

On retrouve aussi dans cette morale évolutionniste les bases de l'eugénisme de Galton[7]. La logique implacable de Spencer reste d'une étonnante modernité puisqu'il suffit de remplacer « égoïsme » par « inégalités » ou « accumulation du capital » pour retrouver tous les concepts de l'ultralibéralisme moderne débarrassé, par sa victoire éclatante sur les systèmes communistes, des précautions de langage dont il s'entourait encore dans les années 80 : ce sont les inégalités qui sont motrices de l'évolution économique. L'accumulation du capital qu'elles permettent et qui les crée profite en définitive à chacun, même aux plus défavorisés. Ceux-ci le sont en effet, au total, plutôt moins dans une société inégalitaire riche que dans une société socialiste pauvre.

Selon cette analyse, toute logique redistributive de type social-démocrate est contraire à la morale évolutionniste spencérienne, puisqu'elle contribue à pénaliser les plus aptes et à freiner le déclin des *loosers*. Néanmoins, cet égoïsme sacré doit être compensé juste par ce qu'il faut d'altruisme – programmes sociaux pour les plus défavorisés – pour limiter les explosions violentes de classes entières de la société désespérées et n'ayant plus rien à perdre. Ce qui est à craindre dans

6. H. Spencer, *Les Bases de la morale évolutionniste*, Germer Baillière, Paris, 1880.

7. C. P. Blacker, *Eugenics, Galton and after*, Duckworth and Co., Londres, 1952.

la « fracture sociale », ce n'est pas qu'elle existe, puisqu'il s'agit là d'un fait inéluctable découlant des principes de l'évolution, c'est qu'elle puisse mettre en danger l'organisme entier !

Déterminisme et réactions antidéterministes : le balancier

La diffusion de toutes les idéologies fondées sur le déterminisme biologique a varié selon les pays, en fonction de leurs traditions religieuses, philosophiques, politiques… et scientifiques. Les pays catholiques, nous l'avons vu (chapitre 5), ont été moins enclins à céder à l'eugénisme génétique que les pays protestants, car la notion que chacun a à travailler pour son salut, essentielle dans la théologie catholique, s'accommode mal d'un déterminisme biologique étroit. Ce dernier n'est pas, en revanche, incompatible avec le concept de la prédestination de la pensée protestante.

Pour leur part, la France lamarckienne et l'Union soviétique communiste restent longtemps fort attachées à une conception d'hérédité des caractères acquis qui vient naturellement atténuer les effets du déterminisme génétique. En U.R.S.S., l'idée que la modification des rapports de production favorise l'avènement de l'« homme communiste » n'est pas compatible avec la thèse d'un déterminisme biologique inaltérable et inéluctable. Cette opposition aboutit à une contestation violente de la génétique « bourgeoise » par l'agronome Lyssenko, qui deviendra le biologiste officiel de l'U.R.S.S. adoubé par Staline. Le lyssenkisme sera un tragique épisode de fraudes scientifiques, d'oppression des généticiens russes, et il aboutira à de désastreuses orientations en matière agricole[8].

Au début du XXe siècle, Émile Durkheim[9], l'un des fondateurs de la sociologie, sera un adversaire déterminé de la sociobiologie et du déterminisme biologique des individus. Pour la sociologie de Durkheim, ce sont les faits sociaux, les relations entre les individus et non la constitution biologique qui sont responsables des mouvements intellectuels et des comportements des personnes, isolément ou en société.

La psychanalyse elle-même devient rapidement une discipline qui s'oppose à toutes les visions fondées sur le déterminisme biologique. Freud était persuadé qu'à terme, les connaissances évoluant, il serait possible d'établir les mécanismes de l'inconscient, des désirs et des pulsions sur des données anatomiques et biologiques, nous dirions aujourd'hui neurobiologiques. En ce sens, si Sigmund Freud n'est pas déterministe, il a une vision somme toute organiciste des phénomènes qu'il étudie.

Freud aurait probablement été passionné par l'étude des bases des mécanismes neuronaux innés des désirs pulsionnels inconscients dans lesquels il voyait l'une des clés du pensé conscient et de l'agir des personnes. La permanence de ces bases inconscientes structurant la personnalité à travers les générations suggère en effet qu'elles sont innées, c'est-à-dire génétiques, et non point socialement construites[10, 11]. En fait, Freud voit

8. D. Lecour, *Lyssenko, histoire réelle d'une science prolétarienne*, P.U.F. coll. « Quadrige », Paris, 1976.

9. Émile Durkheim (1858-1917), *Journal sociologique*, P.U.F., bibliothèque de philosophie contemporaine, Paris, 1969.

10. F. J. Sulloway, *Freud, Biologist of the Mind*, Basis Book Inc., New York, 1979.

11. P. L. Assoun, *Le Freudisme*, P.U.F., coll. « Que sais-je ? », Paris, 1990.

ces invariances psychiques comme des fruits de l'évolution ; elles auraient été fixées chez l'Homme par
transmission de caractères acquis au cours de l'évolution de la « horde primitive » formée par nos ancêtres,
selon une conception typiquement lamarckienne.

En accord avec la « loi biogénique fondamentale »
de Haeckel (chapitre 8, notes 6 et 7), le père de la psychanalyse considère même que le développement du
psychisme humain de l'enfance à l'âge adulte récapitule
les phases de sa structuration dans les temps reculés de
l'humanité.

Parfois, s'écartant probablement de la pensée de son
fondateur, la psychanalyse a par la suite penché vers
un nouveau dualisme, c'est-à-dire vers cette notion
selon laquelle ce qui concerne l'esprit, le psychisme,
est de nature totalement différente du fonctionnement
cérébral.

L'incommunicabilité entre les spécialistes de
l'inconscient et ceux du cerveau est demeurée totale
pendant longtemps. Le rejet indigné, manifesté par de
nombreux courants psychanalytiques, de l'origine orga-
nique de certains troubles psychiques a pu conduire à
des positions aussi excessives que celles des tenants du
déterminisme biologique absolu des comportements.
Cela s'est notamment manifesté, avec Bettelheim et ses
élèves, par la thèse selon laquelle l'autisme infantile
procéderait généralement d'un trouble de la relation de
la mère à l'enfant[12].

Aujourd'hui, les mécanismes de l'autisme restent
toujours aussi incertains, mais peu de spécialistes rejettent l'idée qu'au moins une partie des cas pourrait être
liée à des anomalies organiques, génétiques ou du

---

12. B. Bettelheim, *La Forteresse vide. L'autisme et la naissance du soi*, Gallimard, Paris, 1969.

développement. En tout cas, l'hypothèse « relationnelle » exclusive semble infirmée par une série d'études réalisées. Il n'est pas sûr qu'avoir culpabilisé durant des décennies des mères ayant déjà à vivre dans la douleur l'affection de leurs enfants ait été vraiment une bonne action.

De manière paradoxale, le néo-dualisme psychanalytique n'est pas sans évoquer le dualisme traditionnel de la pensée religieuse pour laquelle le monde de l'esprit, celui de l'âme, est de nature divine et ne se réduit pas à la matérialité du corps.

Après guerre, la recherche biologique et génétique, (momentanément ?) libérée de sa gangue idéologique, va de l'avant[13] : on établit que les caractères héréditaires, codés dans les gènes, sont portés par les molécules d'A.D.N. des chromosomes (Avery, 1944) ; que cet A.D.N. a une structure en double hélice expliquant beaucoup de ses propriétés (Watson, Crick, Francklin, Wilkins, 1953) ; que le code génétique, qui permet de déchiffrer l'information des gènes, est pratiquement universel, identique chez tous les êtres vivants (Nirenberg Matthaei, 1961). C'est également en 1961 que les Français Jacob, Monod et Lwoff établissent les règles essentielles du fonctionnement des gènes.

À partir de 1973, la maîtrise de quelques techniques de base aboutit à la naissance du génie génétique, c'est-à-dire de cette possibilité de transférer n'importe quel gène appartenant à n'importe quel être vivant dans un autre organisme, l'assujettissant à l'expression d'une partie du programme génétique du donneur. C'est grâce au génie génétique qu'il est possible de lancer le pro-

13. M. Morange, *Histoire de la biologie moléculaire*, La Découverte, Paris, 1994.

gramme « génome humain » dont les promoteurs américains disent à l'origine qu'il s'agit d'apprendre à lire le « grand livre de la vie de l'Homme ». Cette présentation suppose, dans la grande tradition déterministe, que le livre de l'Homme, le destin de l'Homme soit écrit dans le langage des gènes.

L'ivresse des perspectives offertes par l'étude du génome humain, la permanence des idéologies déterministes et les excès dualistes des conceptions qui leur sont opposées amènent alors le balancier du sentiment commun à s'incliner à nouveau du côté du tout biologique, du tout génétique.

Gènes, esprit et comportements

On apprend, à la fin des années 80 et au début des années 90, que l'on a localisé les déterminants génétiques de maladies psychiatriques, la schizophrénie et la psychose maniaco-dépressive. Ces résultats devaient se révéler infondés, mais de très nombreuses équipes dans le monde poursuivent aujourd'hui cette recherche, et il se pourrait bien, en effet, que des gènes de susceptibilité à des affections psychiatriques fussent découverts. Pour un même type d'affection, ces gènes sont vraisemblablement multiples et n'interviennent de toute évidence qu'en relation étroite avec l'environnement, notamment psychique et affectif, des personnes.

Parallèlement à cette recherche des bases génétiques de maladies psychiques, l'activité cherchant à analyser l'influence des gènes dans les comportements humains s'accélère. On a prétendu, ces dernières années, avoir identifié ou localisé les gènes de susceptibilité à l'alcoolisme, à l'homosexualité masculine, à la dépendance vis-à-vis des drogues, etc. La qualité scientifique des recherches ayant conduit à ces résultats est souvent faible, et la plupart ont d'ailleurs été infirmés par la suite.

Plus sérieuse au niveau scientifique, mais contestable dans la généralisation de son interprétation, est l'observation d'importantes différences caractérielles chez les femmes souffrant du syndrome de Turner selon que leur unique chromosome X est hérité de leur père ou de leur mère[14]. Le syndrome de Turner, caractérisé par laprésence d'un seul chromosome sexuel X venant de l'un des deux parents, s'observe chez des femmes de petite taille qui restent stériles. D'après les auteurs, les patientes dont le chromosome X provient du père présentent une faculté d'intégration sociale, une facilité relationnelle bien supérieures à celles dont le chromosome X est d'origine maternelle.

L'article qui rapporte ces résultats, publié dans *Nature*, en tire la conclusion qu'un ou des gènes de « sociabilité » sont portés par le chromosome X masculin. Malgré son intérêt, cette hypothèse doit être considérée avec précaution ; en effet, doit-on penser que les hommes, dont le chromosome X est évidemment d'origine maternelle puisqu'ils ont hérité d'un chromosome Y de leur père, sont tous des êtres asociaux comparés aux femmes qui ont la chance insigne d'avoir hérité de leur père ce chromosome X de la « sociabilité » ? La tendance naturelle de la gent masculine à se réunir entre copains, à former des clubs de pétanque ou de chasse, ne le suggère pas vraiment.

La liste des études génétiques portant sur telle ou telle prédisposition comportementale est aujourd'hui

---

14. D. H. Skuse et *al.*, « Evidence from Turner's Syndrome of an Imprinted X-Linked Locus Affecting Cognitive Function », *Nature*, 385, 705-708, 1997.

trop longue pour être exhaustivement rapportée ici. Néanmoins, on peut ajouter aux exemples déjà donnés la curiosité intellectuelle, l'esprit d'entreprise, la propension à l'infidélité masculine, l'amour maternel… et l'intelligence.

En mai 1998, dans le journal *Psychological Science,* une équipe britannique renommée publiait les résultats d'une étude génétique portant sur cinquante et un enfants de Q.I. moyen (103) et sur un même nombre de Q.I. très élevé (moyenne de 136). Les deux groupes différaient au niveau d'une région du chromosome 6 dont la séquence précise existe sous plusieurs formes selon les individus ; ce type de séquence est dite polymorphe. La fréquence d'une de ces formes était deux fois plus élevée dans le groupe à haut Q.I. que dans l'autre. Les auteurs en concluaient qu'un gène intervenant dans l'intelligence est porté par le chromosome 6 et est situé à proximité de la séquence polymorphe.

Tous les généticiens savent l'extrême prudence avec laquelle il convient d'accueillir de tels résultats. Ce sont des approches similaires qui ont conduit, dans le passé, à des conclusions ensuite démenties portant sur la localisation de gènes impliqués dans des maladies psychiatriques et dans l'homosexualité masculine.

À côté de ce foisonnement de résultats sur les déterminismes génétiques des comportements et des aptitudes, d'autres études témoignent de l'évidente influence du génome sur les capacités mentales et le psychisme. Il existe de très nombreuses maladies entraînant des retards mentaux, parfois liés à un désordre hormonal (hypothyroïdie congénitale) ou à une anomalie métabolique (phénylcétonurie). La maladie de Lesh-Nyhan, une forme génétique d'hyperuricémie avec goutte sévère, est ainsi associée à des désordres comportementaux assez stéréotypés, caractérisés avant tout par une tendance à l'automutilation.

Les jumeaux monozygotes (vrais jumeaux) ont très souvent été utilisés pour apprécier l'influence de l'inné dans les capacités mentales et les tendances comportementales. Le psychologue Cyril Burt s'était ainsi prétendument appuyé sur de telles études, qui se révélèrent pour partie truquées, pour partie inventées pour conforter ses thèses déterministes[15].

En 1997, une étude plus sérieuse décrit les résultats d'une analyse psychométrique de vrais jumeaux en fonction de différents âges de leur vie. De manière surprenante, cet article indique que la concordance est maximale chez les jumeaux âgés, après quatre-vingts ans[16].

De nos jours, l'étude génétique des comportements fait souvent appel à la suractivation ou à l'invalidation géniques chez la souris. Des techniques, maintenant bien maîtrisées chez cet animal, permettent, à volonté, d'activer ou d'inactiver des gènes et d'apprécier ainsi les conséquences, notamment comportementales, de ces manipulations[17]. Ainsi a-t-on montré que, selon les cas, l'inactivation d'un gène entraîne une perturbation du comportement maternel[18], de la mémoire, de l'instinct exploratoire, de l'agressivité[19], etc. Le

15. Cité par S. J. Gould, *La Mal-Mesure de l'homme*, *op. cit.*

16. G. E. Mc Clearn et *al.*,, « Substantial Genetic Influence on Cognitive Abilities in Twins 80 or More Years Old », *Science*, 276, 1560-1563, 1997.

17. L. Alison et *al.*, « Mapping Genes for Psychiatric Disorders and Behavioral Traits », *Current Opinion in Genetics and Development*, 8, 287-292, 1998.

18. R. Bridges, « The Genetics of the Motherhood », *Nature Genetics*, 20, 108, 1998.

19. L. H. Tecott et S. H. Barondes, « Behavioral Genetics. Genes and Aggressiveness », *Current Biology*, 6, 238-240, 1996.

génome est conservé à environ 90 % entre la souris et l'Homme, et ces deux espèces ont approximativement le même nombre de gènes : cela ne signifie-t-il pas que chez l'Homme, comme chez la souris, il est possible de décrire des gènes de l'amour maternel, de la curiosité, de l'agressivité et de la propension à la polygamie[20] ?

D'ailleurs, la mutation spontanée dans une famille humaine d'un gène commandant la synthèse d'uneprotéine de dégradation de neuromédiateurs, en particulier de la sérotonine, a pu être associée à une propension à la délinquance sexuelle alors que l'invalidation de ce même gène chez la souris confère à celle-ci un comportement agressif[21].

La démonstration en est donc faite : les gènes, chez les rongeurs comme chez l'homme, gouvernent l'essentiel de nos comportements, et même l'intelligence !

En 1998 et en 1999 paraissent, dans la revue *Nature,* les descriptions de deux modifications géniques augmentant la mémoire et les capacités d'apprentissage des souris ainsi obtenues. Dans le premier cas[22], c'est une molécule spécialisée dans la réception des stimulus douloureux qui est inactivée. A priori, on n'est pas surpris par l'existence d'un antagonisme entre les systèmes cérébraux impliqués dans la reconnaissance de stimulations « nociceptives » (c'est-à-dire potentiellement

20. Young, L. J. et *al.* « Inceased Affiliative Response to Vasopressin in Mice Expressing the VIa Receptor from a Mono-gamous-Vole », *Nature*, 400, 766-768, 1998.

21. J. C. Shih et R. F. Thompson, « Monoamine Oxidase in Neuropsychiatry and Behavior », *American Journal of Human Genetics*, 65, 593-598, 1999.

22. T. Manabes et *al.*, « Facilitation of Long-Term Potentiation and Memory in Mice Lacking Nociceptin Receptors », *Nature*, 394, 577-581, 1998.

nocives) et l'apprentissage indépendant des circonstances de la perception de cette menace.

Le second travail est publié en septembre 1999. Il étudie les conséquences d'un transfert de gène augmentant la densité d'un récepteur du glutamate au niveau des régions impliquées dans la formation de la mémoire. Le glutamate, un neuromédiateur, intervient dans le renforcement de la transmission synaptique au travers des circuits neuronaux antérieurement sollicités ; ce phénomène est considéré comme essentiel dans l'établissement de la mémoire. L'augmentation de la quantité derécepteurs chez les souris transgéniques aboutit donc à l'amélioration de ce processus de facilitation et à l'acquisition de performances augmentées dans des tâches de mémorisation[23]. Cette observation est d'autant plus intéressante que, en tout cas chez l'animal, la diminution des capacités d'apprentissage au cours du vieillissement est associée à une décroissance de la densité de récepteurs du glutamate.

Cependant, illustrant la filiation rapide déjà notée de la science à l'idéologie, de nombreux commentateurs ont écrit que ce transfert de gène augmentait l'intelligence de la souris et que ce résultat avait d'énormes implications potentielles en ce qui concerne l'intelligence humaine. Or l'article de *Nature* ne dit rien de tel. D'une part, les résultats décrits doivent être confirmés sur d'autres lignées de souris[24], d'autre part, leur signification pour l'espèce humaine reste spéculative. Enfin, si la mémoire est, certes, indispensable au développe-

23. Y.-P. Tang et *al.*, « Genetic Enhancement of Learning and Memory in Mice », *Nature*, 401, 63-69, 1999.

24. J. C. Crabbe et *al.*, « Genetics of Mouse Behavior : Interaction with Laboratory Environment », *Science*, 284, 1670-1672, 1999.

ment de nombreuses capacités mentales, elle ne les résume évidemment pas. Nous connaissons tous des personnes à la mémoire étonnante, mais d'intelligence moyenne, peu créatives et dénuées de sens artistique.

Par conséquent, les conclusions tirées de ces expériences sont souvent illégitimes ou résultent d'une interprétation extrêmement grossière des résultats scientifiques.

S'il s'agit de dire que certains gènes influencent les comportements humains, il n'était pas utile de réaliser tant d'études pour en être convaincu. Chacun sait qu'existent des comportements innés, qui ont d'ailleurs une valeur adaptative nécessaire à la survie de l'espèce et sont hérités depuis des centaines de millions d'années : l'instinct sexuel, le réflexe de fuite, le comportement de prise alimentaire, etc. Aucun d'entre nous ne conteste que les comportements de races animales soient pour une grande part innés, c'est-à-dire génétiquement déterminés. Il est possible, dans différentes espèces animales, de sélectionner, par des croisements appropriés, certaines caractéristiques comportementales.

Chez les mammifères, le gène *SRY,* qui détermine si la gonade primitive deviendra un ovaire ou un testicule (voir chapitre 10), a sans conteste d'importantes conséquences sur les comportements animaux. Enfin, nous avons rappelé le nombre de maladies génétiques associées à des retards mentaux, voire à des troubles comportementaux spécifiques. Donc, à ce stade, les avancées les plus récentes de la génétique ne disent rien de bien nouveau.

L'interprétation scientifique des études sur la génétique des comportements, notamment à l'aide de l'inactivation des gènes, est souvent biaisée, parfois par les expérimentateurs eux-mêmes, d'autres fois par les médias spécialisés commentant ces résultats et, enfin, par la presse généraliste et le grand public.

Ainsi, aucune expérience d'inactivation génique ne conduit à la conclusion qu'un comportement est codé par un seul gène. En fait, l'inactivation de certains gènes a des conséquences comportementales qui varient selon le fonds génétique, c'est-à-dire selon la nature des autres gènes qui ne sont pas modifiés par l'expérience[24] ; un tel phénomène a conduit à la rétractation ou à la réfutation de très nombreux résultats qui avaient été présentés à grand renfort de publicité médiatique, par exemple, la découverte du gène de l'alcoolisme. De nombreuses recherches consacrées au contrôle génétique des conduites de dépendance vis-à-vis des drogues, notamment de l'alcool, se poursuivent[25] cependant.

De plus, les conséquences de l'inactivation d'un grand nombre de gènes distincts sont parfois identiques. Ainsi, l'altération de cinq ou six gènes jouant des rôles biochimiques tous différents aboutit à des anomalies du comportement maternel : la femelle néglige ses petits, ne leur prépare pas le nid, ne les lèche pas[18]…

Par conséquent, si l'on voulait persister dans l'utilisation stupide du terme de « gène de l'amour maternel », encore faudrait-il mettre au moins « gènes » au pluriel. Cela est vrai de l'agressivité[19], de la passivité, de la modification de l'appétit et, de façon encore plus marquée, des caractéristiques cognitives globales.

L'affirmation selon laquelle existent des gènes gouvernant à eux seuls des comportements spécifiques est donc une ineptie scientifique qui confond deux notions bien distinctes, celle de la participation et celle de la détermination. Montrer une altération comportementale chez un

25. T. Reich et *al.*, « Genetic Studies of Alcoholism and Substance Dependence », *American Journal of Human Genetics*, 65, 599-605, 1999.

animal d'expérience à la suite d'une anomalie génétique signifie que la voie biochimique altérée est nécessaire à la mise en place du comportement, participe à sa manifestation, en aucune manière qu'elle le détermine.

La même confusion est très souvent faite en ce qui concerne la base génétique de certaines maladies : le fait que l'altération d'un gène s'accompagne de retard mental ne signifie pas que le gène altéré ait comme fonction normale de déterminer l'« intelligence ».

De nombreux exemples peuvent illustrer l'absurdité d'une telle présentation. Ainsi imaginons que l'air se raréfie dans une salle de conférences, le gaz carbonique augmente, l'oxygène diminue, le débit vocal de l'orateur se perturbe, ses pensées sont énoncées moins clairement, il semble pris d'ébriété. Pour autant, naturellement, l'oxygène n'est point le gaz de l'intelligence pas plus que le gaz carbonique n'est celui de la sottise ! De la même manière, l'acide urique qui s'accumule chez les adolescents atteints de la maladie de Lesh-Nyhan n'est pas le médiateur de l'automutilation et la phénylalanine, dont la concentration est augmentée plusieurs centaines de fois chez les enfants atteints de phénylcétonurie, n'est pas la molécule de l'idiotie !

Le cerveau est l'organe humain le plus complexe[26], celui dont le développement, le fonctionnement et le maintien de l'intégrité nécessitent l'activité du plus grand nombre de gènes – on prétend qu'au moins un tiers des gènes de l'organisme est nécessaire à ces phénomènes.

Les fonctions cognitives dans leur ensemble et les comportements, innés ou profondément modifiés par l'environnement et l'histoire individuels, mettent eux-mêmes en jeu des processus d'une grande complexité.

---

26. C. Koch. et G. Laurent, « Complexity and the Nervous System », *Science*, 284, 96-98, 1999.

On imagine aisément qu'ils puissent être perturbés à de multiples niveaux dont aucun ne peut prétendre à un rôle particulièrement déterminant. Ainsi, pour utiliser une image mécanique, la coupure d'une durit ou l'encrassement des bougies de deux véhicules aux performances fort différentes, disons une Porsche de compétition et une vieille 2 CV Citroën, interrompent tous deux le fonctionnement du véhicule. Pourtant, il serait ridicule d'en déduire que la durit ou les bougies sont les pièces déterminantes des performances de ces automobiles !

En bref, cela ne valait pas la peine de déployer tant d'efforts de recherche en neurobiologie et en génétique pour en arriver à la conclusion que la constitution génétique influence les comportements ! Après tout, les caractéristiques du psychisme humain sont bien liées au cerveau de l'homme construit matériellement grâce aux gènes humains ; un être aux gènes de chimpanzé aurait un psychisme de singe, et un autre aux gènes de souris aurait les capacités mentales de ce rongeur. Comme nous l'avons déjà vu, les hommes portent, sur leur chromosome Y, le gène *SRY* qui conditionne le développement testiculaire. Les femmes, par conséquent, ne possèdent pas ce gène, dont la présence a de notables conséquences comportementales, dans l'espèce humaine comme chez les animaux. De même, il n'a pas fallu attendre les méthodes de la biologie moderne pour se persuader qu'existent des comportements innés parmi lesquels nous avons déjà cité l'instinct sexuel, le réflexe de fuite, les réponses aux sensations de faim et de soif, etc.

Plaidoyer pour une synthèse moderne

Il nous faut aujourd'hui sortir des oppositions entre les thèses irréconciliables, l'une et l'autre réductionnistes et souvent à forte composante idéologique, des partisans du tout inné ou du tout acquis. Cette troisième voie, qui se veut moderne et se revendique comme une aspiration avant tout scientifique, s'énonce à mon sens à travers une série de propositions.

Première proposition : la principale caractéristique du cerveau humain comparée à celui des autres mammifères est sa plasticité ; celle-ci est génétiquement déterminée. En d'autres termes, l'évolution des primates vers l'homme, en passant par les premiers hominidés, associée à une rapide augmentation du volume crânien, a conduit à la sélection des gènes commandant un développement considérable des aires associatives du néocortex et, peut-être, de la plasticité intrinsèque des circuits neuronaux. La malléabilité cérébrale résulte d'un programme génétique. En revanche, les empreintes que gardera ce cerveau malléable sont le fruit de l'interaction avec l'environnement éducatif, social, culturel et historique, avec les aléas et les événements d'une vie humaine.

En d'autres termes, le développement des capacités mentales et du psychisme humain est l'aboutissement de la rencontre entre un cerveau génétiquement impressionnable et la multitude des « impressions » dont sa plasticité lui permettra de garder les empreintes.

Deuxième proposition : puisque la plasticité cérébrale dépend d'un programme génétique, ses caractéristiques ou ses altérations peuvent en moduler ou en altérer la qualité. C'est pourquoi beaucoup de maladies génétiques, associées à un retard mental ou à toute une variété de désordres cognitifs, relèvent d'une pathologie de la plasticité cérébrale. Il est probable que la micro-variabilité génétique de cette plasticité rende compte, pour partie, des différences de caractère, d'aptitude scolaire ou de dons divers des membres d'une même fratrie élevés dans un environnement socioculturel similaire. Cependant, le déterminisme génétique de la plasticité est à l'évidence plurigénique et probablement combinatoire.

Cela signifie que les processus mentaux complexes, la cognition et l'adaptation comportementale ne dépendent pas d'un petit nombre de gènes dont on suivrait sans difficulté l'influence dans des études familiales. En effet, un caractère précis, psychique ou somatique, dû à l'action combinée d'un très grand nombre de gènes, a une très faible héritabilité puisque, à chaque génération, les gènes des parents sont échantillonnés au hasard chez chacun des descendants.

Cela explique, notamment, l'observation de Platon relevant dans le dialogue entre Socrate et Ménon que les enfants des hommes vertueux le sont eux-mêmes rarement (chapitre 6).

La nature combinatoire du contrôle génétique des processus complexes explique également que les conséquences de modifications génétiques très limitées puissent être considérables. Ainsi, il n'existe pas plus de 1,6 % de variations génétiques entre l'Homme et le chimpanzé dont les différences de capacités cognitives sont évidemment beaucoup plus grandes. L'influence individuelle des lettres de l'alphabet dans la signification globale d'une phrase donne une bonne idée de ce qu'est un contrôle combinatoire. Par exemple, entre « la peine est grande » et « la reine est grande » une lettre seulement sur seize est modifiée… et naturellement le sens de l'affirmation est bouleversé. Les contrepèteries peuvent être utilisées comme une autre illustration des propriétés combinatoires.

La faible héritabilité de caractères soumis à un contrôle génétique combinatoire n'entre pas en contradiction avec les données qui rapportent un haut niveau de concordance chez des jumeaux monozygotes. Ceux-ci possèdent en effet les mêmes combinaisons de gènes et, de ce fait, des propriétés similaires de plasticité. Cependant, des phénomènes non génétiques survenant au cours du développement font que deux cerveaux aux propriétés entièrement identiques, même ceux de deux jumeaux, n'existent pas.

Par ailleurs, les empreintes de l'éducation et de la vie qui modèleront les capacités mentales de vrais jumeaux, même s'ils avaient initialement les mêmes caractéristiques neurobiologiques, constitueront un facteur supplémentaire de différenciation. Celle-ci peut cependant être atténuée du fait que le perçu des individus dépend aussi de ce qu'ils sont et de leur équipement sensoriel[27]. Deux personnes de même aspect, partageant de nombreux traits de caractère et percevant par leurs sens le monde extérieur de la même manière auront tendance à interagir avec leur entourage, à le façonner et à être façonnées par lui, de manière moins différente que si elles n'avaient aucun point commun. En d'autres termes, deux vrais jumeaux ont peut-être tendance à sélectionner le même type d'amis ou de relations sentimentales, à susciter chez eux des réactions similaires qu'ils perçoivent de même manière, de telle sorte que leur concordance psychique due à l'identité génétique est renforcée par une ressemblance épigénétique. Leur inné partagé est de la sorte consolidé par un acquis de même nature. Cela pourrait expliquer le paradoxe selon lequel les tests psychométriques montrent que la

27. S. Blinkhorn « Symetry as Destiny – Taking a Balanced View of IQ », *Nature*, 387, 849-850, 1997.

concordance est maximale chez des vrais jumeaux à la fin de leur vie.

Troisième proposition : il y a aujourd'hui consensus pour penser que le mécanisme de la plasticité cérébrale est cellulaire, lié aux immenses capacités de connexion entre les neurones et au réarrangement permanent de ceux-ci. Il existe environ cent milliards de neurones dans un cerveau humain, chacun d'entre eux en mesure d'échanger une dizaine de milliers de connexions avec d'autres neurones, parfois à grande distance. Ces connexions sont réversibles, soumises à l'effet des signaux en provenance du monde extérieur, de l'apprentissage. Elles peuvent être perturbées dans certaines maladies.

Une telle organisation engendre un nombre pratiquement incommensurable de circuits neuronaux possibles, multibranchés, et qui se modifient en permanence. Les jonctions au sein du réseau, c'est-à-dire les synapses, se renforcent, s'affaiblissent ou disparaissent selon l'activité mentale et les perceptions[26, 28, 29].

Le contrôle génétique des circuits neuronaux opère vraisemblablement à divers niveaux : le nombre de cellules, leur sensibilité aux stimulus du monde extérieur, la cinétique de la croissance des prolongements cellulaires, la facilité d'établissement des connexions, le nombre de celles-ci, l'efficacité de la transmission synaptique, etc. Ce mode d'action du contrôle génétique sur le fonctionnement cérébral confirme que la

28. J.-P. Changeux et P. Ricœur, *La Nature et la Règle*, Odile Jacob, Paris, 1998.
29. J.-P. Changeux, « Réflexion d'un neurobiologiste sur les origines de l'éthique », *Comptes rendus de la Société de biologie*, 192, 1041-1049, 1998.

notion de l'intervention prédominante d'un petit nombre de gènes dans ces propriétés complexes est bien improbable, pratiquement non envisageable.

Quatrième proposition : le cerveau est en partie précâblé, rendant compte des comportements innés, de notre aptitude particulière au langage, voire, comme certains le proposent, au sens moral[28, 29] (voir chapitre 5). Cependant, l'extraordinaire augmentation de la plasticité des circuits neuronaux chez l'Homme, comparée à celle des autres mammifères, lui donne la possibilité unique d'une réinterprétation, d'une réappropriation humaine de ses caractères et comportements innés, même de ceux qui correspondent aux câblages les plus anciens.

C'est ainsi qu'un comportement aussi inné que le désir sexuel, à manifestation relativement univoque dans le monde animal, garde, certes, cette présentation dans notre espèce. Elle est cependant, heureusement, mieux contrôlée et s'accompagne de près de la moitié de notre production poétique, littéraire ou artistique en général.

L'Homme se trouve dans la situation du dramaturge du Grand Siècle face aux règles contraignantes de la tragédie classique. Malgré le respect des principes de la versification et des trois unités – de temps, de lieu et d'action, il est libre d'écrire une infinité d'œuvres. La capacité génétique qu'a l'Homme d'échapper à ses déterminismes génétiques, c'est-à-dire de les réinterpréter de façons diverses[30], est illustrée par l'exemple déjà cité de l'altération d'un gène responsable d'une augmentation de la teneur cérébrale en un neuromédiateur, la sérotonine[21].

---

30. F. Jacob, *Le Jeu des possibles*, Fayard, Paris, 1981.

L'animal possédant une sérotonine élevée dans le cerveau a pour seul choix de répondre par un comportement agressif envers ses congénères. En revanche, l'Homme est capable d'utiliser cette propension à la vivacité de réaction, à l'agressivité, de multiples manières. S'il est un grand sportif, ce sera pour aller jusqu'au bout, voire au-delà de ses limites afin de l'emporter... S'il est un intellectuel brillant, un polémiste virulent, ce sera pour jeter toute sa force de conviction intellectuelle dans le combat d'idées qu'il mène. S'il est un industriel particulièrement actif, ce sera pour détruire sans pitié ses concurrents et bâtir un empire économique. Et peut-être se peut-il, aussi, que dans un environnement destructuré sur le plan économique, social et familial, cette caractéristique soit en effet un élément facilitant le passage à l'acte délictueux.

C'est cette dimension du cerveau humain génétiquement programmé pour être modelé au contact de l'ensemble des connaissances, de la culture et du système de valeurs édifié, génération après génération, par l'Homme, en dehors de lui, en dehors de ses gènes, que méconnaît par exemple le film du cinéaste français Alain Resnais, *Mon oncle d'Amérique*. La thèse défendue dans cette œuvre repose sur l'idée que la totalité des réactions, décisions, comportements humains, n'est que la transposition à notre espèce de comportements élémentaires innés qu'il est aisé de mettre en évidence chez le rat de laboratoire.

En réalité, les gènes humains sélectionnés au cours de l'évolution ont cette remarquable propriété de permettre à *Homo sapiens* de desserrer l'étau de ses déterminismes génétiques en le sensibilisant à l'influence du contexte, aux influences épigénétiques[31]. Nos gènes

---

31. J.-P. Changeux, *L'Homme neuronal*, Fayard, Paris, 1983.

constituent la condition de notre responsabilité et de notre liberté.

Cinquième proposition : l'extraordinaire complexité cérébrale, substratum cellulaire des phénomèncs psychiques, rend bien improbable tout déterminisme étroit où les réactions du système dépendraient précisément des paramètres qui le contrôlent : la nature des stimulus, leur perception et leur traitement par des processus mentaux portant l'empreinte à la fois de l'inné et de l'acquis. Il existe aujourd'hui une discipline scientifique traitant de ce principe d'indéterminabilité au sein des systèmes complexes.

L'évolution météorologique et économique ou le détail de l'écoulement d'un fluide, tels les jeux d'eau d'un torrent de montagne cascadant de pierre en pierre, en donnent une image. Il s'agit de ce que l'on appelle la théorie du chaos, avec ses deux composantes que sont la turbulence et le chaos déterministe dont les bases scientifiques ont été établies par Henri Poincaré et sont développées encore aujourd'hui, en France, par David Ruelle[32].

On dénomme chaos déterministe le comportement d'un système contrôlé par de très nombreux paramètres interdépendants dont certains sont précisément indéterminables. De ce fait, le comportement exact du système ne peut être prévu. Les réactions chimiques « chaotiques » du prix Nobel belge, Ilya Prigogine, constituent un bon exemple de chaos déterministe[33].

Le fonctionnement cérébral n'est, selon toute évidence, pas moins multiparamétrique et interactif que les exemples cités plus haut et se présente comme un très

---

32. D. Ruelle, *Hasard et Chaos*, Odile Jacob, Paris, 1991.
33. I. Prigogine, *Les Lois du chaos*, Flammarion, Paris, 1994.

bon candidat à les rejoindre[26]. Cependant, cette proposition ne fait pas l'objet d'un consensus. Il existe un fort courant scientifique et philosophique qui n'admet pas ce principe d'indéterminabilité, vu comme un espace de non-connaissance et rejeté avec violence comme une conception métaphysique ou une réaction antiscientifique et obscurantiste. De même qu'Einstein se refusait à accepter le principe d'indéterminabilité de la mécanique quantique (il disait que « Dieu ne joue pas aux dés »), les tenants de cette thèse concèdent que tout n'est pas connu mais seraient désespérés à l'idée que tout ne fût pas connaissable. Pour ma part, je pense qu'une approche résolument scientifique et matérialiste, clairement moniste des mécanismes de la pensée aboutit à l'inverse à invalider les thèses fondées sur un déterminisme linéaire qui ne saurait s'appliquer à un système tel que le cerveau humain.

Quel rapport y a-t-il entre l'application d'un principe d'indéterminabilité aux mécanismes du fonctionnement cérébral et des notions telles que la liberté et le libre arbitre ? Il faut, pour tenter de répondre à cette question, partir du postulat inverse, celui selon lequel toutes les réponses psychiques, les choix et les décisions, ne seraient que la résultante de deux déterminismes absolus, le déterminisme génétique et le déterminisme épigénétique. Le premier fonde les propriétés particulières de plasticité du cerveau, base des opérations mentales. Le second correspond à la somme intégrée des empreintes qu'a pu recevoir un cerveau donné dans un environnement humain singulier et dans la trajectoire d'une vie particulière. Si le choix n'est que la résultante d'une cascade complexe de causalités, en quoi résulte-t-il d'un « libre arbitre », manifeste-t-il l'expression d'une liberté ?

La notion selon laquelle les déterminismes génétiques et épigénétiques laissent subsister un espace d'indéterminabilité ne dit certes rien de la nature d'un choix qui serait l'expression d'une liberté réelle, mais elle en conserve la possibilité. Cela étant dit, la manière dont se manifeste le libre arbitre au-delà des déterminismes reste une question totalement ouverte. Peut-être se peut-il que, lorsque la décision précise échappe, *in fine*, à tout lien de causalité déterminé, elle soit alors prise de manière aléatoire, le « libre arbitre » ne correspondant alors en fait qu'à un faux-semblant, c'est-à-dire aux mécanismes mentaux de réappropriation et de justification a posteriori des choix qui ont été faits, en réalité, au hasard.

Alors même que je suis obligé d'avouer, après beaucoup d'autres, mon incertitude lorsqu'il s'agit d'intégrer la liberté au sein des processus mentaux de détermination des choix, au moins l'application du principe d'indéterminabilité à ces processus laisse-t-elle la question ouverte. À l'inverse, il semble que la cible que se sont fixée les déterministes de tout crin, celle qu'il s'agit d'atteindre, de détruire par tous les moyens, est l'idée même du libre arbitre.

Lorsque les thèses anciennes du déterminisme par la nature biologique, par les gènes, semblent ne plus convenir, leur sont alors adjointes celles d'un déterminisme social dictatorial, celui de ces *memes* évoqués par Richard Dawkins[34] et édifiés en théorie globale par Susan Blackmore[35]. Cette dernière considère que la *genetics* explique la constitution du cerveau, organe

---

34. R. Dawkins, *The Selfish Gene*, Oxford University Press, 1976.

35. S. Blackmore, *The Meme Machine*, Oxford University Press, 1999.

central de la *memetics*. De même que l'évolution, dans sa présentation par Dawkins, est dominée par la propension du gène égoïste à son autoreproduction, la *memetics* fait de nos cerveaux une machine à reproduire, à amplifier et à diffuser les *memes*, c'est-à-dire les idées reçues, des plus simples aux systèmes de valeurs intégrés. Avec Susan Blackmore, il faut reconnaître que cette forme de déterminisme épigénique, conduisant à la reproduction automatique des idées reçues, explique mieux tous les phénomènes de pensée unique, d'adhésion de masse aux idéologies totalitaires que n'importe quel déterminisme génétique. Il s'agit là d'un phénomène de clonage des idées qui a précédé le clonage des corps envisagé pour les décennies à venir (voir chapitre 11).

S'il n'existe sûrement pas de gènes nazis ou staliniens, la réalité de virus ou de *memes* idéologiques, au pouvoir infectieux considérable, générateurs d'épidémies redoutables, ne fait aucun doute. Cependant, il s'agit là, somme toute, de considérations banales, et la *memetics* devient grossière dès qu'elle revendique la dimension d'une théorie générale de l'esprit, bien incapable de rendre compte de la diversité et de la créativité de la pensée humaine.

La question se pose des raisons pour lesquelles les courants déterministes fleurissent particulièrement dans la société libérale. Le fondement du libéralisme économique et politique, tel que défini depuis le XVIIIe siècle à la suite d'Adam Smith, étant l'individualisme et la compétition, certains ne considèrent-ils pas que, s'il fallait y ajouter la liberté, c'est-à-dire l'imprévisibilité du choix des individus, cela aboutirait à introduire dans le système une dimension d'incertitude ingérable ?

Il est certainement bien plus confortable pour les classes dirigeantes de considérer que les désordres de la société, l'exclusion, la drogue, la violence sont les conséquences soit des gènes, soit des *memes* propres aux couches de la population en proie à ces soubresauts, plutôt que celles de la somme des réactions individuelles et collectives de révolte contre les inégalités croissantes engendrées par un libéralisme sans complexe grisé par ses succès.

Chapitre 10

Mâles et femelles, hommes et femmes

Définir une femme comme une personne de sexe féminin… et un homme comme une personne de sexe masculin semble digne de M. de La Palice. Ces définitions ont pourtant l'avantage d'insister sur deux données essentielles des personnes, à savoir qu'elles sont des êtres humains et des êtres sexués. La femme partage avec l'ensemble des êtres femelles des mondes végétal et animal la propriété de produire les gamètes femelles qui, fécondés par des gamètes mâles, donnent des embryons. L'homme est, lui, un exemple d'organisme mâle. Ce dernier est défini par la capacité à produire du pollen chez les végétaux et des spermatozoïdes chez les animaux. Chez les micro-organismes susceptibles d'échanger du matériel génétique, par exemple un fragment de chromosome bactérien, le donneur est considéré comme mâle et le receveur comme femelle.

La sexualité : les causes d'un succès

La séparation des sexes s'est produite il y a environ un milliard d'années. La question se pose de l'intérêt d'une reproduction sexuée et de la raison pour laquelle elle a été si généralement sélectionnée au cours de l'évolution des êtres vivants. En effet, malgré le succès d'estime de la sexualité, son caractère ludique et plaisant n'explique pas, selon toute évidence, sa diffusion rapide.

Les êtres vivants sont apparus sur la Terre il y a environ quatre milliards d'années, alors que les conditions physico-chimiques qui prévalaient sur notre planète n'avaient rien à voir avec ce que nous connaissons aujourd'hui : la température était élevée, il n'existait pas d'atmosphère d'oxygène, les rayons ultraviolets n'étaient pas filtrés par la couche d'ozone et les teneurs en gaz carbonique, en méthane et en hydrogène sulfuré étaient élevées.

Ces conditions se sont peu à peu modifiées, en partie, d'ailleurs, sous l'effet de l'évolution de la vie, puisque c'est le monde bactérien, puis végétal qui a progressivement créé notre atmosphère d'oxygène et le manteau d'ozone, dont la lente accumulation a débuté il y a peut-être trois milliards d'années. Les êtres vivants ont connu, en un même lieu, des conditions glaciaires et des climats torrides. La disponibilité en aliments a elle-même varié.

Comment, tout au long de l'évolution, les organismes vivants se sont-ils adaptés à des environnements si changeants ? Les propriétés des cellules vivantes sont codées dans leurs gènes formés par l'acide désoxyribonucléique (A.D.N.) ou ribonucléique (A.R.N.). Ces molécules d'acides nucléiques sont d'une certaine fragilité ; par exemple, sous l'effet des rayons ultraviolets, les dommages aboutissent le plus souvent à des pertes de fonction délétères pour la cellule vivante. Si ces lésions du matériel génétique ne sont pas réparées, les cellules disparaissent. Celles qui persistent sont celles qui ont été moins lésées car elles sont plus résistantes à ces rayonnements ou à d'autres facteurs de l'environnement.

Cela aboutit donc à favoriser les individus les mieux adaptés, selon les mécanismes de la sélection naturelle. Cependant, cette évolution se fait ici par à-coups, car, en absence de sexualité, les cellules se reproduisent identiques à elles-mêmes, formant des clones d'organismes tous semblables qui ont donc la même sensibilité à des agents nocifs de l'environnement.

Durant les trois milliards d'années où la reproduction clonale a été la règle, il est probable que des populations cellulaires ont ainsi cycliquement été détruites en quasi-totalité, ne laissant subsister que les quelques rares individus porteurs de la ou des mutations géniques les rendant résistants. On connaît fort bien ce phénomène lorsque l'on traite une personne atteinte d'une maladie bactérienne par des antibiotiques qui jouent le même rôle que les agressions du milieu extérieur des temps reculés. Tous les microbes sont détruits, sauf, par exemple, un sur dix millions, résistant au médicament utilisé et capable de se multiplier et d'entraîner une rechute, à moins qu'il ne soit lui-même éliminé grâce à l'emploi d'un autre produit.

Ce type d'évolution clonale a, certes, rencontré un incontestable succès, puisqu'il a permis de maintenir une vie terrestre élémentaire, unicellulaire, pendant trois milliards d'années. Cependant, il s'agit là d'un mécanisme évolutif peu efficace, et la grande diversification des êtres vivants, avec émergence d'une multitude de formes, il y a environ six cents millions d'années, est bien postérieure à l'apparition de la sexualité. Celle-ci s'est d'abord limitée à des transferts partiels de matériel génétique entre micro-organismes avant que d'aboutir au mélange à parties égales des génomes mâles et femelles en général observé dans les plantes et les animaux, à quelques rares exceptions près, comme les hydres et les coraux, certains insectes, poissons et lézards. Encore ces trois derniers exemples correspondent-ils, selon toute vraisemblance, à une perte secondaire d'échanges génétiques sexuels qui existaient chez les ancêtres de ces espèces[1].

Le mélange génétique de la sexualité entraîne deux résultats favorables pour l'évolution[1, 2].

D'une part, les troubles liés à des mutations géniques chez l'un des parents peuvent être compensés par l'apport d'un gène similaire mais intact de l'autre parent, grâce auquel les lésions elles-mêmes seront parfois corrigées. Ce phénomène se retrouve dans l'avantage des hybrides, dont les gènes paternels et maternels sont d'origines différentes, par rapport aux lignées pures, nous dirions consanguines dans le monde animal et chez l'Homme, où, les gènes paternels et maternels étant de même origine, ils ne peuvent compenser leurs défauts respectifs.

D'autre part, le mélange aléatoire des gènes mâles et femelles, ce que l'on appelle la grande loterie de l'héré-

1. P. H. Gouyon, J.-P. Henry, J. Arnould, *Les Avatars du gène. La théorie néodarwinienne de l'évolution*, Belin, Paris. 1997.
2. B. Wuethrich, « Why Sex ? Putting Theory to the Test », *Science*, 281, 1980-1982, 1998.

dité, crée une gigantesque diversité biologique, avec tout un spectre d'individus dont les caractéristiques sont légèrement différentes. Certains de ces individus seront mieux adaptés à de nouvelles conditions de l'environnement ou pourront mieux résister à une compétition avec d'autres êtres vivants, voire à des agressions par des pathogènes, et persisteront alors que les autres disparaîtront.

La course poursuite folle entre des organismes et leurs parasites pathogènes, les premiers apprenant à résister aux seconds, qui réacquièrent aussitôt un pouvoir pathogène, a été appelée mécanisme de la Reine rouge, par référence à *Alice au pays des merveilles*, de Lewis Carroll : la Reine, de l'autre côté du miroir, force Alice à courir le plus vite possible pour rester toujours à la même place, car le paysage se déplace avec elle.

Même lorsque cette sélection naturelle ne survient pas à court terme, le seul fait que la reproduction sexuée permette une adaptation à long terme suffirait à expliquer qu'elle fût devenue le mode de reproduction presque universel : les espèces n'ayant pas ce système de création de diversité, même si elles ont pu se multiplier pendant un certain temps dans des conditions relativement stables, seront désavantagées lorsque ces conditions deviendront défavorables.

À l'inverse, les rares exceptions déjà citées où la sexualité semble avoir été perdue au cours de l'évolution correspondraient au maintien prolongé d'un environnement relativement constant dans lequel l'avantage sélectif conféré par les échanges génétiques sexuels ne se manifesterait (momentanément ?) pas.

Un jour, au cours de la discussion suivant une conférence que je donnais sur le clonage des mammifères, un auditeur m'a demandé ce que serait l'Homme si la sexualité n'avait pas été retenue par l'évolution et si le clonage était resté la seule forme de reproduction. Je commençai par lui répondre que, naturellement, l'inventivité évolutive du clonage étant faible, des organismes multicellulaires nombreux et divers, et l'Homme en particulier, n'auraient pas pu, selon toute vraisemblance, apparaître. J'ajoutai, pour plaisanter : « Et s'il était néanmoins apparu, il n'aurait pas peint le plafond de la chapelle Sixtine. »

J'entendais par là que l'art et la culture exigent la transmission d'un savoir, et donc une évolution des lignages qui soit relativement lente et progressive. En effet, si, régulièrement, de tout temps, tous les hommes de la Terre, sauf un, disparaissaient, il ne pourrait y avoir transmission de génération en génération d'un savoir et d'un ensemble de valeurs symboliques forgés au cours des siècles.

La différenciation sexuelle

Quels que soient les réels mécanismes évolutifs expliquant l'apparition de la sexualité, l'important est d'autoriser un brassage d'informations génétiques lors de la reproduction sexuée. Les modalités utilisées pour y parvenir n'ont en réalité que peu d'impact. De fait, les mécanismes de la différenciation sexuelle varient selon les espèces. Par exemple, chez certains reptiles, c'est la température d'incubation des œufs qui détermine le sexe mâle ou femelle, alors que ce déterminisme est génétique chez les oiseaux et les mammifères.

Chez les mammifères, c'est-à-dire la classe d'animaux pourvus de mamelles à laquelle nous appartenons, le déterminisme du sexe est chromosomique et génétique.

Les cellules femelles possèdent deux chromosomes sexuels X, dont l'un seulement est actif dans chaque cellule. Les cellules mâles possèdent un chromosome X actif, et un tout petit chromosome Y portant le gène principal de la détermination sexuelle (gène *SRY*). Des embryons XY ayant un gène *SRY* inactif se développent en femmes alors qu'à l'inverse les embryons XX, possédant, à la suite d'un accident chromosomique, le gène *SRY*, se développent en hommes. Cependant, d'autres gènes interviennent puisque les femmes XY et les hommes XX sont stériles. Les gamètes femelles, c'est-à-dire les ovocytes (ou ovules), possèdent tous un chromosome X alors que les gamètes mâles, c'est-à-dire les spermatozoïdes, possèdent les uns un chromosome X, les autres un chromosome Y.

La rencontre d'un spermatozoïde X avec un ovocyte donne un embryon femelle alors que la rencontre d'un spermatozoïde Y avec un ovocyte donne un embryon mâle. Cependant, la différenciation sexuelle sous le contrôle de ce mécanisme génétique peut encore être perturbée à d'autres niveaux.

D'un point de vue physiologique, la question est autant de savoir comment les mâles échappent à la différenciation féminine que de comprendre les mécanismes de celle-ci. En effet, le processus spontané de la différenciation sexuelle d'un fœtus semble aboutir à des organismes femelles.

Cette évolution ne peut être interrompue que par une cascade d'événements déclenchée par l'activité du gène *SRY*. En l'absence de cette activité, les gonades embryonnaires deviennent spontanément des ovaires et les canaux embryonnaires de Müller donnent les trompes et l'utérus.

En revanche, la protéine dont la synthèse est commandée par le gène *SRY* induit la différenciation de la gonade embryonnaire en testicule qui sécrétera très rapidement l'hormone anti-müllérienne, puis les hormones stéroïdes mâles dont la testostérone est la plus importante.

Comme son nom l'indique, l'hormone anti-müllérienne provoque la disparition des canaux de Müller alors que la testostérone stimule la différenciation des organes génitaux externes (transformation du clitoris en pénis, fermeture de la vulve, etc.). La castration précoce d'un fœtus mâle aboutit, chez certains animaux, au développement d'un organisme femelle.

Cependant, on sait aujourd'hui que la notion d'une différenciation femelle « par défaut », c'est-à-dire n'exigeant que l'absence ou l'altération du gène *SRY*, est inexacte. On connaît des gènes qui, lorsqu'ils sont en nombre augmenté de copies – ce qui en accroît l'action –, induisent une différenciation femelle d'un organisme mâle XY dont le gène *SRY* est intact. Dans ces cas, la gonade primitive ne se développe pas en testicule, donc ne sécrète pas de testostérone.

Le rôle de cette hormone est particulièrement important puisqu'un garçon dont les récepteurs de la testostérone sont absents ou altérés, ce qui en bloque l'action, se développera comme une fille. Celle-ci sera cependant stérile car elle sera dépourvue d'utérus et de trompes du fait de la régression des canaux de Müller.

Le moment où apparaît la sécrétion des hormones mâles est essentiel pour éviter la différenciation femelle. En effet, le fœtus est rapidement inondé par des hormones femelles sécrétées par sa mère. Ces hormones vont rapidement imprimer de manière irréversible le développement du fœtus lorsque leurs effets n'ont pas été contrecarrés à temps par la production testiculaire de testostérone. Cette dernière est élevée au cours de la différenciation fœtale, puis diminue et devient extrêmement basse chez les petits garçons jusqu'à la puberté, où elle remonte alors pour atteindre les valeurs de l'adulte.

Dans beaucoup d'espèces, nombre de comportements sexuels innés sont imprimés durant le développement embryonnaire. Là encore, c'est la présence de testostérone sécrétée par le testicule fœtal qui explique la masculinisation du cerveau, alors que son évolution spontanée aboutit à des comportements innés de type féminin.

De façon surprenante, il semble que la testostérone soit transformée, au niveau du cerveau fœtal, en œstradiol, c'est-à-dire en une hormone de type féminin qui jouerait le rôle principal, à ce stade, dans l'impression des caractères masculins sur le fonctionnement cérébral des mâles. En l'absence d'une concentration équivalente d'œstradiol à ce stade du développement, l'empreinte laissée au cerveau des fœtus femelles sera féminine.

La différenciation cérébrale ressemble un peu à un travail de sculpture : une masse de cellules nerveuses est d'abord produite, puis certaines meurent sélectivement, ce qui contribue à sculpter ce cerveau immature et lui confère certaines de ses caractéristiques. C'est ainsi que les hormones sexuelles entraînent la survie ou la mort préférentielle de certains neurones.

Suivant les espèces, les conséquences de ce modelage vont aboutir aux comportements sexuels élémentaires (pratique mâle ou femelle de l'accouplement, lever de la patte pour uriner chez le chien, chant des oiseaux mâles, fonctionnement des organes sexuels secondaires, etc.). Dans certains cas, ces caractéristiques seront présentes, dès la naissance, chez l'animal impubère. Dans d'autres cas, certains de ces comportements n'apparaîtront qu'à la puberté, à l'occasion de la reprise des sécrétions d'hormones sexuelles.

L'être humain est assez singulier dans le monde animal par l'apparente faiblesse de l'empreinte hormonale du cerveau au cours du développement. En effet, certains fœtus femelles peuvent être exposés à de fortes concentrations de testostérone au cours de la grossesse, d'autres souffrent de maladies qui aboutissent à une sécrétion inappropriée d'hormones mâles. Dans tous ces cas, les petites filles naissent avec d'importants signes de virilisation, dont le plus évident est l'hypertrophie du clitoris. Cependant, rien n'indique que cette situation entraîne une masculinisation des comportements.

Chez l'homme et la femme, l'influence de l'acquis, c'est-à-dire le modelage culturel et éducatif des comportements, devient importante, et même, souvent, prédominante. Il n'empêche que, dès la naissance, le cerveau humain possède vraisemblablement, lui aussi, une empreinte sexuelle qui sera de nature à interagir avec les influences culturelles et éducatives. D'ailleurs, de très légères différences anatomiques et neurophysiologiques existent entre le cerveau des hommes et des femmes.

La plupart des êtres vivants possèdent une horloge interne qui conditionne le déroulement chronologique du programme génétique. Une région du cerveau, appelée hypothalamus, signale, à la puberté, que la glande hypophysaire accrochée sous le cerveau doit libérer des hormones (les gonado-libérines) qui activent elles-mêmes la formation des spermatozoïdes et la synthèse de testostérone chez l'homme, l'ovulation et la synthèse d'œstrogènes et de progestérone chez la femme.

Les hormones mâles sont responsables de nombreuses différences supplémentaires qui apparaissent entre les deux sexes : modification de la voix, développement de la pilosité masculine, tendance à l'acné, à la chute des cheveux, augmentation de la masse musculaire et de la taille plus importante que chez les femmes. De leur côté, les hormones femelles entraînent le développement des seins, de la pilosité féminine, l'apparition des règles, etc. Ces hormones concourent également à l'établissement des comportements sexuels adultes, masculins et féminins.

Le rôle des mâles et des femelles dans la transmission des caractères : des millénaires d'errance

Nul doute que la finalité évolutive des comportements sexuels innés ne soit l'accouplement, condition de la procréation. On imagine que la relation entre accouplement et procréation a été connue très tôt, dès que le niveau de conscience d'*Homo* l'a permis. En revanche, il y a un siècle seulement qu'hommes et femmes ont compris quelle était leur contribution respective dans la naissance d'un enfant doté de caractères spécifiques. Il est même, en première analyse, très surprenant de constater que les hypothèses avancées pour en rendre compte sont demeurées de même type, tout aussi erronées les unes que les autres, pendant plus de vingt-cinq siècles.

L'explication vient de l'absence d'outils conceptuels pour approcher la réalité. À la question de savoir ce qui peut commander la création d'une forme, l'une des réponses aujourd'hui sera « un programme ». Cependant, cette notion-là était jadis tout simplement inconcevable. Les sciences de l'information et le concept de programmation sont en effet modernes, leur émergence est approximativement contemporaine de la compréhension des mécanismes de la procréation.

Dépourvues de cette référence à l'exécution d'un programme de morphogenèse, les solutions avancées pendant des millénaires ont donc été ce qu'elles pouvaient être[3] : l'effet d'un ordre divin, un mécanisme métaphysique, la croissance d'êtres préformés, la reproduction de formes élémentaires multiples préexistantes, et le recopiage d'une image visuelle. Puisqu'il n'y a aucun ordre chronologique à la prédominance de ces diverses hypothèses, débutons par la dernière.

C'est dans la Bible que l'on en trouve une première référence (Genèse, chapitre 30, versets 37-43) : Jacob montre des baguettes noires à des brebis blanches, qui mettent alors bas des agneaux noirs. Au XVIIᵉ siècle, Malebranche écrit encore que la forme se transmet via les traces laissées dans le cerveau. Les objets émettent des principes particulaires élémentaires, les simulacres, qui viennent impressionner les organes des sens et le cerveau. Ce dernier contrôlera alors la formation des embryons en fonction d'empreintes laissées par la vue des congénères. Sans ce processus, dit Malebranche, « les femmes et les animaux ne pourraient pas facilement engendrer des petits de la même espèce » (cité dans la note 3).

La théorie de la pangenèse de Darwin a des points communs avec celle des simulacres. Selon lui, chaque organe, à chaque stade de développement, émet des particules, germes de l'organogenèse à la génération suivante. Les « gemmules » mâles et femelles se combinent pour donner des gemmules hybrides expliquant la contribution des deux sexes au contrôle de la forme des descendants. La pangenèse darwinienne, comme jadis la théorie des simulacres, s'accommode très bien

---

3. P. Lherminier, « L'hérédité avant la génétique », *Médecine Sciences*, 14, nº 3, I-IX, 1998.

de l'hérédité des caractères acquis, puisque les gemmules sont des particules de la forme de toutes les parties du corps telles qu'elles ont pu être modifiées du vivant des organismes. La pangenèse darwinienne renvoie, en fait, à Diogène d'Apollonie, qui, au Ve siècle av. J.-C., professe des conceptions voisines.

Tout au long des siècles se succèdent des théories préformatrices selon lesquelles tous les organismes de toutes les générations futures sont préformés, emboîtés les uns dans les autres, et existaient déjà chez l'ancêtre de la lignée. Cette idée est déjà évoquée dans le *Timée* de Platon. Pour Buffon, c'est un moule intérieur qui façonne les embryons selon une conception proche de celle d'Aristote, pour qui la matière femelle prenait forme, était moulée par un principe mâle.

À noter que la thèse de l'emboîtement et celle d'un principe mâle donnant forme à la matière femelle conduisent toutes deux à la notion d'une hérédité monoparentale dont on retrouve d'autres versions avec le vermisme et l'ovisme. La première de ces hypothèses voit dans le spermatozoïde, découvert en 1677, le transporteur d'un homuncule que certains croient deviner dans la tête du gamète mâle. L'ovisme, à l'inverse, professe que c'est l'ovule, découvert en 1827, qui contient le petit être préformé. Les exemples de parthénogenèse animale militeront en faveur de cette conception.

La notion selon laquelle un principe mâle donne forme à la descendance sera aussi à l'origine du préjugé de l'imprégnation, qui n'a pas encore totalement disparu chez certains éleveurs. Selon cette croyance, sans fondement scientifique, la femelle reste imprégnée de la semence du premier mâle qui l'a fécondée, dont on retrouvera donc les caractéristiques dans tous les produits ultérieurs issus des œuvres d'autres mâles.

En fait, c'est la conjonction de la découverte des lois de la génétique et des travaux d'August Weissmann, déjà cité (voir chapitre 8, note 8) qui mettront un terme à toutes ces divagations dont la permanence pendant des millénaires en dit long sur le mouvement des sciences. C'est là une illustration de la thèse de Thomas Kuhn selon lequel les conceptions scientifiques évoluent de manière discontinue, d'un paradigme à l'autre, sous l'effet de nouveaux concepts, de nouvelles techniques, voire sous l'influence de facteurs sociopolitiques[4].

August Weissmann détruit le mythe de l'hérédité des caractères acquis et fonde la conception des deux lignées, le germen et le soma. La lignée germinale, d'origine mâle et femelle, transmet des caractères héréditaires insensibles à l'action de la lignée somatique, celle dont toutes les parties du corps non spécialisées dans la fabrication des gamètes sont issues. August Weissmann parle d'un plasma germinatif, substance contenue dans le noyau des cellules, immortelle et passant sans interruption d'une génération à l'autre.

La théorie des lignées distinctes germinales et somatiques, associée à la génétique, constitue le socle de la biologie moderne. Ce n'est pas un hasard si Lyssenko, dans ses diatribes contre la génétique, science bourgeoise, vouait aux gémonies le « weissmanno-morganisme », par référence à Weissmann et au généticien américain Thomas Hunt Morgan qui, le premier, appliqua les lois de Grégor Mendel à un animal, la mouche du vinaigre (voir chapitre 9, note 8.)

---

4. T. Kuhn, *The Structure of Scientific Revolutions*, Chicago Press, 1962. (*La Structure des révolutions scientifiques*, Flammarion, Paris, 1983.)

Ainsi, au début du XXe siècle, les « personnes de sexe masculin et féminin », pour reprendre ici la définition proposée en exergue à ce chapitre, comprennent enfin en quoi ils coopèrent à la transmission des caractères héréditaires à leurs enfants. De même type que chez tout mâle et femelle, ce phénomène dit peu de l'humanité. En revanche, le relâchement des liens entre sexe génétique et sexe psychique est beaucoup plus caractéristique de l'Homme. D'une part, l'éventuelle discordance entre les différents niveaux de la détermination sexuelle peut être vécue de manière typiquement humaine. D'autre part, l'Homme a une capacité qui lui est propre de réinterpréter pratiquement tout type de comportement inné, notamment sexuel.

La présence d'un gène *SRY*, déterminant génétique de la différenciation mâle, ne suffit pas, nous l'avons vu, pour fabriquer un homme puisque le programme de différenciation peut être interrompu à une étape ultérieure. Cette évidence s'est trouvée à la base de la protestation élevée par des généticiens et des médecins, dont je faisais partie, lorsque le Comité olympique international a voulu, en 1991, détecter les fraudes en matière de compétition sportive en recherchant le gène *SRY* chez les athlètes féminines.

Ce qui fait l'avantage sportif des hommes par rapport aux femmes, ce sont les hormones mâles, en aucun cas le gène *SRY* à lui tout seul. En outre, cette réduction de la féminité à un gène ne tient pas compte de la complexité de l'établissement des comportements humains. À la limite, un transsexuel masculin se faisant castrer et s'injectant des hormones femelles se vit comme femme, est parfois regardé par autrui comme femme... Quant à l'équité de la compétition sportive, il a plus de raisons de concourir avec les femmes qu'avec les hommes ! En effet, la dominance des fonctions cérébrales supérieures sur les caractères innés explique que, chez les humains, la manière dont se vit une personne, et dont elle est vécue par autrui, a autant d'importance sur son sexe social que les déterminants génétiques et physiologiques.

Comment devient-on une femme ? Le plus souvent parce que l'on possède un programme génétique féminin, que ce programme se déroule normalement et que la personne à laquelle il aboutit s'accepte et s'assume comme femme. L'identification de la petite fille à sa mère, son éducation et le contexte socioculturel renforcent l'empreinte génétique et hormonale qui s'exercent sur l'édification des structures mentales, confirmant et consolidant sa féminité.

Il en va de même de l'émergence d'un homme. Cependant, les particularités du cerveau humain amènent parfois une personne à se vivre et à se revendiquer d'un sexe qui n'est pas biologiquement le sien. Nos repères sont alors perdus, nos définitions deviennent vagues, mais dans cette hésitation, dans cet indicible-là, réside une partie de la dignité de l'humain.

Cette idée d'une féminisation culturelle d'un sexe biologique se retrouve dans l'affirmation de Simone de Beauvoir : « On ne naît pas femme, on le devient[5]. » Mais c'est aussi à cette conception d'un modelage réciproque du biologique et du culturel que s'oppose la tradition sociobiologique moderne superbement illustrée par l'ouvrage de Jared Diamond, publié en 1997, *Why is Sex Fun*[6] *?*.

5. S. de Beauvoir, *Le Deuxième Sexe*, Gallimard, Paris, 1999.
6. J. Diamond, *Why is Sex Fun ?*, Basic Books, New York, 1997. (*Pourquoi l'amour est un plaisir ?*, Hachette, Paris, 1999).

Les intérêts divergents des mâles et des femelles

Jared Diamond est un excellent spécialiste de la physiologie sexuelle qui travaille à l'université de Californie, à Los Angeles. Il étudie les probables mécanismes évolutifs d'émergence des comportements sexuels animaux. Le mécanisme de base de la sélection darwinienne, déjà évoqué au chapitre 1, est la tendance à l'optimisation des chances de reproduction, c'est-à-dire de transmission de ses gènes au plus grand nombre possible de descendants. Il est, en effet, facile de comprendre que, si un caractère génétique permet un grand succès reproductif, il se retrouvera chez de nombreux descendants qui seront eux aussi performants pour se reproduire, de telle sorte que ce caractère et les gènes qui l'expliquent se diffuseront rapidement dans la population. Il n'est pas vraiment indispensable de sembler conférer au gène lui-même un « égoïsme » évolutif suggérant qu'il est le but de l'évolution, son objet unique, comme le fait Richard Dawkins[7], pour rendre compte de ce processus.

La critique faite à l'énoncé réductionniste du néo-darwinisme par Dawkins n'est pas qu'il soit fondamentalement faux, puisqu'il est en effet possible de voir les mécanismes de l'évolution du point de vue du gène. Il s'agit là, cependant, d'un éclairage inutile sur le versant scientifique de la théorie de l'évolution et redoutable sur son versant idéologique. En effet, avec Dawkins, profondément imprégné de toutes les thèses sociobiologiques, c'est le comportement de l'Homme en tant qu'individu aussi bien qu'être social qui devient assujetti à l'égoïsme génique, version évolutionniste de ce

---

7. R. Dawkins, *The Selfish Gene*, Oxford University Press, 1973.

maître mot de la logique libérale et utilitariste qu'est l'égoïsme (voir chapitre 9).

En d'autres termes, le gène égoïste devient une merveilleuse justification de l'égoïsme social.

Donc, mâles et femelles sont sélectionnés sur la capacité à transmettre leurs gènes au plus grand nombre possible d'individus, ce qui les met le plus souvent en rivalité puisque leurs intérêts évolutifs divergent. Par exemple, c'est le plus souvent l'intérêt du mâle d'avoir autant de rapports fécondants que possible avec des femelles différentes, alors que la femelle de mammifère est de toute façon limitée par la durée de sa gravidité durant laquelle tous les coïts seraient non productifs. En revanche, la femelle a intérêt, durant sa période de fécondité, à avoir comme partenaire un mâle d'excellente valeur génétique pour accroître les chances de survie et de succès reproductif ultérieur de sa progéniture.

Selon la physiologie et l'éthologie animale, ces intérêts divergents conduisent le plus souvent à la promiscuité sexuelle : le mâle ne forme pas de couple stable et se contente de son rôle de reproducteur. Parfois, cependant, c'est la monogamie qui est retenue, notamment dans plusieurs espèces d'oiseaux. La survie des oisillons porteurs des gènes du mâle et de la femelle exige en effet la coopération des deux parents pour couver les œufs, nourrir et protéger la couvée.

Chez les mammifères, le harem femelle est souvent privilégié, ce qui permet aux femelles de disposer à coup sûr d'un reproducteur mâle aux qualités génétiques confirmées, protecteur du troupeau et des petits, et assure au mâle dominant un nombre important de descendants.

Le but de l'accouplement étant la reproduction, l'ovulation femelle, et donc la période de fécondité – les « chaleurs » des mammifères – est signalée au mâle par toute une série de manifestations : odeurs, mimiques, comportements, signes visibles... Cependant, il existe quelques rares exceptions où, comme chez la femme, l'ovulation est inapparente, par exemple chez les ouistitis et l'orang-outan. Les mâles entrent fréquemment en compétition pour féconder la même femelle, le vainqueur dépendant soit de la préférence de celle-ci, soit de l'issue d'un combat entre les mâles rivaux. Dans les deux cas, le vainqueur a des chances accrues d'avoir une bonne valeur génétique, ce qui est dans l'intérêt de la reproductrice.

Les mâles arborent souvent des ornements dont le développement est présumé signaler les qualités du reproducteur. Les mécanismes par lesquels l'évolution associe ces deux paramètres sont discutés. L'une des explications possibles est l'effet « boule de neige ». Prenons comme exemple la queue du paon et faisons l'hypothèse qu'initialement des paons à grande queue choisis par des femelles se soient révélés de mauvais reproducteurs : le caractère « grande queue » serait, dans ce cas, retrouvé chez peu de descendants, et rapidement perdu. À l'inverse, s'il va de pair avec un grand succès reproductif, il sera amplifié et s'imposera.

Une autre hypothèse voudrait qu'un tel ornement, contraignant et lourd, gêne tant les déplacements et consomme tant d'énergie en pure perte, qu'un mâle l'exhibant devrait être avantagé par bien d'autres caractères pour survivre. Les mêmes hypothèses pourraient être illustrées par les nageoires caudales des guppys mâles, les bois des cerfs, etc.

Cette analyse est tout à fait passionnante, et nul ne doute que des phénomènes similaires aient prévalu à l'établissement des comportements sexuels des hominidés. Ainsi, trois types d'hypothèses ont été proposées pour expliquer la sélection du caractère « ovulation inapparente ».

Selon la première, des femmes *Homo erectus,* ou plus anciennes encore, auraient eu une période de fécondité détectable. Lorsqu'elles sont arrivées au niveau de conscience nécessaire pour percevoir le danger encouru par des grossesses et des accouchements répétés, elles ont évité de s'accoupler pendant leur période de fécondité, si bien que, n'ayant pas de descendants, le caractère « ovulation apparente » a été perdu. Les rares femmes ayant acquis le caractère « ovulation cachée » restaient seules fécondes.

En réalité, avant même l'amélioration de la sécurité des accouchements et la connaissance des moyens permettant de déterminer la période de fécondité, rien n'indique, au contraire, que le but des femmes ait jamais été de faire le moins d'enfants possible.

Les deux dernières hypothèses, celle du père protecteur et celle des pères multiples semblent moins farfelues. Selon la seconde, il est dans l'intérêt de la femelle, pour profiter de l'aide et de la protection d'un partenaire, que ce dernier reste dans l'incertitude quant à la date de l'ovulation. Ainsi, ce mâle hésitera à quitter sa compagne pour courir d'autres aventures, car celles-ci seraient pour la plupart stériles alors que, s'il délaisse la femelle, cette dernière pourrait être fécondée par un autre. Dans cette dernière éventualité, notre mâle volage aurait tout perdu, car, sans avoir transmis ses gènes, il aurait à élever, sans le savoir, des petits portant les gènes d'un autre.

La troisième hypothèse part du principe que, dans la vie sauvage, un mâle qui conquiert une femelle accompagnée des petits d'un autre les tue souvent, ce qui présente pour lui un double avantage : il diminue la concurrence entre ses descendants génétiques à venir et d'autres individus portant les gènes d'autres mâles, et il permet la reprise du cycle ovulatoire de la femelle, précédemment bloqué par l'allaitement. De cette façon, le mâle infanticide réussit sans tarder à transmettre ses gènes à la progéniture qu'il aura avec sa nouvelle femelle. Cette dernière, au contraire, est victime de la situation puisque son investissement antérieur pour mettre au monde et allaiter la portée massacrée, à laquelle elle avait confié ses propres gènes, est perdu.

De ce fait, l'évolution aurait sélectionné un comportement de femelle volage, ayant des rapports sexuels avec tous les mâles du voisinage qui, dans l'ignorance de l'état de fécondité de leur partenaire au moment du coït, pourront tous se croire les pères éventuels d'une portée ultérieure. Cette possible paternité les dissuadera d'exterminer des petits qui pourraient porter leurs gènes.

Il en va un peu des mécanismes évolutifs comme des explications d'une phobie par un psychanalyste : on peut toujours tout expliquer par la thèse que l'on privilégie, et ne jamais rien démontrer. C'est d'ailleurs ce qui empêche de considérer ces démarches comme des énoncés vraiment scientifiques au sens que leur donnait Karl Popper, le grand philosophe des sciences disparu en 1994.

Pour ce dernier, la caractéristique d'un résultat, d'une hypothèse scientifique est d'être réfutables, expérimentalement ou par une démarche rationnelle[8].

Cependant, je n'exerce en disant cela aucun terrorisme intellectuel et admets parfaitement l'intérêt, voire la valeur heuristique d'hypothèses invérifiables et irré-

---

8. Karl Popper (1902-1994), *Die Logik der Forschung*, Berlin, 1934, (*La Logique de la découverte scientifique*, Payot, Paris, 1976.)

futables dès lors qu'elles ouvrent de nouveaux domaines de réflexion et débouchent sur une vision neuve de phénomènes incompris. C'est pourquoi la tentative de trouver des mécanismes évolutifs plausibles à la sélection de comportements innés, notamment sexuels, est parfaitement légitime. En revanche, l'utilisation de ces hypothèses pour rendre compte en détail des comportements humains néglige si grossièrement d'intégrer des informations essentielles qu'elle ne peut s'expliquer que par de fortes interférences idéologiques, c'est-à-dire par des croyances ou des préjugés enfouis dans l'esprit de leurs auteurs.

Rôles de l'évolution, de l'inné et de l'acquis dans la sexualité humaine

Selon les conclusions de l'ouvrage *Why is Sex Fun ?*, qui reprend en cela celles de toute une école de comportementalistes, les mécanismes résumés ci-dessus expliquent l'essentiel de la sexualité humaine. La monogamie est la règle, liée à l'ovulation cachée, que ce soit de première ou de seconde intention, et au mécanisme du « père protecteur ». Cependant, ce dernier reste souvent volage, rappelant la promiscuité habituelle de la sexualité animale. Les femmes aiment les beaux hommes musclés dont le potentiel génétique est supposé être préférable et le pouvoir protecteur plus assuré que celui de gringalets.

Les hommes aiment les femmes grasses car cela leur promet de plus grandes capacités de mères et de nourrices. Fort bien, voilà probablement quelques éléments intéressants, guère choquants puisque personne ne conteste le caractère inné des bases du comportement sexuel humain.

Mais il faut alors ajouter immédiatement que, à côté de la monogamie tempérée présentée comme la règle, une fidélité conjugale stricte existe dans d'importantes communautés religieuses, tels les mormons (jadis polygames, maintenant monogames) ou les amishs américains ; un célibat austère est respecté chez les moines et ermites de nombreuses confessions et était déjà la règle des parfaits cathares ; la polygamie des peuples africains et islamiques est habituelle ; de rares ethnies pratiquent la polyandrie ; et j'ai déjà signalé la liberté sexuelle généralisée excluant toute vie en couple stable, et même toute notion de père attitré, des Na du Yunnan (voir chapitre 5, note 1).

Certes, le désir de transmettre ses gènes peut constituer la base innée du désir de la filiation biologique. Cependant, l'adoption existe, et à certaines périodes, dans certaines civilisations, on établit peu de différence entre enfants par le sang et enfants adoptés. « *Tu quoque, mi fili...* » (« Toi aussi, mon fils... »), dit César en s'écroulant sous les coups de son fils adoptif, Brutus.

La généralisation de la contraception n'a pas, au contraire, nui à l'épanouissement de la vie sexuelle des femmes, et, dans certains pays, les hommes vasectomisés portent un pin's signalant leur état, ce qui leur vaut, dit-on, de nombreux succès féminins. Les hommes de certains pays préfèrent des femmes que ceux d'autres pays considèrent comme obèses. À l'inverse, la ligne effilée des mannequins occidentaux est bien loin des critères de beauté en vigueur au Caire ou à Rabat.

Quant à la réelle préférence sexuelle des femmes pour le style moniteur de natation ou culturiste, chacun sait que, d'une part, elle comporte beaucoup d'exceptions dont se réjouit l'auteur de ce livre ; et que, d'autre part, s'il s'agit de choisir un père pour leurs enfants, les femmes cessent alors souvent d'accorder la moindre préférence à un phénotype qui a donc cessé d'être un argument de succès reproductif.

Le rappel de ces quelques banalités, dont j'ai un peu honte, n'a qu'un but : illustrer à nouveau l'extraordinaire capacité de diversification culturelle et personnelle des comportements innés qu'offrent aux hommes et aux femmes leurs capacités mentales, et donc leur cerveau.

Comme ce point a été discuté aux chapitres 2 et 5, il y a toutes les raisons de penser que la sélection d'*Homo* aux gros cerveaux capables d'apprentissage, et de sens moral, obéit à un processus évolutif, de même que les comportements reproductifs élémentaires discutés dans ce chapitre. Cependant, ce cerveau sélectionné du fait de ses propriétés de plasticité devient un moyen efficace non pas d'échapper totalement aux comportements innés ancestraux, mais de se les réapproprier individuellement, de les remodeler et de les réinterpréter.

Ce qui est idéologique dans la démarche de certains spécialistes de la biologie comportementale évolutionniste, c'est qu'ils sont au départ tellement convaincus du caractère absolu des déterminismes génétiques qu'ils ne parviennent pas à intégrer cette notion d'un desserrement de l'étau sous l'effet de la plasticité cérébrale humaine, ce dont témoignent cependant tant de traits spécifiques des comportements de l'Homme.

Sous-jacente à cette quasi-infirmité affleure parfois la conception étrange, directement dérivée de Spencer et bien éloignée des bases conceptuelles du darwinisme, qu'existe une véritable « morale évolutionniste » qui serait comme la manifestation d'une volonté impérieuse à laquelle il faudrait se soumettre.

On observe fréquemment cette dérive, notamment chez Diamond lorsqu'il parle des mécanismes évolutifs de la sénescence et de la ménopause : pour toute caractéristique observée dans une espèce, il est exigé d'en connaître le mécanisme positif d'apparition, sa valeur sélective. Or l'évolution ne prévoit rien, ne fait aucun choix, n'a rien à justifier ; simplement, elle élimine ce qui ne fonctionne pas. En termes d'évolution, la bonne question, ce n'est pas « pourquoi ? », mais « pourquoi pas ? ». Selon ce principe, toute innovation, même la plus ésotérique, peut persister si elle n'a pas de raison d'être éliminée.

Pourquoi la ménopause, pratiquement spécifique de l'espèce humaine ? Parce que les grand-mères ménopausées aident leurs filles ou leurs brus fertiles à assurer la subsistance des petits-enfants, leur permettant ainsi de se consacrer plus efficacement à la reproduction ? Possible ! Mais pourquoi pas la ménopause, alors qu'il y a encore un siècle bien peu de femme survivaient longtemps à la perte de leur fécondité ? En d'autres termes, une mutation faisant apparaître la ménopause avait toutes les chances d'être neutre sur le plan de l'évolution alors que l'immense majorité des femmes atteignait à peine l'âge où elle se manifestait.

Pourquoi la sénescence en général, et la mort ? Mais pourquoi pas, puisque des mutations entraînant une mort aux alentours de quatre-vingts ans étaient, là encore, sans conséquence sur le succès reproductif d'individus dont à peine un sur mille atteignait cet âge, mourant auparavant des dangers d'une vie effroyablement dure en ces temps reculés de l'« état de nature ».

Une théorie souvent évoquée pour expliquer la sélection d'êtres vivants de longévité différente, allant de quelques heures à plusieurs siècles, établit une relation entre durée de vie, périls extérieurs et fécondité. Les espèces très menacées dans leur écosystème, proies faciles de prédateurs nombreux, ne pourraient survivre que grâce à leur aptitude à se reproduire précocement et abondamment. Le prix à payer pour cette efficacité procréatrice serait un programme génétique de vie brève, de peu d'effet, compte tenu des dangers encourus par les individus bien avant qu'ils n'aient épuisé leur potentiel de vie. En d'autres termes, des modifications génétiques augmentant la prolificité seront ici sélectionnées, même si, en même temps, elles abrègent l'espérance génétique de la vie.

En revanche, des espèces craignant peu de chose de leur environnement – pensons aux chênes, aux tortues, aux éléphants et à l'Homme – ont tout leur temps pour se reproduire. De ce fait, aucune pression de sélection ne s'exerce ici en faveur de gènes gouvernant une fécondité explosive aux dépens de la longévité.

À l'inverse, des mutations abrégeant la durée de vie, parallèle, chez de tels individus, à la période reproductive, tendront à être contre-sélectionnées.

Selon cette hypothèse, la sénescence et la mort ne confèrent ni avantage ni désavantage sélectif aux espèces dès lors qu'elles n'entravent pas le pouvoir de reproduction, seul véritable moteur de l'évolution.

De la conception fausse d'une loi impérieuse de l'évolution pouvant justifier tout ce qui est, et non pas seulement ce qui n'est plus, découle cette sorte de morale déterministe évolutionniste, en réalité au cœur idéologique de la sociobiologie, selon laquelle ce qui est mal est ce qui contrecarre les lois naturelles de l'évolution. La société doit être capitaliste ; la filiation doit être biologique ; les hommes et les femmes doivent être des mâles et des femelles. L'évolution ne fait pas intervenir cette forme de filiation, par le cœur, par l'esprit, qui coexiste chez l'Homme avec la transmission des gènes, et peut parfois la remplacer ? elle est alors négligée, niée, combattue ; et tout est réuni pour mobiliser l'ensemble des moyens de la science et de la technique pour rétablir la filiation du sang lorsque des situations diverses la rendent spontanément impossible. Des comportements sexuels particuliers ne permettent pas la procréation ? ceux qui en sont affectés sont donc des mutants…

En fait, ce que nous apprend l'étude de la sexualité humaine, c'est que celle-ci dépend d'un programme génétique, de son exécution par la machinerie cellulaire et de son interprétation par un cerveau socialisé mais singulier. Un individu pourvu du gène *SRY* n'est pas forcément un homme ; d'une part, parce que le message de masculinisation peut être interrompu à un niveau quelconque, comme chez les animaux ; d'autre part, parce que, même lorsqu'il est transmis, sa perception peut être profondément transformée par le psychisme d'une personne mâle qui se vit comme une femme. Inversement, l'absence du gène *SRY* ne suffit pas à définir une femme.

Qu'est-ce qui domine chez l'Homme, dans son comportement, sexuel ou autre : l'inné ou l'acquis ? demande-t-on encore. La question n'a pas de sens. L'Homme est évidemment entièrement un être biologique. Mais il n'est Homme que parce que ses caractéristiques biologiques lui permettent d'acquérir. Parmi ses qualités innées, la plus éminemment humaine est sa sensibilité à l'acquis, moyen d'une distanciation remarquable vis-à-vis des déterminismes héréditaires.

Chapitre 11

Clonage, filiation et altérité

Le dimanche 23 janvier 1997, le monde stupéfait apprenait la nouvelle : la pétulante brebis, Dolly, aussitôt promue vedette internationale, n'était pas née des œuvres d'un bélier mais était la copie conforme obtenue par clonage d'une vieille brebis sacrifiée deux ans auparavant[1, 2]. Elle n'avait pas de géniteurs, avait été mise bas par une mère porteuse et était la jumelle d'un animal disparu ! L'émotion était considérable, affolant les hommes politiques, bouleversant les hommes d'Église, stupéfiant les simples citoyens. Puisque cela était possible chez un mouton, pouvait-on le faire aussi chez

1. A. Kahn, F. Papillon, *Copies conformes, le clonage en question*, Nil Éditions, Paris, 1998.
2. J.-P. Renard, « Clonage, les bases du débat », *in Clonage et éthique*, revue de la Confédération française du travail, n° 14, 3-18, 1998.

l'Homme, et, alors, dans quel but ? Après que Copernic a chassé l'Homme du centre de l'Univers, Lamarck et Darwin du centre du monde vivant, les scientifiques ne s'apprêtaient-ils pas à le chasser de lui-même[3] ? Des hordes barbares de clones déchaînés, créatures frankensteiniennes toutes identiques, allaient-elles submerger le monde ? Mais était-ce bien vrai ? L'expérience serait-elle reproductible ?

Le clonage des mammifères et ses perspectives : le point au tournant du siècle

À la fin de l'année 1999, les données scientifiques et techniques sur le clonage d'un animal adulte se sont précisées, les réflexions sur les indications éventuelles se sont approfondies, et le débat sur la légitimité éthique d'une éventuelle application du clonage à l'Homme bat son plein.

Depuis la naissance de Dolly, le 5 juillet 1996, de nombreux autres mammifères ont été obtenus par transfert de noyaux provenant d'une cellule différenciée dans des ovocytes énucléés : d'autres moutons, quelques chèvres, des souris, et surtout des bovins. À la fin de l'année 1999, plus d'une centaine d'animaux étaient nés de cette manière. Parallèlement, certains problèmes biologiques liés à cette technique sont apparus, qui contribuent à en limiter encore aujourd'hui l'efficacité.

Tout d'abord, la mortalité périnatale après clonage est élevée, voisine de 40 %. Les causes de cette fragilité des fœtus et nouveau-nés clonés sont diverses : des anomalies immunitaires[4], anémies et malformations

---

3. T. Steinfeld, *Frankfurter allgemeine Zeitung*, cité dans *Copies conformes...*, *op. cit.*

4. J.-P. Renard et al., « Lymphoid Hypoplasia and Somatic Cloning », *Lancet*, 353, 1489-1491, 1999.

cardiaques ont été rapportées. Les mécanismes de ces phénomènes restent mal compris et ne peuvent que faire l'objet de spéculations.

Selon une première hypothèse, le processus de reprogrammation du noyau somatique par la machinerie ovocytaire peut être imparfait. Une seconde possibilité voudrait que des mutations géniques, sans conséquence au niveau de la cellule différenciée dont le noyau a été prélevé, par exemple parce qu'elles intéressent des gènes inactifs dans ce type de cellules, entraînent, en revanche, des troubles lorsque le programme génétique dans son ensemble est mobilisé pour participer à un développement embryonnaire.

L'équipe écossaise ayant créé Dolly a également observé que les télomères de la cellule donneuse dont est issue Dolly ne semblent pas s'être allongés au cours du développement embryonnaire. Notre brebis vedette, obtenue par transfert de noyaux provenant de cellules prélevées sur une vieille brebis de six ans et cultivées pendant deux années supplémentaires, n'a pas les télomères de grande taille, habituels pour un jeune animal de trois ans, mais présente de très courts télomères, caractéristiques de cellules âgées.

Les télomères forment l'extrémité des chromosomes et sont raccourcis à chaque division cellulaire, et donc progressivement au cours du vieillissement. Ils peuvent être réparés par une enzyme, la télomérase, mais celle-ci n'est active que dans les tissus embryonnaires ou cancéreux. À l'évidence, ces télomères n'ont pas été ici réparés durant le développement de Dolly[5].

La signification de ce phénomène reste incomprise. Apparemment, Dolly se porte fort bien, « fait son âge »,

---

5. P. G. Shiels et al., « Analysis of Telomere Lengths in Cloned Sheep », *Nature*, 399, 316-317, 1999.

a été pleine deux fois et a mis bas deux agneaux normaux. Cependant, si l'hypothèse selon laquelle le raccourcissement progressif des télomères joue un rôle déclenchant dans la sénescence est correcte, on peut craindre que Dolly ne soit victime dans quelque temps d'un vieillissement accéléré. Sinon, le rôle exact des télomères dans le vieillissement devra être à nouveau évalué.

Tel pourrait bien être le cas. À la fin de l'année 1999, en effet, une équipe américaine a rapporté le clonage de plusieurs veaux par transfert des noyaux cellulaires d'un taureau de dix-sept ans, autant dire cacochyme. Non seulement l'efficacité du clonage a été au moins aussi bonne qu'à partir d'animaux jeunes, mais les petits veaux semblent aussi ne présenter aucune anomalie.

Toutes ces incertitudes pèsent néanmoins sur les perspectives d'une application à l'espèce humaine du clonage par transfert de noyaux de cellules différenciées. Cependant, il n'existe aucune raison théorique pour penser que ce clonage soit, sur le plan technique, définitivement inapplicable à l'Homme.

La fabrication d'embryons humains par clonage pourrait avoir deux indications, deux finalités, l'une thérapeutique et l'autre reproductrice. Dans le premier cas, il s'agit d'obtenir des cellules embryonnaires identiques sur les plans génétiques et immunologiques à celles d'un malade en attente de greffes cellulaires pour une grande diversité de maladies : affections neurodégénératives telles que les maladies de Parkinson ou d'Alzheimer, cancers, diabètes, insuffisances hépatocellulaires, brûlures, etc.

La réalisation d'un tel programme nécessiterait de la part des biologistes une maîtrise précise de la différenciation de cellules souches isolées d'un embryon cloné, ce qui est loin d'être le cas aujourd'hui mais n'est pas impossible. Dans l'avenir, une personne atteinte d'une maladie de Parkinson ou d'un diabète demanderait à sa femme, à sa fille, de lui faire don d'ovocytes, ou bien les obtiendrait de donneuses rémunérées. Le médecin remplacerait le noyau de ces ovules par celui d'une cellule quelconque de la personne à soigner et cultiverait l'embryon cloné ainsi créé pendant quelques jours dans les conditions du laboratoire.

À environ sept jours, cet embryon d'une centaine de cellules a la forme d'une sphère creuse appelée blastocyste, à l'intérieur de laquelle un petit monticule de cellules donnera le fœtus proprement dit. Ces cellules peuvent être prélevées et cultivées. Elles gardent la potentialité de se différencier en tous les types de cellules d'un organisme adulte ; on les appelle cellules souches embryonnaires, ou cellules ES. Si le médecin sait leur commander de se différencier, en agissant sur les conditions de culture, en cellules du cerveau ou du pancréas, elles pourront alors être greffées au malade pour traiter sa maladie de Parkinson ou son diabète. La prise de la greffe sera parfaite puisque les cellules greffées seront identiques à celles de la personne receveuse.

Les questions morales posées par cette utilisation thérapeutique du clonage humain dépendent de la manière dont on considère l'embryon, considération qui varie selon les personnes, les traditions culturelles et religieuses. Il est difficile de juger les clonages embryonnaires humains à finalité thérapeutique ou reproductive selon les mêmes références morales. En effet, la fabrication de clones d'embryons humains en tant que source de greffes cellulaires revient sans conteste à réifier l'embryon, qui cesse, dans ce cas, d'être un projet de personne.

La discussion éthique de cette technique porte donc surtout sur la part d'humanité que l'on reconnaît à l'embryon, comme nous l'avons abordé en détail au chapitre 4.

En revanche, une personne clonée serait la fin en soi de la plupart des entreprises de clonage reproductif dont la légitimité est aujourd'hui débattue. On ne peut donc opposer à la revendication de recourir à une telle pratique l'argument kantien selon lequel il importe qu'une personne ne soit jamais utilisée uniquement comme un moyen, mais de faire en sorte qu'elle soit également toujours sa propre fin. Dans ce cas, c'est à d'autres arguments, discutés plus loin, que doit recourir l'analyse de la signification éthique d'un tel mode de reproduction.

Cependant, même si clonages thérapeutiques et reproductifs méritent d'être considérés séparément, il est bon de noter que ces milliers d'embryons, qui seront peut-être quotidiennement fabriqués pour traiter des malades dans le futur, pourraient éventuellement, dans le ventre d'une femme, donner des bébés...

Les perspectives médicales du clonage thérapeutique sont cependant telles qu'il est certain que cette forme de traitement se généraliserait rapidement dans le monde entier dès lors qu'elle aurait fait la preuve de son efficacité dans les pays les plus enclins à favoriser immédiatement ces recherches.

Outre la stimulation d'une intense activité académique, ces hypothèses ont également déclenché de grandes manœuvres technico-financières dans le monde des sociétés de biotechnologie. La société américaine *Geron Corporation* se trouve dans une position scientifique forte qui lui a permis de déposer des brevets portant sur l'isolement des cellules souches embryonnaires humaines et la réparation des télomères humains par la télomérase. Elle a récemment fusionné avec la société écossaise *Roslin-BioMed's*, de Ian Wilmut, « père » de Dolly.

Une autre firme, *Advanced Cell Technology Inc.* s'est lancée dans la culture de cellules embryonnairesprovenant de clones hybrides hommes-vaches, incapables de progresser au-delà d'un stade précoce du développement embryonnaire, et, qui ne peuvent donc être tenus pour des embryons humains. Libérée de cette contrainte éthique, la société en question espère être capable d'induire la différenciation de ces cellules pour des usages thérapeutiques divers.

Cependant, ces clones et cellules dérivées possèdent, certes, un noyau et des chromosomes humains, mais aussi des mitochondries de vache. Les mitochondries sont de petits organites situés dans le cytoplasme des cellules. Leur fonction principale est de produire de l'énergie. Elles sont dérivées de bactéries qui, au cours de l'évolution, il y a un million cinq cent mille ans, ont fusionné avec des êtres unicellulaires qui en étaient jadis dépourvus. Elles possèdent encore un petit génome, trace fossile de leur origine microbienne. L'A.D.N. de ce génome code des protéines mitochondriales.

Les cellules provenant des clones hybrides Homme-vache possèdent donc des protéines mitochondriales bovines qui déclencheraient de toute évidence, chez les receveurs, une réaction de rejet de greffe.

Le clonage humain à visée reproductrice : pour qui et pourquoi ?

Le clonage reproductif aurait, quant à lui, l'objectif de faire naître des enfants. J'ai la conviction qu'au XXIe siècle prochain cela sera réalisé. La seule question que je me pose est de savoir si ce phénomène restera du domaine de la transgression ou résultera d'une légitimation sociale. Là réside le sens véritable, le cœur du débat actuel.

Lorsque, après l'annonce de la naissance de Dolly, le rédacteur en chef de la revue *Nature,* Philippe Campbell, m'a demandé s'il fallait s'attendre à une demande sociale ou individuelle d'un recours au clonage reproductif, je lui ai immédiatement répondu par l'affirmative. Cela me semblait évident, surtout en ce qui concerne la lutte contre la stérilité (voir chapitre 4, note 7), qui représente la première indication possible du clonage.

L'une des caractéristiques des vingt ans qui viennent de s'écouler est l'intolérance croissante à des filiations non biologiques. Dans nos sociétés, l'exigence de plus en plus impérieuse d'une filiation par le sang et par les gènes a entraîné un développement scientifique et technique rapide des méthodes d'assistance médicale à la procréation : après la fécondation *in vitro* classique appliquée à la stérilité masculine est venue la fécondation après concentration du sperme, et enfin la méthode d'injection intra-ovocytaire de spermatozoïdes (ICSI, *intracytoplasmie sperm injection*)[6]. Parfois, les hommes stériles n'ont pas même de spermatozoïdes ; des essais ont alors été réalisés pour tenter de féconder néanmoins des ovocytes avec des précurseurs immatures prélevés directement dans le testicule (voir chapitre 14). On est même allé, dans un cas, jusqu'à forcer, à l'aide d'un traitement hormonal en culture, la maturation en gamètes mâles fécondants de précurseurs peu différenciés, prélevés par biopsie testiculaire. Il existe de nombreuses raisons scientifiques pour craindre que de telles manipulations n'aboutissent à de graves trou-

---

6. A. Kahn, *La Médecine du XXIe siècle, des gènes et des hommes*, p. 88-101, Bayard, Paris, 1996.

bles du développement, voire à l'apparition de cancers congénitaux.

Donc, dans le but de repousser plus loin les limites de l'infécondité, des biologistes et des parents sont amenés à prendre des risques qui, aujourd'hui, semblent, sur le plan biologique, presque aussi inconsidérés que ceux liés au clonage par transfert nucléaire. Chez certains hommes, cependant, il est impossible d'envisager de prélever un fragment testiculaire car celui-ci est dépourvu de tout précurseur gamétique. Il peut même s'agir d'un couple homosexuel féminin qui désire un enfant procédant des deux conjointes. Ces personnes seraient en droit de revendiquer de n'être pas exclues de progrès réalisés dans la lutte contre la stérilité et dont bénéficient des hommes considérés jusque-là comme irrémédiablement stériles. Or rien ne nous empêche d'imaginer désormais qu'un conjoint dépourvu de testicule puisse néanmoins procréer. Ce sera son enfant, puisqu'il aura ses gènes, mais ce sera également l'enfant de la femme qui aura donné un ovocyte capable de reprogrammer le noyau cellulaire du partenaire ; cette femme aura porté et nourri en son sein cet enfant et aura accouché. Le cas des femmes ménopausées chez lesquelles on greffe un embryon, qui n'est naturellement pas leur embryon biologique, montre la très forte capacité de réappropriation de l'enfant, en dehors même de la filiation du sang et des gènes, qu'ont les femmes à partir du moment où elles le mettent au monde.

Une deuxième indication pourrait être la création d'un jumeau de remplacement. Imaginons un enfant rieur, blond, aux yeux bleus, qui vient de mourir écrasé en poussant son ballon un peu loin dans la rue. Le désespoir des parents est immense. Mais des cellules vivantes sont prélevées sur le petit corps encore palpitant. Elles sont fusionnées avec des ovules énucléés de la mère, reconstituant des embryons. L'un de ceux-ci se développe dans la matrice maternelle et la femme accouche, neuf mois après, du jumeau de l'enfant disparu. Les parents transfèrent leur attachement à l'enfant défunt sur le nouveau-né, reprenant goût à la vie.

Une troisième indication serait la poursuite d'un désir mythique d'immortalité. S'il est possible d'être cloné quand on vieillit, n'est-ce pas là le moyen d'échapper à la mort, de renaître éternellement ? Cela est naturellement une illusion absolue, puisque la personne qui va mourir mourra et celle qui renaîtra en sera une autre. La notion d'une métempsycose en sa propre enveloppe corporelle, munie de ses propres gènes, se trouve néanmoins en résonance avec des mythes récurrents des sociétés humaines.

La quatrième indication est intermédiaire entre une finalité reproductrice et thérapeutique. J'ai envie de l'illustrer par l'exemple d'un fameux pianiste de jazz français atteint d'ostéogenèse imparfaite, mort récemment, Michel Petrucciani. Cette maladie est liée à une anomalie d'un gène de collagène, protéine de la matrice des os. Elle s'accompagne de déformations squelettiques considérables et d'une fragilité osseuse. Michel Petrucciani avait une très petite taille. Il a eu deux enfants, dont un atteint de la même affection que lui.

On pourrait imaginer, même sans être amateur de science-fiction délirante, de cloner Michel Petrucciani et d'en faire un jumeau sans sa maladie, un homme d'un mètre quatre-vingt-cinq, joueur de contrebasse, par exemple. Le gène de cette affection génétique étant connu, on aurait pu envisager de cultiver des cellules de peau du pianiste, d'en corriger le gène défectueux, puis de transférer le noyau des cellules ainsi traitées dans un ovule énucléé de sa femme qui porterait alors l'enfant.

Une variante de ce scénario mixte, reproducteur et thérapeutique, concernerait une femme enceinte chez laquelle un diagnostic prénatal a décelé que le fœtus est atteint d'une affection génétique très grave, par exemple la maladie de Tay-Sachs, une forme d'encéphalopathie par surcharge des neurones en une substance non dégradée. Très fréquente dans certaines ethnies, notamment les Juifs ashkénazes, cette affection entraîne la mort avant deux ans.

Pour des raisons morales ou religieuses personnelles, l'avortement volontaire n'est envisagé par cette femme qu'avec la plus extrême réticence. Les médecins lui proposent alors d'interrompre néanmoins cette grossesse pathologique mais de cultiver des cellules du fœtus expulsé, de réparer le défaut génique, puis de transférer le noyau de la cellule corrigée dans un ovocyte de cette femme. Elle pourra alors reprendre de zéro la même grossesse, mais portant cette fois un enfant débarrassé de sa tare génétique.

Aujourd'hui, dans le monde, plusieurs milliers de personnes se sont portées candidates au clonage reproductif, certaines même prêtes à payer des sommes considérables. Il y a donc, à l'évidence, une revendication véritable pour l'utilisation de cette forme de reproduction sans procréation.

Le clonage humain à visée reproductrice est-il moralement légitime ?

Quelles sont les grandes réactions éthiques face à la question de la légitimation de la reproduction asexuée chez l'Homme ?

Pour certains, il faut, avant tout, regarder les conditions dans lesquelles il serait possible d'assurer la naissance d'un enfant en bonne santé, qui ne soit pas anormalement enclin à développer rapidement des affections diverses ou à vieillir prématurément. Pour les nombreuses raisons précédemment évoquées, un moratoire de cinq ans est sans doute nécessaire pour vérifier, à partir de l'expérimentation animale, sur des primates non humains si possible, que l'on est réellement capable de faire naître avec un taux de succès suffisant des petits organismes humains dépourvus de handicap constitutionnel.

Si, ce faisant, on répond cependant au désir profond de couples frustrés de ne pouvoir assurer leur filiation biologique, si l'on est en mesure d'atténuer le désespoir de parents qui ont perdu leur enfant, et cela sans nuire à personne, si ce petit enfant qui naîtra doit être un réconfort, un émerveillement pour une mère et un père éprouvés, pourquoi l'interdire ?

Cette position est dans la logique profonde de l'approche utilitariste de l'éthique dominante en Grande-Bretagne et aux États-Unis, selon laquelle il convient avant tout, pour décider de la légitimité éthique d'une action, d'apprécier en quoi elle permet de soulager des douleurs physiques ou psychiques.

Cette tradition philosophique est, sans doute, ce qui explique la différence de ton entre les recommandations du Comité d'éthique américain[7] et celles du Comité d'éthique français[8]. La tradition de la philosophie

---

7. « Cloning human beings. Reports and Recommendations of the National Bioethics Advisory Commission », Rockville Maryland, juin 1997.

8. Réponse au président de la République au sujet du clonage reproductif. Comité consultatif national d'éthique, 22 avril 1997.

morale en France, comme dans les autres pays de l'Europe continentale, est, sans négliger la réalité d'une détresse individuelle, de se référer à des principes « fondateurs » dont les modèles sont les « impératifs catégoriques kantiens ».

L'approche de la légitimité morale du clonage reproductif est, selon cette démarche, toute différente de celle à laquelle conduit la philosophie utilitariste. Le premier aspect examiné est ici celui des limites de la liberté des parents de décider ce que doit être l'enfant. Les parents décident d'avoir un enfant ; sans conteste, s'ils ne le décident pas, l'enfant ne vient pas au monde. Mais, au-delà de cette décision qui leur appartient, à partir de quand peut-on considérer que la liberté de choix des parents serait attentatoire à la liberté de cette personne à part entière qui va naître, leur enfant ?

La question commence à se poser avec le choix du sexe ; elle pourrait s'étendre demain, avec l'extension des connaissances en génétique, à celui d'autres traits non pathologiques, physiques, voire psychiques, des enfants. On trouve une illustration cinématographique de ce scénario dans le film *Bienvenue à Gattaca* qui décrit une société où, grâce au développement des méthodes de diagnostic prénatal et préimplantatoire, on est en mesure de sélectionner les embryons selon les canons en vigueur de la plus grande perfection.

En règle générale, les avis convergent sur un point : rien ne peut justifier, si l'on se réfère à l'éthique, le « magasin des enfants[9] », ou l'enfant à la carte.

L'« enfant à la carte », c'est à coup sûr ne pas prendre en considération l'irréductibilité de cette personne que deviendra l'enfant à la volonté préétablie de ses géniteurs.

---

9. Jacques Testard (dir.), *Le Magasin des enfants*, François Bourin, Paris 1990.

Être parents, c'est non seulement décider d'avoir un enfant mais surtout l'aider à cheminer vers son indépendance. Un enfant qui naîtrait par transfert nucléaire serait à peu près identique à un jumeau du donneur de noyau. Par conséquent, la prédétermination de beaucoup de caractéristiques de cet enfant serait considérable : déterminisme de l'aspect général, du sexe, de la couleur des yeux et des cheveux, de nombreux traits de caractère, autant de caractéristiques transmises génétiquement. C'est beaucoup plus qu'un enfant sélectionné, c'est l'enfant prédessiné. Comment pourrait-on à la fois rejeter, souvent avec indignation, l'idée de l'enfant à la carte et accepter celle d'un enfant au génome parfaitement prédéterminé, obtenu par transfert nucléaire ?

Un autre élément de la réflexion porte sur les conditions dans lesquelles nous devons, avec difficulté, manifester notre liberté, la défendre contre tout ce qui voudrait y attenter. L'une de nos forces provient du fait que non seulement nous sommes uniques (et je reviendrai sur le problème des vrais jumeaux), mais surtout que nous sommes tels que nous sommes : personne ne nous a voulus ainsi, nous ne sommes pas déterminés dans nos caractéristiques par la volonté d'autrui. Peut-être avons-nous été créés à l'image de Dieu, mais certainement pas à celle d'un autre homme. De quel droit et sous quel prétexte accepter que des hommes se voient reconnaître ce privilège unique et inouï de décider que d'autres vont naître qui leur ressembleront si étroitement, dont ils auront décidé tant de traits essentiels ?

La famille, le couple et ses enfants engendrés par procréation sexuée est un cadre étrange où se conjuguent le désir de perpétuation du lignage et l'expérience, consciente ou inconsciente, de l'altérité : l'homme et la femme, deux personnes différentes, se mettent à deux pour que viennent au monde d'autres personnes aux caractéristiques imprévisibles, irréductibles aux volontés et à l'être des parents. Grâce à la grande loterie de l'hérédité, un homme et une femme peuvent avoir ensemble des millions de milliards de types d'enfants différents. Certes, pères et mères cherchent chez leurs enfants les ressemblances marquant le lignage, mais ils s'attendrissent et s'émerveillent de leur imprévisibilité, chacun étant un monde extraordinaire à découvrir et à enrichir dans le respect exigeant de sa singularité.

Le but profond du « métier » de parent est de favoriser l'épanouissement différencié d'enfants singuliers, leur permettant de cheminer avec leur personnalité propre vers l'autonomie de l'âge adulte. Tout ce qui risque d'entraver ce processus de singularisation des enfants constitue pour leur avenir un handicap potentiel dont il ne revient pas à des parents de prendre le risque.

Dans des conditions d'infécondité, lorsque les techniques habituelles d'assistance médicale à la procréation ne s'appliquent pas, l'adoption ou la fécondation avec le sperme d'un donneur met au premier plan, magnifie la dimension de l'altérité dans la filiation ; l'enfant sera cette fois-ci complètement autre, il sera même génétiquement différent. En arriver, dans une telle situation, à ne plus pouvoir imaginer, comme enfant à aimer, que sa reproduction génétique me semble être une régression narcissique, négation de la lumineuse composante altruiste de la filiation.

« Pourquoi le clonage s'opposerait-il à l'altérité ? » demandent certains. Deux jumeaux vrais qui forment un clone à eux deux sont deux personnes différentes. Un enfant qui naîtrait par cette méthode et son géniteur-clone ne seraient pas plus semblables entre eux – au contraire – que ne le sont deux vrais jumeaux. Ils naîtraient, grandiraient, ils seraient éduqués, décalés dans le temps, dans un contexte tel qu'ils acquerraient des personnalités encore plus différentes que deux jumeaux monozygotes. Cependant, la relation qui unit deux vrais jumeaux comporte une différence essentielle avec celle qui unirait un homme ou une femme à l'enfant qu'ils engendreraient par transfert nucléaire : c'est que deux vrais jumeaux ne se sont pas voulus comme tels, aucun d'entre eux n'a décidé d'avoir son double. Ils sont, de ce point de vue-là, l'un vis-à-vis de l'autre, parfaitement libres et égaux. Il n'existe dans ce cas aucun lien de sujétion de l'un à l'autre.

En janvier 1999, un article publié dans la grande revue médicale britannique *The Lancet*[10] insistait sur le fait que, puisque le clonage reproducteur était devenu inévitable, plutôt que de se cantonner dans des combats d'arrière-garde, il importait de se préparer à accueillir de la meilleure manière ces personnes. Il fallait éviter qu'elles ne fussent victimes d'une quelconque stigmatisation et faire en sorte que fût respectée leur dignité. Qui ne souscrirait à ces bons sentiments de l'éditorialiste de *Lancet* ! En effet, il y aurait d'autant plus de raisons de protéger de tels êtres qu'ils pourraient se trouver en situation de grande fragilité, menacés à la fois par le regard des autres et par leur propre difficulté à s'approprier une identité singulière, dégagée de l'identification assujettissante à leur double géniteur.

Cependant, l'argumentation de *Lancet* est d'une parfaite perversité intellectuelle : sollicitant de la part des lecteurs une adhésion évidente à des principes incontestables, elle détourne ainsi leur attention de ce qui est réellement la question à débattre, qu'elle postule résolue. Selon la même logique, on pourrait appeler à respecter les droits des esclaves, puisque l'esclavage est

10. « First Principles in Cloning », *Lancet*, 353, 81, 1999.

inéluctable, à témoigner de l'affection aux enfants prostitués des grandes villes, puisque le phénomène ne peut être prévenu. Oui, certes, mais seulement après que le combat le plus énergique contre l'esclavage et la prostitution enfantine a été mené, sous peine de couvrir de bons sentiments une inexcusable complicité.

On trouve également dans le discours de certains partisans de la légitimité morale du clonage reproducteur chez l'homme l'utilisation de syllogismes bâtis sur le même principe : puisque des êtres humains clonés ne sauraient être exclus du droit à la dignité, le clonage humain ne serait en aucune manière une atteinte aux droits de l'homme. Remplaçons « être cloné » par « femme violée » ou « esclave martyrisé », et nous constaterons sans peine le caractère totalement fallacieux de tels raisonnements.

Et si on parlait de l'enfant ?

Ma réflexion sur l'utilisation du clonage pour remplacer un enfant mort ou sur le point de mourir par son jumeau a été éclairée par une femme dans une assemblée féminine devant laquelle je donnais une conférence, en 1998. La réunion terminée, elle est venue me voir et m'a donné une lettre, me demandant d'en prendre connaissance durant mon voyage de retour. Elle m'expliquait qu'elle avait perdu un enfant et que cette perspective de le remplacer par la technique du clonage lui faisait horreur ; elle observait que, si jamais elle avait recouru à cette méthode-là, elle se serait considérée commecoupable d'une double trahison, envers l'enfant mort et envers celui créé pour le remplacer. Je ne peux ici que reproduire cette lettre *in extenso*.

Ayant perdu un enfant à la suite d'une maladie, j'ai eu quelques années après un autre enfant. Il me paraît monstrueusement égoïste de penser dans ce cas au clonage. Par respect humain tout simplement pour cet enfant disparu qui a existé en tant qu'individu à part entière et pour l'autre enfant qui a, lui aussi, le droit de grandir différemment de son aîné et avec ses propres chances à lui. Tout au plus, nous aurions créé une pâle copie, un spectre qui de toute façon n'aurait jamais pu remplacer l'autre enfant qui continue à vivre en nous de façon différente. L'enfant né après ne peut en aucun cas être un enfant de remplacement par respect de l'unicité de chaque être, garant de sa propre liberté. Comment imaginer le regard d'une mère vis-à-vis d'un nouvel enfant qui serait physiquement la réplique de celui disparu ? Comment imaginer le rôle d'un père vis-à-vis de cet enfant cloné qu'il n'aurait donc pas conçu ? Et beaucoup d'autres questions que nous avons même aujourd'hui du mal à envisager.

Ce que voulait me signifier cette mère, me semble-t-il, c'est la profonde valeur anthropologique et éthique du travail de deuil : chaque proche que nous aimons et qui disparaît est une perte irremplaçable, car cette personne et sa relation à nous étaient uniques. Le deuil est la reconnaissance de cette irréversibilité de la séparation physique, d'où naît une relation d'un nouveau type établie dans la continuité du souvenir.

Remplacer cela par l'illusion du transfert de son amour sur un double cloné de cette vie disparue est en effet une infidélité à la réalité du souvenir. Quant à la trahison envers le nouveau venu, elle est évidente, lui qui saura bientôt qu'il est né non pour lui-même mais pour en remplacer un autre auquel s'adresse en réalité l'amour que semblent lui témoigner ses parents.

Cette dernière observation de la situation psychiquement inconfortable dans laquelle se trouveraient des enfants nés de la reproduction asexuée d'une personne par transfert nucléaire permet d'ailleurs de contester la légitimité du clonage reproductif humain non plus sur les bases des principes éthiques de type kantiens, mais bien d'après une morale utilitariste classique. Ce dont il s'agit ici, c'est d'éviter de créer de la douleur et du malheur. Or, quand bien même ils seraient physiquement indiscernables d'enfants nés d'une fécondation classique, n'y a-t-il pas lieu d'être inquiets des handicaps que devraient surmonter de petits êtres humains clonés pour parvenir à la plénitude d'un épanouissement autonome ?

Il est en effet à craindre qu'ils ne cumulent plusieurs types de handicaps bien identifiés dans certaines situations : difficultés parfois rencontrées par de vrais jumeaux pour différencier leurs identités et leurs personnalités ; fardeau souvent supporté par des enfants de remplacement sur lesquels les parents reportent l'intégralité de la relation affective à un enfant mort (pensons à Vincent Van Gogh, qui était dans ce cas) ; étouffement par des parents abusifs qui surinvestissent dans leur progéniture, l'infantilisent de manière prolongée et nuisent ainsi, parfois de façon irréversible, à son épanouissement, compliquant son insertion autonome dans le monde des adultes.

Grandissant dans le bouleversement des relations de filiation, ces enfants du clonage parviendront-ils à se dégager de la double contrainte d'une comparaison inévitable de leur vie à celle, décalée dans le temps, de ceux dont ils sont des duplications somatiques et qui les ont voulus comme tels, et la nécessité vitale de s'en différencier, y compris par le déni du double, du père-frère jumeau ? Ce sont là des questions, des conjectures, des inquiétudes. Mais qui est vraiment prêt à prendre ce risque ?

Que ce soit par ses dimensions scientifiques et médicales, par ce que le débat révèle des courants divers qui traversent des nations aux références culturelles variées, par la nature des interrogations morales soulevées ou, enfin, par l'irruption dans celles-ci de la logique marchande, la perspective du clonage appliqué à l'Homme est l'une des plus paradigmatiques de notre époque. Elle constitue même un emblème du passage d'un millénaire à un autre. Il s'agit en effet de décider si le mécanisme par lequel une femme et un homme coopèrent pour que naisse une autre personne a, outre son évidente valeur évolutive, une profonde signification anthropologique, inscrivant l'altérité dans la filiation, ou s'il n'est qu'un héritage dont l'acceptation est devenue facultative au stade de développement qu'a atteint l'humanité ?

La manière dont nous répondrons collectivement à cette question dira beaucoup sur l'évolution de nos sociétés.

Chapitre 12

Génétique, médecine et société

La maîtrise médicale et sociale des possibilités de prévision du destin biologique des individus, actuellement en plein développement, apparaît comme le plus redoutable des problèmes éthiques soulevés par les progrès en génétique. Dans le futur, la question de la légitimité et des limites d'une intervention directe sur le patrimoine génétique des personnes sera probablement, elle aussi, d'une acuité croissante.

Gènes, maladies et médicaments

Il y a chez tous les mammifères, notamment chez l'homme, plus de soixante mille, peut-être jusqu'à cent quarante mille gènes différents. Dans deux ans au maximum tous les gènes humains auront été répertoriés, et, avant 2004, l'enchaînement des trois à trois milliards et demi de paires de bases du génome, dont nous avons hérité une copie de chacun de nos parents, aura sans doute été déterminé. Tous les gènes trouveront alors leur place sur les chromosomes, et une première analyse de leur fonction probable deviendra possible.

À ce moment-là, et peut-être même auparavant, l'immense majorité des gènes responsables des maladies génétiques aura été découverte et caractérisée, rendant accessible le diagnostic pré-symptomatique, et éventuellement prénatal, de ces affections.

Une grande quantité de gènes de prédisposition à des maladies fréquentes auront également été identifiés, par exemple, la susceptibilité à de nombreux types de cancers, à l'hypertension artérielle, au diabète, à l'obésité, à l'artériosclérose, aux maladies infectieuses, à la maladie d'Alzheimer, peut-être aux maladies mentales.

Des gènes donnant des informations sur des prédispositions non franchement pathologiques, par exemple la longévité moyenne, auront peut-être été reconnus. Quant à la question des gènes censés influencer ou contrôler des comportements humains, nous l'avons déjà envisagée au chapitre 9.

Malgré cette progression rapide de la recherche en génétique, il serait irréaliste de croire que la connaissance du génome, si approfondie soit-elle, dira bientôt tout de la nature exacte du programme spécifié par les gènes, isolés ou combinés. Il y a encore un travail considérable – tant mieux pour les biologistes d'aujourd'hui et de demain – pour comprendre comment on passe d'un programme génétique, c'est-à-dire de l'enchaînement de quatre types de lettres, à la réalité biologique d'une cellule et d'un organisme vivant, dont de nombreux aspects dépendent d'un environnement imprévisible. Ce programme génétique dira encore moins de l'humanité profonde d'un être humain qui dépend tant des aléas de la vie, des interactions éducatives, culturelles et sociales avec le monde extérieur.

Les programmes « génomes » ont pour but de caractériser la nature et la fonction des gènes et devraient donc donner accès, à terme, aux propriétés biologiques des cellules et des organismes, en particulier chez l'Homme. Cela signifie un accès aux mécanismes des maladies, non seulement les affections génétiques ou comportant une base génétique, mais aussi de très nombreuses affections non génétiques. Par exemple, c'est bien grâce à l'étude des gènes du virus du sida et des gènes humains impliqués dans la sensibilité à l'infection que l'on a progressé si vite dans la compréhension des mécanismes et la mise au point de traitements prometteurs d'une maladie virale découverte il y a moins de vingt ans.

Voici en effet une affection qui apparaît en 1979-1980. En 1983, on en découvre l'agent infectieux responsable, un virus d'un type pratiquement inconnu auparavant. En 1984, le génome de ce virus, le V.I.H., est séquencé. Grâce à cette connaissance du génome, dès 1986, on met au point les premiers traitements, encore insuffisants mais dotés déjà d'une certaine efficacité.

La connaissance des gènes permet d'accéder à celle des protéines dont la synthèse est commandée par les gènes viraux, par exemple celui d'une protéase dont l'étude structurale permet la mise au point de nouveaux médicaments, les antiprotéases.

En 1996, des traitements du sida encore imparfaits, mais d'une efficacité certaine, sont enfin disponibles. Évidemment, hélas, la maladie n'est pas encore guérie ! Il faut cependant considérer à quelle extraordinaire accélération du rythme des découvertes et des progrès nous assistons ici ! Combien de siècles se sont écoulés entre la reconnaissance de maladies telles la peste et la tuberculose, la découverte de leurs agents causals et la mise au point des traitements antibiotiques adaptés ? De plus, le sida est une maladie virale liée à un agent particulièrement retors, un rétrovirus. Avant cette infection, on n'était jamais parvenu à mettre au point de traitement antiviral réellement efficace, a fortiori actif contre des rétrovirus.

Cependant, en même temps que l'accélération des découvertes, nous en voyons l'impérieuse exigence et les limites. Malgré les avancées thérapeutiques, le virus reste tapi chez les malades traités, prêt à rebondir à l'arrêt des produits antiviraux. Et, surtout, quand bien même les progrès permettraient de prévenir ou de guérir définitivement cette maladie dans nos pays riches, l'application de ces traitements onéreux, difficiles à supporter et nécessitant un suivi médical étroit, aux dizaines de millions de malades qui en sont atteints dans les pays pauvres, en Afrique surtout, pose un problème presque insoluble, ce qui constitue une injustice intolérable.

L'étude du génome humain devrait, quant à elle, stimuler la recherche thérapeutique pour les maladies les plus communes. En effet, les protéines, par exemple les catalyseurs biologiques que sont les enzymes, sont synthétisées sous le contrôle des gènes. La caractérisation de ceux-ci donne ainsi directement accès à la synthèse et à l'étude de la structure de toutes les protéines de l'organisme, en particulier celles qui sont souvent perturbées dans les maladies et sont donc les cibles des médicaments, ceux d'aujourd'hui comme ceux de demain.

Certains de ces médicaments sont et seront des protéines. Jadis, elles étaient isolées de tissus animaux, comme l'insuline, ou humains, comme l'hormone de croissance et les facteurs antihémophiliques. Ce mode de préparation, nous l'avons rappelé, a conduit plusieurs fois à la contamination de ces produits par des agents infectieux, ce qui a entraîné des catastrophes sanitaires : transmission des virus du sida et des hépatites aux hémophiles, de l'agent de la maladie de Creutzfeldt-Jakob aux enfants recevant de l'hormone de croissance extractible.

Le transfert des gènes humains codant ces protéines dans des micro-organismes inoffensifs commande à ceux-ci de fabriquer la protéine humaine permettant de supprimer les risques infectieux. Déjà, des dizaines de millions de personnes dans le monde reçoivent ces protéines dites « recombinantes », telles que l'insuline humaine pour les diabétiques ou de très nombreux vaccins.

Parfois, les produits humains naturels se trouvaient en si faible concentration qu'ils ne pouvaient être isolés, et étaient même inconnus. C'est le cas des cytokines, facteurs de croissance, facteurs neurotrophiques, toutes substances qui stimulent la croissance de certaines cellules particulières ou les protègent.

L'érythropoïétine, qui permet d'augmenter le nombre des globules rouges des sujets anémiques (et de sportifs en mal de performances dopées), est la plus célèbre de ces molécules qui n'aurait jamais pu être utilisée en thérapeutique sans le génie génétique.

Selon les règles, maintenant connues du lecteur, de l'universalité des mécanismes de programmation génétique des êtres vivants, le transfert d'un gène d'insuline, muni des signaux appropriés, c'est-à-dire d'une séquence d'A.D.N. particulière, à une plante ou à un animal commandera à ceux-ci, comme aux micro-organismes, de synthétiser cette hormone.

Des considérations économiques, et le sentiment des citoyens, détermineront quels organismes seront le plus souvent utilisés dans le futur pour fabriquer les protéines recombinantes.

Les animaux transgéniques pourraient aussi être employés pour pallier le manque d'organes humains à greffer. Aujourd'hui, les différences de nature entre les protéines animales et humaines expliquent qu'une greffe entre animaux différents ou entre animal et homme, ce que l'on appelle une xénogreffe, entraîne une violente réaction immunologique et un rejet accéléré du greffon. Certains gènes humains transférés à des animaux, avant tout des porcs, permettent d'atténuer la violence de cette réaction de rejet. Cependant, les problèmes immunologiques sont loin d'avoir été tous résolus, et la greffe à l'Homme de tissus animaux éveille le spectre d'une contamination par des virus d'origine animale qui pourraient acquérir une virulence exacerbée et être à l'origine de nouvelles épidémies. Les xénogreffes mettront donc longtemps avant de démontrer leur efficacité et leur innocuité.

D'ici là, il est possible que les perspectives ouvertes par la thérapie cellulaire à l'aide de cellules jumelles de celles du receveur, issue des techniques du clonage embryonnaire humain à visée thérapeutique (voir chapitre 11), rendent caduques beaucoup des indications de la xénogreffe, surtout si la reconstitution en laboratoire d'organes complexes progressait de son côté.

Cette « ingénierie tissulaire » est en plein développement ; elle permet déjà, sur le plan expérimental de fabriquer de la peau, des vessies et des artères fonctionnelles. Si des cellules obtenues d'un embryon cloné étaient utilisées, ces organes seraient alors tolérés par les receveurs.

Cette vision est sans doute futuriste et la question éthique posée par l'utilisation d'embryons clonés a déjà été évoquée. Cependant, compte tenu des incertitudes persistantes de la xénogreffe, ces perspectives ne semblent pas d'un irréalisme exagéré.

Le gène-médicament

Enfin, le gène devient parfois la cible du traitement, voire le médicament lui-même. C'est ce que l'on appelle la « thérapie génique ». Les premières indications envisagées de la thérapie génique, il y a une vingtaine d'années, étaient bien entendu les maladies génétiques : puisqu'elles étaient dues à l'altération d'un gène, il devait suffire, pensait-on, de le réparer pour régler ce problème.

Cependant, pendant longtemps, cette perspective d'une microchirurgie réparatrice du gène a été irréaliste sur le plan technique, si bien que l'on avait pris l'habitude de ramener la thérapie génique à l'utilisation de l'A.D.N. comme d'un gène médicament, selon une formule que j'ai moi-même proposée[1]. En fait, transférer un tel type de médicament dans toutes les cellules qui devraient être corrigées pour parvenir à la guérison des malades atteints d'affections génétiques est fort difficile et n'a, à vrai dire, encore jamais été réalisé chez l'Homme.

De plus, les maladies génétiques étant par nature chroniques, il faudrait que le gène-médicament restât actif de façon prolongée, idéalement, toute la vie des

---

1. A. Kahn. (dir), *Thérapie génique, l'ADN-médicament*, John Libbey, Eurotext, Paris, 1993.

malades, ce qui représente un autre défi non encore résolu.

Néanmoins, la correction génétique d'un petit nombre de cellules qui vont, de ce fait, présenter un avantage sélectif vis-à-vis des autres cellules non corrigées, et les remplacer, est possible.

Cette approche a permis en 1999 à une équipe française, dirigée par le professeur Alain Fischer, de traiter avec succès, pour la première fois au monde, quelques « enfants-bulle » atteints d'un déficit immunitaire génétique.

Par ailleurs, depuis 1996, une nouvelle technique est apparue qui permet d'envisager la réalisation du rêve des médecins généticiens, réparer les lésions génétiques elles-mêmes, et non rajouter un gène-prothèse d'efficacité incertaine.

L'outil de ce prodige est un petit fragment d'acide nucléique hybride en double brin, formé d'un brin d'A.D.N. et d'un autre d'A.R.N. Injecté dans une cellule dont un gène porte une mutation ponctuelle, c'est-à-dire la modification d'une lettre de l'enchaînement qui forme le programme génétique, ce type d'oligonucléotide spécialement conçu pour chaque cas permet, avec une bonne fréquence, de corriger l'erreur.

Dans le modèle d'une petite souris hémophile, cette technique a permis de rétablir la sécrétion du facteur antihémophilique dans environ un tiers des cellules du foie, ce qui suffirait à éviter tout risque d'hémorragie[2] chez un garçon hémophile.

Il faut cependant se garder de claironner, ce que font trop souvent trop de médecins, que l'on a trouvé le trai-

2. S. Ye et *al.* « Targeted Gene Correction a New Strategy for Molecular Medicine », *Molecular Medicine Today*, octobre, 431-438, 1998.

tement miracle des maladies génétiques ; aucune tentative n'a en effet encore été réalisée chez l'Homme, la technique ne s'est pas révélée aussi efficace dans d'autres expériences sur l'animal et, de toute façon, ne s'appliquerait qu'à certains types de lésions génétiques, celles où la mutation est limitée et ne correspond pas à la disparition de tout ou partie du gène.

Il n'empêche que l'éventualité d'une microchirurgie réparatrice des gènes altérés a quitté désormais le monde de la science-fiction.

En attendant que se confirme – ou s'évanouisse – cet espoir, le gène-médicament semble aujourd'hui beaucoup mieux adapté au traitement de maladies en mesure de bénéficier de l'apport de protéines recombinantes qu'à tout autre usage. En effet, un gène transféré dans les cellules d'un malade commandera à celles-ci de fabriquer et de sécréter une protéine thérapeutique quelconque, qu'il s'agisse d'un vaccin, d'un facteur neurotrophique… ou de l'érythropoïétine.

Les indications potentielles de ce type de thérapie génique sont donc fort larges, dépassant de très loin le cadre des malades génétiques ; elles incluent, par exemple, le cancer, les déficits hormonaux (et même le diabète), l'athérosclérose, l'artérite des membres inférieurs, les rhumatismes inflammatoires, les maladies neurogénératives, certaines obésités, des maladies infectieuses, etc. Je prends le pari que se développera un jour une forme de « dopage génique ». Les injections répétées d'hormone de croissance ou d'érythropoïétine seront alors remplacées par une injection intramusculaire annuelle d'un fragment d'A.D.N. commandant la synthèse de ces substances ou d'autres qui apparaîtront bientôt. La synthèse dans le corps des athlètes de ces stimulants pourrait même être contrôlée par des produits chimiques régulateurs pris, avant les compétitions, sous forme de pilules inoffensives.

Cette allusion à une possible évolution vers un dopage génique m'offre une transition avec la thérapie génique germinale et, surtout, le fantasme de l'amélioration génique des lignages humains.

Compte tenu des difficultés de la thérapie génique des affections génétiques par traitement des malades sans modification de leur hérédité, ce que l'on appelle une thérapie génique somatique, car elle porte sur le soma et non sur le germen (voir chapitre 10), des voix se sont élevées pour que l'on n'exclue pas une thérapie germinale destinée à traiter le malade et son lignage.

En soi, une telle ambition n'est pas forcément scandaleuse : s'il était possible de corriger dans une famille les gènes dont l'altération entraîne la myopathie de Duchenne, l'hémophilie ou d'autres affections de ce type, j'avoue que je n'en serais pas révolté. Je ne sacralise ni le gène ni la souffrance. Cependant, la question de la thérapie génique germinale ne se pose en pratique pas chez l'Homme. En effet, la seule méthode aujourd'hui disponible – et envisagée – pour y parvenir serait la modification génétique d'un œuf fécondé, c'est-à-dire d'embryons humains tels qu'ils sont créés lors de la fécondation *in vitro*.

Dans ces techniques d'assistance médicale à la procréation, on obtient toujours plusieurs embryons. Compte tenu des lois de la transmission des caractères génétiques, certains d'entre eux ne porteraient pas la tare, d'autres donneraient naissance à des enfants porteurs mais non atteints, d'autres enfin seraient destinés à engendrer des enfants malades. Avant tout traitement génique de ces embryons, il faudrait donc d'abord déterminer ceux qui en ont besoin, afin de ne pas intervenir sur un embryon sain.

Ce diagnostic précoce est appelé « préimplanta-toire », puisqu'il précède l'implantation de l'œuf dans l'utérus maternel. Une fois réalisé, ce diagnostic permet-trait de distinguer sans ambiguïté les embryons normaux de ceux destinés à se développer en enfants atteints. Qui serait alors assez pervers pour tenter une intervention génique aux conséquences bien incertaines sur les embryons affectés alors qu'il suffirait de ne retrans-planter chez la mère que ceux qui sont indemnes ?

Le diagnostic préimplantatoire, indispensable, conduit donc tout naturellement ici au tri d'embryons, et cer-tainement pas à la thérapie génique germinale. Ce raison-nement n'est en défaut qu'en d'exceptionnelles situations génétiques qui seraient alors plutôt justiciables de dons de gamètes.

Le gène améliorateur

De très prestigieux biologistes, y compris le Prix Nobel James Watson, se sont réunis en Californie, en 1998, pour discuter des perspectives de la thérapie géni-que germinale et appeler de leurs vœux une levée des tabous la concernant. La démarche semblerait incom-préhensible si l'on s'en tenait à une correction germi-nale des maladies génétiques humaines qui est sans indications, nous venons de le démontrer. Ce qui est en réalité soulevé, c'est la question de la légitimité d'une amélioration génétique germinale-*enhancement* en anglais.

De fait, de même que l'on crée des lignées bactérien-nes végétales et animales « améliorées » par transfert de gènes, on pourrait se fixer comme but l'« améliora-tion » d'un lignage humain par intervention sur le génome d'un embryon, par exemple par transfert de gènes. Il convient d'abord de remarquer que l'entreprise serait bien incertaine, les caractéristiques de l'enfant issu d'une telle manipulation pouvant se révéler fort différentes de celles espérées. L'expérience acquise sur les plantes et les animaux transgéniques montre en effet que les conséquences de l'introduction d'un transgène dans les chromosomes de ces organismes sont parfois surprenantes.

Cette incertitude mise à part, on peut également se demander ce que peut signifier l'« amélioration » d'un lignage humain. Dans le cas des plantes et des animaux transgéniques, le verbe « améliorer » est utilisé dans le sens des intérêts de l'agriculteur, de l'éleveur ou du bio-technicien ; il s'agit de modifier des caractéristiques agronomiques, d'obtenir des variétés à rendement augmenté, de meilleures vaches laitières, des porcs de grande qualité charcutière, des animaux utilisables pour la médecine humaine…

Mais améliorer un homme ? Il ne saurait s'agir de lui conférer des caractéristiques physiques particulières afin d'augmenter, par exemple, ses qualités sportives, car cette instrumentalisation de la personne ne saurait être considérée comme éthique. Serait-il alors légitime de tenter de créer des hommes mieux adaptés à leur environnement, résistant à des maladies infectieuses menaçantes ?

En fait, personne ne sait ce que seront les conditions de l'environnement, les menaces infectieuses que connaîtront nos descendants dans quelques siècles, et vouloir remplacer l'ajustement progressif sans dessein des mécanismes de l'évolution par l'intervention hautaine de scientifiques inconscients, « sûrs d'eux-mêmes et dominateurs », serait manquer de la plus élémentaire sagesse et lucidité.

Même l'hypothèse d'école d'un fléau viral menaçant l'humanité et dont il serait possible de protéger certains individus par un transfert de gène ne tient pas : la diversité génétique naturelle des populations humaines explique que le pourcentage des personnes spontanément résistantes à des épidémies effroyables, peste, choléra, sida, ou même à une infection par le virus Ebola, sera toujours plus grand que celui des lignages transgéniques que l'on prétendrait créer dans le but de sauver l'Homme.

C'est pourquoi « améliorer l'Homme » n'a de sens que si cela revient à lui donner de meilleures capacités d'épanouissement intellectuel, affectif, artistique, accroître sa créativité, son altruisme, sa bonté, toutes qualités vraiment humaines. Or nous avons déjà expliqué pourquoi ces qualités-là avaient peu de chances de dépendre d'un gène particulier. Imaginons néanmoins que le type d'expérience rapporté en septembre 1999, qui montrait que le transfert d'un gène à la souris augmentait sa capacité d'apprentissage (voir chapitre 9, notes 22 et 23), soit confirmé et étendu à d'autres animaux, en particulier des singes, avec le même succès.

Faisons également l'hypothèse que, les techniques évoluant, les expériences s'accumulant, on soit à peu près assuré qu'un transfert de gène à un embryon humain n'aurait pas, par lui-même, d'effets indésirables. Serait-il alors légitime de répondre favorablement à la demande de parents désirant que l'on procédât à une telle tentative d'amélioration génétique des capacités de leur progéniture ?

Il y a longtemps que tout un courant culturel milite en faveur d'un tel droit. Déjà, en avril 1992, le journal anglais *The Economist* écrivait, dans un éditorial non signé intitulé « Changez vos gènes » : « Jusqu'à présent, les thérapeutes s'intéressent à des gènes qui sont clairement néfastes… Mais qu'en est-il des gènes qui pourraient améliorer un corps sain plutôt que de guérir un corps malade. Les gens devraient-ils avoir la possibilité d'améliorer plusieurs de leurs capacités mentales en se faisant transférer un gène codant pour des neuro-transmetteurs supplémentaires ? ou bien changer la couleur de leur peau, faire en sorte de courir plus vite, de porter un poids plus lourd ? Oui, ils le devraient. Dans certaines limites les gens ont le droit de faire ce qu'ils veulent de leur vie. »

Cette profession de foi reflète à la fois la morale utilitariste déjà évoquée, la prééminence, qui y est associée, de la recherche autonome du plaisir sur la déférence à toute loi morale, intérieure ou extérieure aux personnes, et la revendication, sur ces bases, du droit à un eugénisme positif individuel (ou au moins familial). J'utilise ici l'expression d'eugénisme positif dans le sens d'une amélioration génétique d'un lignage par ajout d'un gène aux conséquences favorables et non par l'élimination d'un gène aux effets défavorables.

En fait, l'argumentation part de cette affirmation en forme de manifeste : « Chacun peut faire ce qu'il veut de sa vie » incluant ici ce que l'on pourrait définir comme un dopage génique, pour déboucher sur une extension implicite de ce droit à son lignage. Cette extension devient parfaitement explicite dans la bouche de l'éthicien (le mot *ethicist* est utilisé par les Américains pour désigner les professionnels de l'éthique, appointés par des structures académiques, gouvernementales ou industrielles) Arthur Caplan, directeur du Centre de bioéthique de l'université de Pennsylvanie.

Interrogé par *Associated Press* sur les implications éthiques d'une éventuelle application à l'Homme du transfert du « gène de la mémoire » dont les effets venaient d'être décrits chez la souris, il répond : « Ce face à quoi nous nous trouvons est une première étape vers un monde dans lequel nous pourrons prédéterminer les caractéristiques de nos descendants. Je ne pense pas que ce soit nécessairement une mauvaise chose. Trouver le moyen de corriger un retard mental, un autisme ou toute autre maladie neurologique handicapante serait une très bonne chose. Du fait des risques inhérents, il vaudrait mieux, éthiquement parlant, commencer par soigner des maladies plutôt que de tenter de créer des enfants plus doués. Cependant, ça ne m'inquiéterait pas outre mesure de voir des hordes de petits Einstein autour de moi. De même que les parents s'efforcent d'améliorer leurs enfants en les envoyant dans les meilleures écoles, en leur donnant des leçons de piano, certains voudront améliorer génétiquement leur progéniture. Comme en d'autres domaines de la vie, les riches seront avantagés » (*Associated Press, 011251,* septembre 1999).

En somme, dans une société méritocratique, pour reprendre la thèse de la « courbe en cloche » de Murray et Herrnstein (voir chapitre 3, note 9) tout doit être fait pour augmenter le mérite des enfants, nulle différence de nature n'existant entre le soin apporté à leur éducation et la volonté de renforcer par des moyens génétiques leurs capacités cérébrales.

Les informaticiens diraient qu'après tout on peut améliorer les capacités d'un réseau informatique en soignant et en modifiant les programmes, logiciels et algorithmes, c'est-à-dire le *software* (l'éducation), ou bien en renforçant ou remplaçant les ordinateurs, c'est-à-dire le *hardware* (le cerveau). Quoique nous soyons là, en ce qui concerne l'amélioration génétique des capacités mentales humaines, en pleine science-fiction, acceptons cette fiction pour en étudier la signification.

Jusqu'à présent, l'effort des médecins et, plus largement, des sociétés démocratiques, a été de compenser autant que faire se peut les conséquences pour les personnes de leurs inégalités biologiques, puisque la Déclaration des droits de l'homme fonde qu'elles naissent et demeurent égales en dignité et en droits. Les malades et les chétifs sont soignés et stimulés, la loi protège les faibles, etc. En un sens, même le dopage, le Viagra pourraient avoir pour effet de compenser des inégalités physiques criantes, s'ils n'étaient pas indifféremment utilisés par tout le monde, ne faisant plus alors que déplacer les inégalités à un niveau supérieur de performances.

Le transfert de gènes pour améliorer les facultés d'apprentissage d'enfants et de leurs descendants, dans notre fiction, resterait une opération exceptionnelle, réservée à ces familles qui ont aujourd'hui, de par leur nationalité, leur pouvoir et l'état de leur fortune, la possibilité d'envoyer leurs enfants dans les meilleures écoles et les meilleures universités. Le but de cette amélioration génétique germinale ne serait donc plus de tenter d'atténuer des inégalités constitutionnelles et leurs conséquences, mais de les augmenter, d'en créer de nouvelles. Les scientifiques et la société sont-ils prêts à accepter ce virage à cent quatre-vingts degrés de leurs valeurs et de leurs finalités ?

En tout cas, la possibilité d'une transformation biotechnologique de l'humanité, pour parfaitement fantasmatique qu'elle soit, est au moins bien ancrée dans l'imaginaire social et structure les réflexions de nombreux penseurs fin de siècle, acquérant ainsi une consistance idéologique, sinon scientifique. Ainsi, Francis Fukuyama, qui avait annoncé en 1989 que l'histoire était arrivée à sa fin, puisque l'ordre naturel libéral s'apprêtait à régner sur la planète (voir chapitre 9, note

3), revient à la charge dix ans après (voir *Le Monde* du 17 juin 1999) en confirmant que l'histoire en est bien à son terme, mais pour une raison supplémentaire : « Le caractère ouvert des sciences contemporaines de la nature nous permet de supputer que, d'ici les deux prochaines générations, la biotechnologie nous donnera les outils qui nous permettront d'accomplir ce que des spécialistes d'ingénierie sociale n'ont pas réussi à faire. À ce stade, nous en aurons définitivement terminé avec l'histoire humaine parce que nous aurons aboli les êtres humains en tant que tels. »

La démarche intellectuelle de Fukuyama apparaît étrange. Déjà, assimiler le libéralisme triomphant à l'ordre naturel établi par l'évolution n'a guère de sens, puisque justement l'évolution n'a pas de but et n'a aucune raison d'avoir un terme ! De plus, si l'ingénierie génétique transforme l'homme, ce sera alors une autre histoire, même si elle n'est plus à strictement parler humaine !

Peter Sloterdijk lui aussi envisage une utilisation des biotechnologies pour poursuivre l'œuvre humaine ancestrale d'autoapprivoisement de l'Homme. À la fin d'une conférence sur Heidegger tenue en juillet 1999, le philosophe allemand, né en 1947, s'appuyant sur Platon et Nietzsche, s'en prend, après Heidegger, à une certaine vision d'un humanisme consensuel réducteur, qu'il juge être une forme de la pensée unique politiquement correcte de l'Allemagne postnazie. En appelant à la création d'un surhumanisme postmoderne qui libère les énergies au lieu de les cantonner à une médiocrité normalisée, il renvoie bien entendu, quoiqu'il s'en défende, à l'image du surhomme dont l'évocation ne peut que tétaniser l'Allemagne d'aujourd'hui.

Son propos fit d'autant plus scandale qu'il se demande avec une fascination inquiète « si le développement va conduire à une réforme génétique de l'espèce ; si l'anthropo-technologie du futur ira jusqu'à une planification explicite des caractères génétiques ; si l'humanité dans son entier sera capable de passer du fatalisme de la naissance à la naissance choisie et à la sélection prénatale. Ce sont là des questions encore floues et inquiétantes à l'horizon de l'évolution culturelle et technologique[3] ».

C'est enfin par le tableau d'une humanité génétiquement modifiée, asexuée et se reproduisant par clonage, que se termine le roman crépusculaire de Michel Houellebecq, *Les Particules élémentaires*[4].

Ainsi l'humanisme est-il attaqué aujourd'hui de deux côtés strictement opposés. Les défenseurs intégristes du droit des animaux considèrent l'humanisme comme une forme de « spécisme » assimilable au racisme, et ramènent donc l'humanité à un cas particulier d'animalité (voir chapitre 4, notes 19 et 20, et chapitre 8, notes 11 et 12).

À l'inverse, les tenants plus ou moins avoués d'un eugénisme positif passant par l'amélioration génétique grâce aux biotechnologies, de Watson à Caplan et à Sloterdijk, en appellent au dépassement par le haut de la condition humaine, à la poursuite, grâce à la science moderne, du dessein ancestral humain de s'arracher à la bestialité. Le seul point commun entre ces deux contestations de l'humanisme est qu'elles rejettent l'une comme l'autre la notion de dignité de l'Homme réel, de celui qui a créé partout, sur Terre et au-delà, des grottes

3. P. Sloterdijk, « Règles pour le parc humain – Réponse à la lettre sur l'humanisme », *Le Monde des débats*, octobre 1999, supplément.
4. M. Houellebecq, *Les Particules élémentaires*, Flammarion, Paris, 1998.

ornées de Cro-Magnon à la théorie de l'évolution et à la conquête de la Lune.

Pour les uns, cette prétention à la dignité est usurpée sur le droit identique des animaux à y prétendre, pour les autres, elle est injustifiée en comparaison des qualités que l'on pourrait espérer de ces surhommes qu'il revient à l'Homme imparfait d'aujourd'hui de créer.

Pour ma part, animalité, humanité et dépassement de soi, que l'on pourrait appeler surhumanité, sont des facettes indissociables de l'essence humaine. Elles constituent l'équipement qui nous a permis d'émerger des origines de notre espèce, celui sur lequel il nous faudra encore compter pour nous engager toujours plus loin dans le futur.

Savoir, pouvoir et marché

Selon toute éventualité, l'extraordinaire pouvoir que l'on espère tirer de la connaissance du génome sera décalé par rapport à l'acquisition de la connaissance elle-même, comme cela est souvent le cas. Savoir, par exemple, qu'une maladie génétique apparaîtra, en comprendre le mécanisme, précédera bien souvent de plusieurs années, de plusieurs décennies, voire plus, la possibilité d'intervenir sur cette maladie.

Aujourd'hui, à dire vrai, il existe des maladies génétiques dont on n'ignore pas grand-chose et que l'on est néanmoins encore plus ou moins impuissant à éviter ou à guérir. C'est le cas des anomalies moléculaires de l'hémoglobine. De même, les progrès extraordinaires réalisés dans la compréhension des mécanismes du cancer n'ont pas encore, à quelques notables exceptions près, réellement amélioré nos possibilités thérapeutiques dans cette maladie, témoignant du divorce important, du décalage entre le savoir et le pouvoir de guérir.

Les perspectives économiques de la recherche sur les génomes sont considérables, et cela d'abord en ce qui concerne la commercialisation et l'utilisation des tests génétiques eux-mêmes. La situation actuelle des tests de susceptibilité au cancer du sein illustre bien cette question : ce cancer intéresse une femme sur huit ou neuf – c'est le cancer féminin de loin le plus fréquent – et il en tue entre le tiers et la moitié. On connaît des formes familiales du cancer du sein qui représentent entre 4 et 6 % des cas. Deux gènes dont les mutations sont responsables de ces formes familiales ont été isolés, BRCA1 et BRCA2.

L'isolement d'un gène de grand intérêt commercial potentiel en ce qu'il est impliqué dans une maladie fréquente est le plus souvent réalisé par l'industrie privée. C'est le cas des gènes de susceptibilité au cancer du sein. Sinon, une société privée acquiert rapidement une licence pour exploiter commercialement un gène d'intérêt isolé par une équipe académique, comme dans le cas du gène de la leptine qui intervient dans le contrôle du poids, et donc dans l'obésité.

On imagine sans peine l'intérêt qu'ont des industriels à promouvoir l'utilisation du test des formes génétiques de cancer du sein sur la base d'un argumentaire prévisible : « Mesdames, une sur huit d'entre vous est menacée par ce cancer, vous ne pouvez pas faire comme si vous l'ignoriez, vous ne pouvez pas vous passer de cette connaissance de votre avenir biologique qui vous permettra de prendre les meilleures mesures de nature à éviter une évolution défavorable si vous possédez le gène de susceptibilité. »

Imaginons – ce n'est pas encore le cas – que cette campagne rencontre le succès chez simplement 10 %

des femmes des pays occidentaux, les seules à constituer un « marché ». Dans ces pays industrialisés vivent environ quatre cents millions de femmes, ce qui donne quarante millions de tests, dont le coût va de 200 à 1 000 dollars pièce : cela représente un marché potentiel de 8 à 40 milliards de dollars pour un seul test génétique. De fait, les analystes considèrent le marché des tests génétiques comme l'une des retombées économiques les plus profitables des recherches génétiques actuelles.

Diagnostics prénatals

Après avoir souligné les perspectives scientifiques et médicales du développement de la recherche en génétique humaine, j'aborderai maintenant la question des problèmes sociaux et éthiques posés par le développement des méthodes de prévision génétique du destin biologique des individus, en débutant par le diagnostic prénatal des maladies.

Ce diagnostic est en général réalisé en cours de grossesse. Il est aujourd'hui également possible de le réaliser avant l'implantation dans l'utérus de la mère d'un embryon, qui ne compte à ce moment que quelques cellules. On parle alors de diagnostic préimplantatoire. Un tel diagnostic portant sur l'enfant à naître... ou à ne pas naître, en fonction des résultats, pose toujours des problèmes délicats. Il constitue cependant un progrès par rapport à la situation d'autrefois où, dans l'impossibilité de réaliser de tels diagnostics, les parents qui se savaient à risque d'engendrer un enfant atteint d'une maladie toujours rapidement mortelle n'avaient d'autre choix que de renoncer à procréer ou bien de supporter l'angoisse d'une éprouvante incertitude et se préparer à subir, le cas échéant, le destin cruel auquel était promis leur petit.

Prenons l'exemple du diagnostic prénatal d'une maladie génétique grave, incurable, entraînant irrémédiablement la mort dans des conditions pénibles à la fois pour la famille et pour l'enfant, souvent avant même que celui-ci ne se soit ouvert à la conscience du monde extérieur. Informés d'un tel diagnostic, les parents décident, dans 99 % des cas, de demander une interruption de grossesse. Même si cette solution peut être vue comme une amélioration comparée à l'impuissance antérieure, plus douloureuse encore, elle est néanmoins un échec relatif de la médecine, dont le but est de soigner et non de supprimer une vie à venir.

Les difficultés s'accroissent encore lorsque la maladie diagnostiquée est appelée à ne se révéler que tardivement au cours de la vie. Un exemple classique d'une telle situation est donné par une affection neurologique, la chorée de Huntington. Il s'agit d'une maladie dominante à déterminisme génétique simple : les individus hétérozygotes, c'est-à-dire ceux qui ont hérité d'un gène muté de l'un seulement de leurs parents, sont malades, et, statistiquement, un descendant sur deux des « futurs malades » sera lui-même atteint.

Cette affection laisse les individus en bonne santé jusqu'à l'âge d'environ quarante ans ; alors apparaissent les premiers signes neurologiques, qui vont se développer pendant dix à quinze ans sans qu'aucun traitement puisse aujourd'hui les éviter ni même les ralentir.

Au terme de cette période, les personnes atteintes vont mourir de manière inéluctable, dans des conditions de déchéance physique et psychique extrêmement pénibles pour les malades eux-mêmes, tant qu'ils en sont encore conscients et se voient décliner, et pour leur famille.

Le gène de la chorée de Huntington a maintenant été identifié, et un « effet fondateur » a été trouvé, ce qui signifie que les malades actuels pourraient tous être les descendants d'un individu unique porteur de la mutation fondatrice. On sait, aujourd'hui, effectuer un diagnostic prénatal de cette maladie. Doit-on le faire ? Quels problèmes éthiques cela pose-t-il ? Ces questions n'ont pas de réponse. On peut tout aussi bien argumenter en faveur de la légitimité du diagnostic prénatal que recommander de ne pas s'y engager sans d'extrêmes précautions.

Avant de montrer pourquoi, il convient de rappeler une règle de base : un diagnostic prénatal ne se justifie que si l'on peut agir ensuite en conséquence, c'est-à-dire commencer un traitement, ou s'il semble légitime d'interrompre la grossesse. On ne pose pas un diagnostic d'une propriété biologique de l'enfant à naître par simple curiosité, c'est-à-dire lorsque le résultat de cette épreuve n'a strictement aucune implication.

Si l'on décide de pratiquer un diagnostic prénatal de la chorée de Huntington, c'est donc, puisqu'on ne sait pas la soigner, parce que l'on considère qu'un diagnostic positif justifie un avortement. Mais comment légitimer une interruption de grossesse pour une maladie qui ne va survenir et dégrader l'individu qu'à partir de quarante ans ? Une vie ne vaudrait-elle pas d'être vécue si elle ne s'épanouissait pas au-delà de quarante ans ? Mais alors Mozart, Schubert, Jésus-Christ, Géricault, Évariste Gallois ? Que de vies illustres interrompues avant quarante ans ! Position difficile à soutenir, en vérité.

Si, au contraire, on considère que la pratique du diagnostic prénatal de la chorée de Huntington n'est pas conforme à l'éthique, on doit alors se refuser à l'utiliser.

Mais, dans les familles affectées, des jeunes qui ont vu leur père, leur mère, un oncle ou une tante connaître la déchéance et mourir après de longues souffrances vivent la menace de transmettre la maladie à leurs descendants comme une malédiction. Ils préfèrent souvent ne pas avoir d'enfant plutôt que de lui faire courir le risque d'un si terrible destin. Dans ces conditions, effectuer un diagnostic prénatal, c'est permettre à ces couples de procréer avec la garantie, même si un des parents est lui-même porteur, que le futur enfant sera indemne.

La question se complique encore par le fait qu'annoncer aux parents un résultat positif d'un diagnostic prénatal de la chorée de Huntington justifiant une interruption thérapeutique de grossesse, c'est en même temps leur dire que l'un d'entre eux, et il est très facile de savoir lequel d'après les antécédents pathologiques familiaux, est porteur de la mutation génique responsable de la maladie, alors qu'il l'ignore et se porte encore très bien. Cette personne saura alors qu'elle ne va pas tarder à déclarer cette affection neurodégénérative toujours fatale, qu'on ne sait ni éviter ni soigner…, situation bien douloureuse et difficile à gérer.

Enfin, il faut remarquer qu'une attitude préconisant aujourd'hui une interruption de grossesse pour une maladie dont le gène est connu, et qui ne se manifestera que dans quarante ans, ne reflète pas une franche confiance dans la médecine et la science, puisqu'elle implique que dans les décennies qui viennent on aura été incapable de trouver un traitement efficace. C'est pourquoi ce n'est que dans la singularité d'un dialogue entre l'équipe médicale et des parents dont l'angoisse est prise en compte que peut se résoudre, au cas par cas, cette tension éthique.

Ces difficultés extrêmes que soulèvent les possibilités de diagnostics prénatals de maladies génétiques à révélation tardive sont loin de se limiter à la chorée de Huntington et concernent progressivement un nombre croissant d'affections : cancers familiaux du sein, du côlon, maladie d'Alzheimer, polykystose du rein, certaines formes de myopathie à révélation tardive, etc.

Il existe un autre type de diagnostic prénatal d'une prédisposition génétique couramment pratiqué aujourd'hui par échographie, c'est le diagnostic du sexe de l'enfant que porte la future maman. Depuis toujours, certains couples ont une idée bien arrêtée sur le sexe de l'enfant qu'ils désirent et sont prêts à « forcer la chance ». Pour cela, ils ont assez souvent recours à diverses méthodes, susceptibles d'augmenter la probabilité d'avoir plutôt un garçon qu'une fille ou l'inverse. En réalité, l'efficacité de ces méthodes était, jusqu'en 1998, voisine de 50 %. Un pourcentage égal à celui du hasard biologique !

Récemment, le tri des spermatozoïdes selon la quantité d'A.D.N. – le chromosome X est beaucoup plus grand que le chromosome Y – s'est révélé possible et efficace trois fois sur quatre chez l'Homme en ce qui concerne la sélection des filles et l'élimination des garçons.

Le test génétique préimplantatoire, qui peut être demandé et pratiqué dans un but de prévision du sexe, est un diagnostic prénatal tout à fait fiable. On peut estimer qu'en le réclamant les couples exerceraient pleinement le droit à la responsabilité et à l'exercice de leur liberté.

Mais imaginons les conséquences, s'il était possible sur le plan économique et réalisable sur le plan pratique, de l'utilisation systématique de ce test dans des sociétés où existe une nette préférence pour un sexe, en général le sexe masculin : les pays islamiques, l'Inde, la Chine. Et même dans les pays occidentaux, où les gens désirent en moyenne autant de garçons que de filles, comment ne pas s'interroger sur la signification éthique de ces démarches ? En effet, le jour où l'on aura banalisé l'idée selon laquelle chacun a le droit de décider qu'une vie adviendra ou n'adviendra pas sur la base d'une caractéristique physiologique aussi peu pathologique qu'être un garçon ou une fille, un pas aura été franchi de façon irrémédiable.

Dès lors, plus aucune base morale ou philosophique ne pourra interdire de décider de l'avènement ou de l'évitement d'une vie sur des critères tels que la couleur des yeux ou des cheveux, la taille, la force physique.

De plus, nous l'avons vu (chapitre 11), l'acceptation du principe de l'enfant à la carte, de l'enfant préconçu, est également implicite dans l'argumentaire de ceux qui n'écartent pas, sur des bases morales, le recours au clonage reproductif humain.

La question reste en suspens et l'issue du débat est incertaine entre ceux qui revendiquent le droit d'avoir l'enfant que l'on veut et ceux qui insistent plutôt sur la grandeur d'aimer l'enfant que l'on a.

Un jour viendra où, une prédisposition génétique à certaines maladies psychiatriques étant démontrée, le diagnostic prénatal de ces susceptibilités deviendra possible. Mais cette prédisposition ne se manifestera souvent au cours de l'existence des sujets concernés qu'en interaction avec leur vie, leur histoire, leurs passions, leurs épreuves, leurs joies et leurs peines. Que va-t-on faire de tels diagnostics ?

Il est à craindre que, l'angoisse des parents aidant, cela ne conduise parfois à l'élimination d'embryons susceptibles de donner des schizophrènes ou des maniaco-dépressifs. D'autres fois, un plus haut niveau de réflexion morale aboutira à écarter avec horreur une telle solution. Alors tentera-t-on d'empêcher l'apparition de la maladie ? Mais de quelle manière ? Difficile d'imaginer que l'on va mettre en garde l'entourage ou la personne elle-même. (« Surtout jamais de chagrin, jamais de contrariétés ni d'émotion forte… ») Personne, et sûrement pas le médecin, n'est en mesure d'assurer à quiconque une vie préservée de ce type de choc affectif qui risque de précipiter la personne susceptible dans la psychose déclarée.

Des diagnostics prénatals de retards mentaux légers, de trisomie 21 (mongolisme), de surdité congénitale ou d'autres affections de ce type, non létales et parfaitement compatibles avec une vie heureuse de la personne affectée, posent et poseront de plus en plus d'insolubles dilemmes éthiques. En effet, d'une part l'argument selon lequel il vaut mieux parfois interrompre l'avènement d'une vie programmée pour la douleur et le malheur ne peut s'appliquer ici ; ou alors la douleur qu'il s'agit d'éviter n'est plus celle de l'enfant à naître mais bien plutôt celle des parents désemparés de ce que la réalité de leur enfant ne corresponde pas à leurs rêves, qui se sentent humiliés par les faibles performances de cette projection d'eux-mêmes en laquelle ils avaient tant investi. Cependant, admettre l'acceptabilité morale d'une telle motivation serait reconnaître que l'enfant peut n'être qu'un moyen de la réalisation des espoirs et des projets de ses parents.

Mais, dans cette société méritocratique que j'ai plusieurs fois évoquée, cultivant une religion exigeante de la performance, l'enfant handicapé est en réalité moins heureux qu'il ne pourrait l'être. Les « faibles d'esprits », les simples, étaient ainsi jadis des membres à part entière de la communauté, du village, de la famille, ils y avaient leur place, que j'ai retrouvée dans les villages de la

République centrafricaine où j'exerçais en 1968 comme médecin de brousse, dans le cadre du service national.

Aujourd'hui, ces mêmes personnes sont mises en marge de la collectivité, dans leurs institutions spécialisées ou leurs ateliers protégés. Comment, dès lors, stigmatiser des parents qui, prêts à aimer leur enfant malgré son handicap, ne supportent pas l'idée que lui soit déniée toute place spécifique dans la société et choisissent *in fine* de lui éviter pareille épreuve ?

La prévision du destin biologique

Malgré les considérables difficultés de la gestion des renseignements fournis par des diagnostics prénatals pratiqués de manière inconsidérée, c'est la généralisation des diagnostics génétiques de susceptibilité des personnes qui risque de poser les problèmes les plus redoutables à nos sociétés.

Le dévoilement à une personne d'un destin biologique compromis pose de nombreuses questions auxquelles il n'est pas encore possible de répondre. Une première interrogation est de savoir dans quelle mesure les conditions nécessaires à l'épanouissement individuel sont altérées par la connaissance d'un avenir pathologique incertain ou certainement compromis ?

D'un côté, nous savons que l'insouciance de soi est propice à la créativité. C'est cette notion qui, par exemple, justifie le système des récompenses des grands Prix de Rome à qui l'on offre, hors de tout souci, une année pour créer librement. À l'inverse, chacun sait d'expérience que les soucis nous plongent dans un état d'esprit peu propice à la créativité.

D'un autre côté, nous avons tous rencontré ou entendu parler de malades qui, se sachant condamnés, rayonnaient avec plus d'ardeur. En tout état de cause, notre finitude humaine fait qu'à terme nous sommes en fait tous condamnés, et cela ne nous empêche pas, heureusement, de tenter de nous épanouir à la mesure de nos moyens. Les conséquences psychologiques pour une personne de la connaissance d'un destin biologique compromis sont décidément difficiles à prévoir.

Une autre question angoissante est celle du degré de liberté persistant face à un avenir sévèrement contraint par un fardeau génétique. Je vais reprendre l'exemple du cancer du sein : chez une femme, appartenant à une famille à risque de cancer familial du sein, les généticiens ont détecté une mutation du gène BRCA1.

Imaginons, entre cette femme et son médecin, le dialogue suivant : Le médecin : « Madame, vous devez maintenant faire pratiquer une mammographie tous les ans ! »

La malade répondra : « Mais, grâce à cela, je serai guérie si jamais le cancer survient ? » Et le médecin sera obligé de dire : « Non, madame, même si on vous traite très tôt pour un cancer débutant, la guérison ne peut être totalement assurée !

– Alors, docteur, que puis-je faire ?

– Une possibilité, madame, est de vous faire enlever les deux seins et les deux ovaires préventivement, car la mutation du gène BRCA1 prédispose aussi au cancer de l'ovaire ! »

Bien entendu, la solution radicale d'une exérèse chirurgicale préventive n'est pas applicable à toutes les prédispositions aux cancers. Pensons aux tumeurs du cerveau ! En revanche, la question se pose pour les formes familiales de cancer du côlon dans les mêmes termes que pour les cancers mammaires, quoique l'intervention soit ici psychologiquement plus facile à accepter.

Dans le cas du cancer familial du sein, la mastectomie est associée à une chirurgie reconstructrice immédiate, réduisant le préjudice esthétique. Il n'empêche que cette femme jeune se voit proposer la castration et une intervention mammaire dont les conséquences sur sa vie sexuelle et son bien-être psychique peuvent n'être pas minces. En retour, cette stratégie est de loin la plus efficace pour prévenir l'apparition de cancers chez les femmes susceptibles, réduisant de plus de 90 % le risque, qui n'est diminué que de 20 à 40 % par une surveillance renforcée[5].

Quelle est la liberté laissée à cette femme, qui a le choix entre un suivi biologique dont l'efficacité est incertaine et une chirurgie probablement efficace mais terriblement mutilante ? N'est-ce pas un choix du type de celui qui est laissé à l'agressé lorsqu'on le somme de choisir entre « la bourse ou la vie » ? ou au condamné, lorsqu'on lui demande s'il choisira pour mourir la corde ou la chaise ?

Par ailleurs, quelles sont les conséquences, pour les individus, de la connaissance qu'ils portent un mauvais gène ? Est-elle de nature à rendre le regard accusateur sur ses parents et sur son lignage ? À écraser le désir d'enfant sous un sentiment de culpabilité ou sous un désir irrésistible de normativité ? Enfin, au sein du couple, quel peut être le potentiel destructeur de la responsabilité d'un des parents dans la transmission à un enfant gravement atteint du gène d'une maladie dominante ?

Venons-en maintenant à la situation face à laquelle se trouvera le médecin utilisant ces tests génétiques.

---

5. L. C. Hartmann et *al.*, « Efficacy of Bilateral Prophylactic Mastectomy in Women with a Family History of Breast Cancer », *The New England Journal of Medicine*, 340, 77-84, 1999.

Parfois, ces outils donneront au médecin les moyens de mieux accomplir sa mission. Chaque fois qu'un diagnostic présymptomatique permet de préconiser des mesures efficaces pour éviter une maladie ou pour la soigner plus tôt et plus efficacement, ce progrès scientifique aura été un bienfait pour la médecine et pour l'humanité.

Prenons l'exemple du diagnostic génétique présymptomatique de l'hémochromatose, une maladie fréquente caractérisée par une surcharge en fer et qui se complique parfois de cirrhose et de cancer du foie. Un tel diagnostic conduira à préconiser aux personnes ayant hérité la mutation de leurs deux parents de donner régulièrement leur sang. Ce dernier étant riche en fer, la surcharge et ses complications seront totalement évitées. D'autres fois, quoique des mesures efficaces puissent être prescrites à des personnes ayant des susceptibilités génétiques, leur multiplication éventuelle et leur caractère contraignant laissent à penser que l'observance de ces prescriptions n'ira pas de soi. Il suffit, pour s'en convaincre, de noter combien il est difficile d'empêcher les gens de fumer, alors même que l'extrême nocivité du tabac est reconnue par tout le monde.

Enfin, dans de nombreux autres cas où la prévision n'est pas associée à une possibilité d'amélioration du traitement ou de la prévention, le médecin aura à gérer, dans son dialogue singulier avec son client, une angoisse d'un genre nouveau.

Dans le cas d'un patient face à un médecin qui saurait détecter la prédisposition à une maladie, comprendre ses mécanismes d'apparition et de développement, mais qui, néanmoins, ne pourrait encore ni l'éviter ni la soigner, la relation médecin-malade risque d'être affectée en profondeur. D'une certaine manière, les médecins étaient, jusqu'à présent, protégés par la masse globale de l'ignorance : « La médecine ne peut pas tout savoir », pensait le malade. Et voilà maintenant que le médecin saura, qu'il comprendra mais qu'il ne pourra toujours pas prévenir ni guérir !

Cependant, même dans ces situations où la conduite à tenir devant une prédisposition génétique n'est pas évidente, le diagnostic présymptomatique pourra parfois être justifié.

Reprenons l'exemple du cancer du sein ou de la chorée de Huntington. Dans les familles à risque, tous les membres de la famille se savent menacés. Le test génétique demandé par les personnes elles-mêmes permettra de rassurer celles qui sont indemnes et de confirmer aux autres leur susceptibilité aux maladies en cause. Par rapport à l'angoisse prégnante dans ces familles, cette certitude ne sera éventuellement pas pire que l'incertitude, et, pour les individus épargnés, ce sera éventuellement un soulagement considérable, parfois, d'ailleurs, atténué par un sentiment de culpabilité, en quelque sorte, d'abandonner à leur sort déplorable les parents, les sœurs et les frères.

Dans tous les cas, l'annonce du diagnostic gagnera à être faite par un médecin intégré à une équipe pluridisciplinaire composée, outre lui-même, de biologistes, de généticiens et de psychologues. Ainsi, les personnes pourront recevoir une information complète sur la signification exacte du test pour elles-mêmes et leur famille et bénéficier de l'accompagnement psychologique qui peut se révéler nécessaire.

De telles équipes existent dans les centres hospitalo-universitaires, quoique en nombre encore insuffisant. L'importance du recours à de telles structures constitue un argument supplémentaire pour s'alarmer d'une tendance à l'utilisation large et incontrôlée des tests génétiques, qui risque de laisser des sujets positifs pour l'un de ces tests dans l'incertitude et le désarroi, voire la panique.

Deux logiques s'affrontent donc ici. La logique éthique et médicale conduit à réserver l'utilisation des tests génétiques présymptomatiques de maladies que l'on ne sait pas prévenir et, souvent, que l'on soigne mal ou pas du tout aux sujets à risque, sur leur demande. Des équipes spécialisées doivent être mises en place pour prendre en charge les divers aspects liés à ce type de diagnostic. En revanche, la logique « commerciale » est d'élargir le marché à toute la population, de lui fournir des kits diagnostics en vente libre. Tel est l'un des défis de la médecine de prévision pour les décennies à venir.

Une autre interrogation concerne les conséquences du développement de cette médecine fondée sur l'identification des prédispositions génétiques quant à l'évolution des dépenses de santé.

D'un côté, il est sûr qu'il est parfois plus économique d'éviter la survenue d'une maladie par des procédés simples que d'avoir à la traiter. D'un autre côté, cependant, nous avons déjà vu le problème du coût intrinsèque des tests génétiques eux-mêmes, qui auront tendance à se multiplier dans les années à venir. Par ailleurs, il est dans l'intérêt des firmes pharmaceutiques de prescrire de véritables traitements préventifs destinés aux personnes susceptibles mais qui auront l'inconvénient évident de médicaliser une large population dont une faible proportion seulement aurait, en fait, développé la maladie. Chacun d'entre nous étant probablement porteur d'au moins une anomalie génique nous rendant susceptible à une affection quelconque, ce serait là le moyen de réaliser le rêve du docteur Knock qui, dans *Knock ou le Triomphe de la médecine*, de Jules Romains, considérait qu'un malade sommeillait en toute personne bien portante. Rien ne prouve donc que l'évolution de la « médecine génétique » apporte des solutions à l'inflation des dépenses de santé dans les pays développés.

Tests génétiques et société

Cependant, c'est, en fait, dans le domaine de la diffusion de ces tests génétiques dans la vie sociale que se posent les plus redoutables questions. En effet, la demande sociale de ces tests est appelée à diffuser dans la société, bien au-delà de leur usage médical.

D'une part, nous venons de le voir, les firmes privées proposant ces tests ont tout intérêt à en développer la demande pour des raisons économiques. Là réside le moteur du développement de l'offre. D'autre part, la demande est elle aussi appelée à se développer, pour des raisons d'ordre individuel et psychologique : les personnes elles-mêmes, indépendamment de la réalité d'une possibilité de prévention d'une maladie dont la probabilité aurait été déterminée par un test génétique, aspireront probablement à « consommer du test génétique ». En effet, ce n'est pas la possibilité d'influer sur leur destin qui pousse, depuis la nuit des temps, les hommes à avoir recours aux devins, aujourd'hui aux horoscopes, aux cartomanciennes, c'est l'angoisse de l'avenir, parfois simplement la curiosité, d'autres fois le goût du jeu et le désir de voir si l'on a gagné ou perdu à la grande loterie de l'hérédité, ou encore le désir d'une gestion comptable de sa vie, avec un bilan préliminaire des actifs et des passifs.

Dans le domaine de l'assurance privée, sur la vie ou la maladie, une forte demande d'utilisation, à terme, des tests génétiques est prévisible, voire inéluctable. Les assureurs privés, dont le principe n'est pas l'égalité, comme dans les systèmes d'assurance collective ou les « bons risques » paient pour les mauvais, mais l'équité, peuvent en effet arguer qu'ils ont besoin, pour proposer ce contrat équitable qu'on attend d'eux, de cerner d'aussi près que possible la nature du risque.

Or les tests génétiques permettront un jour de préciser bien mieux qu'aujourd'hui le niveau du risque individuel. Nombreux seront en effet les examens qui permettront d'évaluer la probabilité qu'ont des personnes de développer les maladies fréquemment cause de morbidité et de mortalité dans nos pays (maladie d'Alzheimer, maladies cardiovasculaires, cancers). Peut-être certains tests auront-ils une réelle valeur prédictive en matière de longévité. Ainsi les assurés pourront-ils être rangés dans des groupes homogènes de risque, ce qui aura de profondes répercussions sur la pratique des sociétés d'assurances.

Par ailleurs, surtout pour les emplois d'un certain niveau de qualification, les employeurs veulent tellement améliorer l'adéquation entre l'employé et l'emploi qu'ils font de plus en plus souvent appel à des officines utilisant des moyens très peu scientifiques – la psychologie, la graphologie, la numérologie – pour tester les candidats.

Imaginons que, demain, ils disposent de tests autrement plus sûrs, plus efficaces, de nature à améliorer l'adaptation du personnel à ses tâches et à donner des assurances contre une perte de productivité liée à une susceptibilité anormale des employés à telle ou telle maladie. Compte tenu de la compétition économique, les employeurs seront tentés d'utiliser ces moyens dans la mesure où le coût salarial constitue souvent dans nos pays l'un des éléments grevant le plus la compétitivité des entreprises par rapport à celle des pays en voie d'industrialisation.

Dès 1992, plusieurs articles tiraient la sonnette d'alarme sur les conséquences d'une utilisation non contrôlée et non maîtrisée des tests génétiques dans le monde professionnel et dans celui des assurances. La revue américaine *Biotechnology* publiait, en novembre 1992, deux points de vue intitulés : « Les pièges des tests génétiques » et « Les conseils en génétique face à une tâche délicate ».

Ces articles mettaient en garde contre une diffusion beaucoup plus rapide des tests génétiques dans la société, dans l'assurance et sur les lieux de travail que des structures de conseil génétique susceptibles d'en expliquer la signification et d'en tirer des conséquences respectant la personne.

C'est le cas d'une société d'assurances qui a menacé une femme enceinte d'un enfant chez lequel avait été porté un diagnostic prénatal de mucoviscidose de lui supprimer toute couverture de soins si elle refusait d'avorter ; ou encore des dizaine d'exemples où une notion de prédisposition à la maladie de Huntington, qui frappe les sujets atteints après quarante ans, a entraîné le refus à l'embauche de jeunes gens en pleine santé.

En décembre 1992, la revue *Genetic Engineering News* publiait une libre opinion sous le titre : « Le public doit être éduqué quant à l'utilité prédictive limitée des tests génétiques ». L'auteur rappelait que les gènes de prédisposition à nombre de maladies n'agissent qu'en interaction avec l'environnement et avec d'autres gènes, que leur expression est ainsi extrêmement variable et que leur utilité est donc souvent plus évidente en termes de statistique que de susceptibilité individuelle, ce qu'ignorent totalement, semble-t-il, nombre des utilisateurs des tests génétiques.

Cet article rapporte vingt-neuf exemples de discriminations injustifiées prenant pour prétexte les résultats de tests génétiques. Des sujets en bonne santé ou qui bénéficient d'un traitement efficace se voient refuser l'accès à des assurances automobile ou à des assurances vie, sont refusés sur cette base à des emplois pour lesquels ils étaient qualifiés. Est même rapporté le cas extrême d'un refus d'enrôlement dans l'US Air Force d'un homme hétérozygote pour la maladie de Gaucher, qui ne survient que chez les homozygotes ayant hérité d'un gène anormal de chacun de leurs parents. Pourtant, cette personne ne présentait aucun risque de souffrir jamais de cette maladie. Enfin, des couples dont un membre est à risque de développer une maladie de Huntington se voient dénier le droit à l'adoption d'enfants, alors même que, dans le cas où un parent adoptif serait en effet atteint, il ne développerait la maladie qu'après la majorité de l'enfant.

Depuis, les débats sur les risques d'une utilisation sauvage des tests génétiques se sont multipliés dans le monde. De nombreux États américains ont promulgué des lois interdisant la discrimination à l'embauche et la limitation de l'accès à l'assurance sur la base d'éléments génétiques, et une loi fédérale sur ce thème est discutée depuis longtemps. La France a inscrit dans sa loi de bioéthique de 1994 l'interdiction d'une utilisation des tests génétiques à d'autres fins que médicales ou scientifiques. En revanche, selon son habitude, la Grande-Bretagne n'a pas légiféré. Elle a mandaté un comité *ad hoc* pour étudier cette question et appelé les assureurs à faire preuve de retenue. Ceux-ci ont cependant refusé, à la différence de leurs homologues français, de s'engager à appliquer un moratoire dans l'utilisation des tests génétiques dans leur pratique d'assureurs.

En fait, cette prise de conscience par les autorités politiques de la bombe à retardement que constitue cette question est insuffisante. En effet, c'est à juste titre que les sociétés d'assurances privées observent que le devoir de solidarité relève de la collectivité et de ses systèmes de sécurité sociale et n'est donc pas à leur charge. Cependant, la tendance lourde des sociétés dans le monde est plutôt au recul des systèmes de prise en charge collective des risques au profit d'assurances privées et individualisées. Même si les sociétés d'assurances de la plupart des pays se ralliaient à une attitude de refus d'une utilisation généralisée des tests génétiques dans le calcul du risque, elles pourraient être entraînées malgré elles à réviser leur politique.

En effet, on peut imaginer, parmi des populations connaissant leur avenir biologique, que des groupes d'individus ayant véritablement gagné le gros lot à la loterie de l'hérédité – c'est-à-dire ceux dont les allèles géniques laissent présager une grande longévité, qui sont dépourvus de marqueurs de susceptibilité au cancer, au diabète, à l'athérosclérose, à l'hypertension artérielle – se regroupent et créent une amicale, l'APGC (Amicale des personnes génétiquement correctes) possédant sa propre mutuelle. Les conditions de cette dernière seraient bien entendu très favorables. Une carte de membre de l'APGC servirait d'introduction utile sur le marché de l'emploi.

A contrario, les sociétés ne modulant pas le coût de la police d'assurance d'après le résultat de tests génétiques verraient affluer les personnes à risque – c'est ce que l'on appelle le phénomène de l'antisélection – et se retrouveraient dans une situation financièrement intenable.

De toute façon, il faut rappeler que l'une des bases de l'assurance est déjà, aujourd'hui, que l'assuré ne cache rien à l'assureur des renseignements concernant sa santé. Les contrats contiennent des clauses de bonne foi et de réciprocité telles qu'une personne qui a dissimulé un trait pathologique dont elle se sait porteuse peut se voir refuser l'accès complet aux prestations de l'assurance. Des tests génétiques demandés antérieurement pour des raisons médicales et dont les assurés auraient connaissance, mais dont ils dissimuleraient les résultats, tomberaient en toute logique sous le coup de cette clause. Un effet secondaire du risque encouru, pour une personne testée positive pour une susceptibilité génétique, de se voir imposer des conditions très désavantageuses d'accès à l'assurance est, par ailleurs, qu'elle puisse décider de refuser le test, même lorsque, de son résultat, peut dépendre la mise en œuvre d'une prévention efficace.

Je me rappelle avoir lu, il y a trois ou quatre ans, une interview d'un assureur européen disant qu'il fallait bien se préparer à vivre dans une humanité divisée, grâce aux tests génétiques, en sujets bien portants et en sujets potentiellement malades. L'assureur ajoutait que la société n'aurait pas les moyens d'offrir les mêmes possibilités aux uns et aux autres. Cette tentative de catégorisation des individus a ses sanctions, que l'on appelle la stigmatisation et l'exclusion.

C'est d'ailleurs ce risque qui a fait réagir, dans les années 90, les représentants de communautés ethniques, notamment des Juifs ashkénazes aux États-Unis. La fréquence des enquêtes génétiques menées en leur sein (mais la même chose vaut pour les Indiens Pimas, les Bretons, les Québécois du lac Saint-Jean, etc.) amène à populariser l'idée que ces groupes concentrent bien des tares : susceptibilités génétiques au cancer du sein, à une forme de cancer du côlon, à des maladies du métabolisme, etc.

Outre les difficultés particulières d'accès aux assurances que peut entraîner une telle réputation, il est clair qu'elle risque aussi de véhiculer une image globalement négative dont se passeraient bien des communautés déjà victimes, pour plusieurs d'entre elles, de durables préjugés racistes.

Ainsi apparaîtrait un nouvel élément de la fracture sociale, fondée cette fois sur l'inégalité biologique. Le résultat de tout cela serait – ce ne sont pas des prévisions, c'est un tableau de ce qui est possible et qu'il faut éviter – une atteinte mortelle aux droits de l'Homme. Aux droits de ces Hommes dont on affirme, depuis 1789, qu'ils naissent et demeurent égaux en dignité et en droit, et dont les droits ne seraient plus, par certains côtés, que ceux que leur concède la société en fonction de leurs gènes. Un monde incroyablement inégalitaire où toute personne malchanceuse à la loterie de l'hérédité serait, de plus, sévèrement limitée dans la jouissance des attributs de la citoyenneté.

La situation que je viens de décrire semble l'évolution ultime d'un engrenage ayant conduit à la désintégration de l'unité de cet Homme auquel la Déclaration de 1789 reconnaît des droits. Les racistes ont tiré les premiers en prétendant que les différences entre les ethnies reflétaient une hiérarchie de qualité, certains groupes étant intrinsèquement supérieurs aux autres.

En réaction à ces idéologies, et aussi à une certaine forme de collectivisme annihilant l'individu au profit du groupe, on a alors mis en avant la profonde individualité de chaque être humain, les différences entre les individus étant grandes par rapport aux différences moyennes entre les groupes. La génétique permet aujourd'hui de donner une base d'une extrême préci-

282

sion à ces variations individuelles. Mais, alors, la récupération déterministe de la génétique ramenant l'humain aux gènes de l'Homme risque de faire voler en éclats l'image d'une indivisibilité humaine à laquelle contribue la diversité de ses formes d'expression.

Cependant, cette évolution possible n'est pas inéluctable ; elle dépend…, elle peut dépendre de la réponse des citoyens informés auxquels serait posée la question suivante : « Dans quel type d'organisation de la cité pensez-vous que vous-même et vos enfants pouvez vivre le plus heureux possible ? Quelle part faut-il impérativement préserver, dans la création de ce tissu social, dans sa consolidation, de la solidarité entre les individus et les groupes humains, l'une des manifestations essentielles de l'attachement à l'idée d'une profonde unité humaine ?

Il y a une ambivalence extraordinaire chez les Hommes, souvent à la fois individualistes au plan personnel et solidaires au plan collectif. Si bien qu'il reste possible que le débat débouche sur une prise de position claire et déterminée en faveur d'un type de société solidaire et unie et, par conséquent, sur des mesures et un contexte de nature à éviter l'évolution dont j'ai dit qu'elle remettrait en cause l'un des fondements de la cohésion sociale.

Au-delà des règlements, lois et dispositions de toute nature destinés à éviter l'instauration d'une discrimination généralisée fondée sur l'hérédité, la seule garantie durable contre une telle dérive est la prise de conscience par les peuples de l'enjeu des questions débattues. Seule cette prise de conscience peut amener à la connotation morale négative, et donc au rejet social durable des comportements et entreprises tendant à remplacer les droits de l'Homme par le pouvoir des gènes. Dans le domaine de l'assurance, où la tendance à l'utilisation des tests génétiques par les compagnies privées semble, à terme, mécaniquement inévitable, le problème est celui du poids respectif des systèmes d'assurance sociale solidaires, égalitaires, et d'assurances privées, équitables.

En préambule à un récent rapport du Comité consultatif national d'éthique français[6], il était rappelé que la science génétique a eu dans sa courte histoire plus de répercussions individuelles, politiques et sociales qu'aucune autre science, et cela continue d'être parfaitement vrai aujourd'hui et le sera demain. Il revient donc aujourd'hui à la société tout entière, à ses professionnels et à ses citoyens, individuellement et collectivement, d'essayer de garder la maîtrise de l'utilisation des connaissances génétiques dont, en fonction de ce que sera la sagesse humaine, on peut attendre tant de progrès pour l'Homme, mais aussi craindre tant d'atteintes à son autonomie, à sa liberté et à sa dignité.

6. Comité consultatif national d'éthique, *Génétique et médecine, de la prédiction à la prévention*, La Documentation française, Paris, 1997.

Chapitre 13

Le gène, matière première

Lorsque le programme « Génome humain » a été lancé à la fin des années 80, en particulier à l'initiative de deux Prix Nobel américains pionniers de l'étude de l'A.D.N., James Watson et Walter Gilbert, on a sur-le-champ vanté la dimension profondément humaniste de l'entreprise. Il s'agissait en effet de mobiliser des chercheurs dans le monde entier et de coordonner leur collaboration afin de parvenir le plus vite possible à la connaissance du génome humain.

Les informations accumulées par cette coopération scientifique mondiale devaient aussitôt être mises à la disposition de chacun pour faire progresser les programmes de recherche. Parmi ceux-ci, on privilégiait bien entendu l'analyse des déterminants génétiques des maladies, moyen de hâter la mise au point de nouveaux traitements (voir chapitre 12).

Parallèlement à l'étude du génome humain, d'autres consortiums internationaux s'organisaient pour analyser les génomes de nombreux autres êtres vivants : agents infectieux, micro-organismes, animaux et plantes modèles ou d'intérêt agricole, etc.

En cette fin du XXe siècle, la séquence complète des génomes de plusieurs micro-organismes et organismes a été obtenue : bactéries pathogènes, levure de bière, mouche du vinaigre, le ver rond *Caenorhabditis elegans*... Le génome du riz devrait être totalement séquencé au tout début de l'an 2000.

Comme nous l'avons vu, la séquence du génome humain, près de quarante fois plus grand que celui de la mouche du vinaigre et dix fois plus grand que celui du riz, devrait être achevée avant 2003, bénéficiant de la compétition entre les équipes et des moyens considérables mis en œuvre.

Sur le plan de la réalisation des projets, les promesses ont donc été tenues. Mais qu'en est-il de l'objectif humaniste généreux qui était mis en avant à l'origine ?

Là, le tableau qui s'est peu à peu dessiné se révèle fort différent de celui qui avait été présenté à l'origine et imaginé par les plus naïfs des biologistes[1]. C'est que, en effet, le gène est une matière première. Pour produire de l'énergie, il faut du charbon, du pétrole, du gaz ou de l'uranium ; l'industrie métallurgique repose sur la disponibilité de minerais. Les biotechnologies utilisant le génie génétique reposent, quant à elles, sur la disponibilité de gènes ! Ceux-ci, ou du moins la connaissance de leur séquence, sont en effet indispensables pour mettre au point toutes les techniques et tous les produits au cœur de l'activité mar-

---

1. C. Anderson, « Genome Project Goes Commercial », *Science*, 259. 300-302, 1993.

chande de ce nouvel eldorado que constituent les techniques du vivant.

Pour mettre au point des tests diagnostics, produire des protéines recombinantes d'intérêt médicamenteux ou trouver des cibles qui seront utilisées pour la recherche de nouveaux médicaments, il faut des gènes. Il en faut aussi pour améliorer par transgenèse les performances des micro-organismes de fermentation industrielle, des plantes ou des animaux.

De plus, ces gènes doivent, si possible, rester inaccessibles aux concurrents. Aussi existe-t-il cinq à dix fois plus d'informations sur les génomes emmagasinés dans de gigantesques banques de données privées, d'accès limité et payant, que d'informations librement accessibles dans le domaine public.

Certains gènes d'intérêt ont une origine géographique particulière, ce qui donne lieu à une concurrence acharnée entre des sociétés de biotechnologie pour s'assurer des territoires de prospection privilégiés, voire exclusifs. Cette situation achève de banaliser le statut de matière première auquel est ramené le gène. La rivalité pour accéder à une exclusivité des droits de prospection est, ici, de même nature que celle qui se manifeste, par exemple, dans le domaine pétrolier ou minier.

La matière génique

Le gène peut être considéré de différentes manières, selon que l'on s'attache à ce qu'il est ou à ce qu'il signifie. Tout d'abord, il faut rejeter une confusion de langage que commettent de nombreux commentateurs des biotechnologies : le gène n'est pas vivant ; c'est une molécule chimique, formée par l'enchaînement de quatre types d'éléments appelés nucléotides, ou bases, et qui sont les lettres dont l'ordre précis dans le gène indique la signification du programme.

Un gène peut sans difficulté être synthétisé chimiquement à partir de ses constituants de base, c'est-à-dire des nucléotides. Cependant, comparés aux autres molécules inertes du monde biologique, par exemple les sucres, l'acide urique ou une protéine telle que l'albumine, les gènes ont, bien entendu, une propriété supplémentaire qui fait toute leur spécificité : ils constituent le support d'un programme génétique.

Cela signifie que dans un environnement approprié, à l'aide de la machinerie d'une cellule vivante, le programme imprimé dans le gène pourra être lu et exécuté. En ce sens, le gène se compare à un support d'informations quelconque, bandes magnétiques, disques informatiques ou vidéodisques. La nature de ces supports doit être considérée indépendamment de celle de l'information qu'ils contiennent.

Ainsi, lorsque l'on évoque la commercialisation des gènes, les brevets sur les gènes, c'est en réalité de l'information génétique que l'on parle. L'A.D.N. est une molécule biologique abondante et banale, alors que le programme porté par beaucoup de gènes n'est présent qu'en deux copies par cellule et est propre à une espèce donnée, voire à un individu.

Les brevets sur les gènes

J'ai rappelé dans le chapitre 8 que les règles de protection de la propriété intellectuelle dataient de la fin du XVIIIe siècle. La première loi sur les brevets est clairement américaine et date de 1790 ; elle est suivie, en 1791, d'une loi de l'Assemblée constituante de France.

Des systèmes à l'origine de ces lois s'appliquaient en Angleterre depuis le début du XVIIIe siècle.

Le brevet a la forme d'un contrat entre la société et les inventeurs. Afin de pouvoir bénéficier des progrès apportés par les inventions, la puissance publique incite les inventeurs à faire profiter les citoyens de leurs inventions en leur reconnaissant un droit d'exploitation exclusive de celles-ci pour une période d'une vingtaine d'années. Le système des brevets doit donc être vu comme un moyen empirique de stimuler le progrès technique et l'activité commerciale des sociétés à économie libérale. En revanche, ce n'est pas un titre de propriété.

Le succès du système des brevets semble reposer sur une différenciation claire entre les connaissances, que l'on découvre, et les produits ou procédés, que l'on invente. Les premières sont pour l'essentiel d'utilisation libre, notamment par les inventeurs qui puisent ici l'information dont ils ont besoin pour réaliser leurs inventions. Naturellement, n'importe qui peut commanditer à un spécialiste de réaliser une étude confidentielle pour son compte. Cependant, ses résultats ne pourront en aucune manière être brevetés : soit ils seront effectivement gardés secrets, soit ils seront publiés et seront alors protégés du plagiat par des droits d'auteur, mais ils pourront être utilisés sans restriction par tous les lecteurs.

Dans ce contexte, la séquence d'un gène, c'est-à-dire l'information qu'il véhicule, peut être considérée comme une connaissance du monde naturel bien éloignée des critères de l'objet brevetable. Cependant, des gènes sont utilisés comme éléments intermédiaires essentiels à la mise au point de procédés ou à la fabrication de produits biotechnologiques.

Un inventeur qui, grâce à la connaissance d'un gène à laquelle il a eu accès, invente une nouvelle substance thérapeutique indisponible auparavant, ou un moyen de modifier de manière prévisible les propriétés d'un micro-organisme, d'une plante ou d'un animal, protégera son activité inventive par la prise d'un brevet. Celui-ci recouvrira le procédé mis en œuvre, éventuellement le produit et les moyens d'y parvenir ou de l'obtenir, c'est-à-dire l'utilisation de la connaissance d'un gène.

Cette protection empêchera des concurrents d'utiliser le même gène pour faire la même chose. Quoi que l'on pense du système dans son ensemble, on reste alors dans la logique du brevet, qui est de stimuler l'activité inventive en permettant à l'inventeur de retirer les fruits de ses efforts. Le brevet le protège en effet contre la concurrence déloyale de groupes plus riches et plus puissants qui pourraient lui voler son idée et la développer rapidement à leur profit exclusif. De plus, un brevet est publié, c'est-à-dire rendu public, ce qui évite que les inventeurs craignant la concurrence n'aient la tentation de garder secrètes les recettes de leurs inventions.

Cet état de choses a perduré jusqu'en 1991. Lorsqu'une équipe ayant identifié l'information contenue dans un gène imaginait pouvoir l'utiliser pour mettre au point un procédé ou fabriquer un produit d'intérêt commercial, elle prenait un brevet, dans le monde entier, en Europe comme aux États-Unis.

En 1991, un coup de tonnerre éclata dans le monde des généticiens et dans celui de la propriété industrielle lorsque Craig Venter, qui était alors employé des NIH (*National Institutes of Health*) américains, déposa une demande de brevet pour plusieurs centaines, bientôt suivies de plusieurs milliers de séquences partielles correspondant à de petits fragments de gènes[2]. Les fonctions biologiques des gènes correspondants n'étaient pas connues. De ce fait, deux des critères fondamentaux de brevetabilité tombaient : d'abord, les séquences étant déterminées automatiquement par des appareils commerciaux, l'activité inventive était faible ; ensuite, l'utilité de l'invention ne pouvait être précisée. Il y eut alors, dans le monde entier, une levée de boucliers ; en particulier, les protagonistes de l'aventure des programmes génomes, aux États-Unis et ailleurs, se déclarèrent trahis.

Le ministre de la Recherche français de l'époque, Hubert Curien, protesta contre l'attitude des NIH dans une lettre publiée par la célèbre revue américaine *Science*[3]. Quant à moi, représentant la France au cours de deux missions menées aux États-Unis pour défendre sa position d'hostilité de principe à ce type de brevet[4], j'eus l'occasion de suivre les débats de très près. Je me suis pris d'un vif intérêt pour ces problèmes, a priori austères, de propriété industrielle, car ils me semblent significatifs de l'évolution scientifique, technique, commerciale, sociale et morale des communautés humaines.

J'observai, en 1991 et en 1992, et cela reste vrai en 1999, que beaucoup des arguments fréquemment utilisés étaient en fait inadaptés.

En 1991, ce n'était pas la prise de brevet sur des fragments d'A.D.N. humains considérés comme

---

2. A. Kahn, « Faut-il breveter le génome humain ? » *Médecine Sciences*, 7, 960-961, 1991.

3. H. Curien, « The Human Genome Project and Patents », *Science*, 254, 710, 1991.

4. A. Kahn, « Un audit des autorités fédérales américaines sur la brevetabilité du génome », *Médecine Sciences*, 8, 617-619, 1992.

matière vivante et sacrée qui faisait scandale, mais la volonté de breveter non plus l'invention, mais la connaissance elle-même. Les analystes les plus avisés voyaient bien que cette évolution recelait un danger mortel de destruction d'un système qui avait permis le progrès des sociétés occidentales depuis deux siècles, celui fondé sur l'utilisation libre des connaissances afin de réaliser des inventions. De plus, tous les scientifiques du monde étaient indignés que l'on pût revendiquer des droits de propriété industrielle sur une connaissance pure du monde naturel, du même ordre que celle concernant les galaxies ou les particules élémentaires.

À dire vrai, si une exploitation industrielle des galaxies était envisageable, je n'ai aucun doute que se manifesteraient alors des revendications de droits particuliers. Après tout, l'histoire de la découverte du monde et de la colonisation par les Européens est riche de ces épisodes où le premier découvreur prenait possession du territoire au nom de son souverain ou de son État. C'est d'ailleurs ce que faisait Craig Venter : il plantait son drapeau, celui des NIH américains, au cœur du génome humain sur lequel il revendiquait par là même des droits.

Dans un premier temps, les offices de protection industrielle, aux États-Unis et en Europe, refusèrent de reconnaître un droit de brevet sur ces séquences partielles d'A.D.N. En fait, depuis, les choses ont changé et aussi bien le PTO américain (*Patents and Trademarks Office*) que l'O.E.B. (*Office européen des brevets*) délivrent aujourd'hui des brevets de ce type.

Si cette évolution fait moins scandale en 1999 qu'en 1991, c'est d'une part par la force de l'habitude, d'autre part parce que le sentiment de la plupart des spécialistes est que l'utilité de tels brevets, c'est-à-dire la protection qu'ils confèrent, est limitée, voire nulle[5, 6]. En effet, un même gène peut être ainsi découpé en une dizaine de morceaux dont chacun sera protégé par une société différente. Les droits individuels des dix sociétés revendiquant une propriété industrielle partielle sur un même gène seront alors très faibles par rapport à ceux d'une compagnie qui aura, grâce à la compréhension de la réelle fonction biologique du gène, réalisé une invention authentique sous la forme d'un produit ou d'un procédé.

Aujourd'hui, le débat persiste sur ce qui doit être réellement protégé par un brevet accordé pour un procédé biotechnologique utilisant la connaissance d'un gène. Il serait raisonnable pour le progrès biotechnologique lui-même, et conforme aux règles académiques, que la connaissance de la séquence d'un gène restât d'utilisation libre pour réaliser tout ce que n'a pas envisagé de réaliser le premier breveté.

Cette disposition était incluse dans la loi de bioéthique française de 1994. En revanche, la directive européenne sur la protection juridique des inventions biotechnologiques promulguée en 1998[7] est très en deçà de cette revendication, pourtant minimale, et correspond à l'évidence à un marché de dupes pour les organisations contestant les brevets sur les gènes à partir de positions éthiques.

---

5. M. A. Heller. et R. S. Eisenberg, « Can Patents Deter Innovation ? The Anticommons in Biomedical Research », *Science*, 280, 698-701, 1998.

6. « Intellectual Property in the Realm of Living Forms and Materials », Colloque international de l'Académie des sciences, *Technique et Documentation*, Londres, New York, Paris, 1995.

7. Directive européenne sur la protection juridique des inventions biotechnologiques, C.E.E., 98-44.

En effet, pour satisfaire ces opposants, les spécialistes de la Commission européenne ont spécifié que les gènes dans leur état naturel ne pouvaient être brevetés. En réalité, la caractérisation d'un gène, sa reconnaissance et l'établissement de sa séquence supposent qu'il a été cloné grâce aux méthodes classiques du génie génétique. Dès lors, il n'est plus dans son état naturel, et la réglementation européenne n'oppose en réalité aucune limite aux brevets sur les gènes... et sur la connaissance de ceux-ci.

La prospection génétique

La méthode la plus utilisée pour parvenir à isoler des gènes de susceptibilité à des maladies passe par la constitution de collections de cellules ou d'A.D.N. prélevés chez des malades atteints de l'affection en cause et les membres de leurs familles. Grâce à la connaissance que l'on a aujourd'hui de la carte du génome, c'est-à-dire à l'identification de points de repère qui jalonnent l'A.D.N. de tous les chromosomes, on détermine alors lequel de ces repères se transmet de façon parallèle à la maladie étudiée. La localisation est, de proche en proche, précisée et se poursuit par l'établissement de la séquence de l'A.D.N. de la région, lorsqu'elle n'est pas déjà connue.

Reste alors à démontrer que des altérations d'un gène particulier sont constamment associées, dans une famille donnée, à l'apparition des symptômes de la maladie. Une telle étude nécessite souvent l'analyse de centaines ou de milliers d'échantillons biologiques, appartenant à des personnes dont l'état de santé et les liens familiaux avec un malade sont précisés.

Ces données personnelles identifiantes sont en règle générale informatisées. Parfois, la recherche de gènes de susceptibilité est menée par une équipe de chercheurs académiques financée ou aidée par les associations de malades.

Les donneurs sont les membres de familles affectées par une maladie particulière qui, se sentant pleinement impliqués, s'engagent souvent de manière militante dans la recherche du gène de cette affection. Ils espèrent que ces travaux déboucheront sur une amélioration des moyens diagnostiques et ultérieurement thérapeutiques.

Cependant, ces personnes n'ont donné leur accord que pour des recherches consacrées à la maladie qui affecte leur famille, et l'on ne peut présumer de leur position pour utiliser ces collections d'A.D.N. à d'autres fins. Ce point est crucial, car l'A.D.N. d'une personne recèle sur son destin biologique des masses d'informations que l'on pourra de mieux en mieux connaître à mesure que se dérouleront les programmes génomes. Or, selon toute évidence, les donneurs préféreront le plus souvent garder confidentielles ces données intimes.

Par conséquent, la constitution de ces banques d'A.D.N., leur utilisation dans un but spécifique et les mesures de sécurité destinées à maintenir une stricte confidentialité des informations recueillies sont des éléments critiques des conditions dans lesquelles doivent être menées des recherches génétiques.

Par ailleurs, tout doit être fait pour ne point détourner de telles collections d'échantillons biologiques de l'usage auquel ont consenti les personnes. Nous avons évoqué jusque-là une situation a priori idéale : une recherche académique voulue, parfois financée par les malades eux-mêmes. Cependant, même dans ce cas, les précautions à prendre sont essentielles compte tenu du caractère sensible de l'information génétique pour l'intimité des personnes.

Or ces collections sont bien souvent, à travers le monde, devenues elles-mêmes des marchandises qui se négocient fort cher. Pourtant, les personnes qui se sont portées volontaires pour permettre la constitution d'une collection d'A.D.N. devant être utilisée dans des conditions particulières ne consentiraient pas forcément à ce que leurs dons fussent transformés en objets de commerce et servissent aux desseins de sociétés bio-technologiques dont elles ne connaissent pas les motivations. Un diabétique intéressé par la découverte des gènes de susceptibilité au diabète et ayant donné du sang à cette fin serait peut-être révolté que son A.D.N. servît à établir un lien entre QI, ou sexualité, et constitution génétique.

Par ailleurs, la personne ayant consenti à être prélevée pour participer à l'étude génétique d'une maladie peut, en cas de succès de la recherche, désirer bénéficier d'un diagnostic génétique de susceptibilité à cette maladie ou, au contraire, préférer tout en ignorer. Ainsi faut-il veiller au respect le plus strict du droit de savoir et de celui de ne pas savoir si l'on est génétiquement susceptible à une affection.

Ces quelques règles élémentaires sont loin d'être généralement respectées : l'arsenal législatif ou réglementaire dans les différents pays concernés reste souvent très insuffisant, sinon pratiquement inexistant lorsque l'enquête génétique est réalisée sur des populations lointaines de pays ne disposant pas de la réglementation ou des instances de débat éthique nécessaires. Or il est très fréquent que les enquêtes génétiques concernent des populations isolées, souvent fragilisées.

Au milieu des années 90, un vaste projet d'étude génétique des populations humaines a été proposé par un groupe de généticiens internationaux. Ce projet sur la diversité génétique humaine (*Human Genome Diversity*) se proposait en particulier de réaliser des prélèvements et des études génétiques sur des isolats humains vivant dans des endroits reculés, dans des conditions difficiles, parfois sur des ethnies en voie de disparition. Il s'agissait notamment, selon la phrase malheureuse d'un des protagonistes du projet, de garder une mémoire génétique de populations disparues…

Ce projet n'a pas encore pu être lancé tant il a déchaîné d'incompréhensions et d'hostilité. L'une des raisons de ces oppositions, plus ou moins formulée, est tout à fait compréhensible : n'est-il point fou, inconscient et scandaleux, ce monde moderne, riche et développé, qui s'offre le moyen de garder la mémoire génétique de populations qui vont disparaître, mais qui a aussi joué tout son rôle dans leur disparition et, à tout le moins, est incapable de l'éviter ?

Une autre interrogation concerne l'éventuelle utilisation industrielle qui pourrait être faite de particularités génétiques de certaines populations. Si ces recherches aboutissaient à des informations permettant la mise au point de nouveaux tests génétiques, ou de nouveaux médicaments, quels en seraient les bénéficiaires ?

Cette question rejoint d'ailleurs un débat beaucoup plus large quant aux droits particuliers des différents pays sur leurs ressources génétiques. La discussion s'est engagée ici à front renversé, pleine d'arrière-pensées, de déclarations de principe pseudo-généreuses et de vérités partielles. Au « Sommet de la Terre » de Rio de 1992 et aux conférences qui l'ont suivi, les pays riches, possédant de puissantes industries biotechnologiques, ont mis en avant le concept humaniste, d'ailleurs rappelé dans la déclaration de l'Unesco sur le génome humain[8] adopté en 1997, selon lequel le génome est patrimoine commun de l'humanité. Par conséquent, disent ces bons apôtres qui ont développé chez eux un système extrêmement contraignant de prise de brevets sur les gènes, chacun doit avoir librement accès à « ce patrimoine commun de l'humanité ».

Il va sans dire que ces mêmes pays s'efforceront de faire respecter les règles de propriété industrielle sur les découvertes qui pourront être réalisées grâce à l'étude de ces génomes exotiques. Les pays qui sont source de la diversité génétique ont, quant à eux, tendance à considérer que leurs richesses naturelles incluent tout aussi bien leurs matières premières végétales, minières... que génétiques, et demandent par conséquent à pouvoir négocier les conditions d'accès aux unes et aux autres. Une telle position renforce bien entendu le statut de matière première dès lors conféré aux gènes.

La solution la plus acceptable à cet évident conflit d'intérêts serait que les recherches génétiques dans les différents pays fussent menées dans le cadre d'un accord de coopération scientifique comportant une clause non pas de dévolution des gènes en eux-mêmes, mais de participation au développement des inventions susceptibles d'être réalisées grâce à leur étude.

Par ailleurs, garantir l'accès des populations concernées aux progrès médicaux, fruit des études génétiques menées en leur sein, est essentiel. Un accord international sur ces règles semble possible.

L'intérêt d'une prospection génétique dans des populations bien isolées, en particulier insulaires, est évident. Ces populations se sont souvent développées à

---

8. Unesco, *Déclaration universelle sur le génome humain et les droits de l'homme*, 11 novembre 1997.

partir d'un petit groupe de fondateurs, si bien que les gènes de susceptibilité à des maladies que portaient les premiers habitants se retrouvent à haute fréquence dans la population moderne. Celle-ci constitue donc un matériel génétique idéal pour identifier ces gènes de susceptibilité. Cela est surtout vrai pour les maladies dont la base génétique implique de très nombreux gènes. La découverte de ceux-ci dans la population globale est extrêmement difficile, car, chez des malades pris au hasard, les facteurs de susceptibilité génétique en cause peuvent être totalement différents. En revanche, si une maladie plurigénique est très fréquente dans un isolat particulier, il y a fort à parier que le gène de susceptibilité prédominant sera celui qui était déjà présent chez les fondateurs ; il peut donc être plus facilement identifié.

C'est cette logique qui explique les accords passés depuis le début des années 90 entre des sociétés de biotechnologie et les autorités dont dépendent ces isolats humains.

Le contrat de ce type qui a poussé à l'extrême cette logique est celui passé entre la république d'Islande et la société d'origine américano-islandaise *deCODE Genetics*. Le Parlement d'Islande a en effet voté une loi au terme de laquelle *deCODE Genetics* a une exclusivité d'accès aux dossiers médicaux de la population islandaise et de réalisation des études génétiques. En contrepartie, la compagnie fait bénéficier les hôpitaux et les structures de recherches islandais de nombreux avantages.

Derrière *deCODE Genetics* se trouvent de gros clients qui ont investi dans cette petite société de biotechnologie, par exemple, le géant Roche.

Sur le plan scientifique, les projets de *deCODE Genetics* sont tout à fait compréhensibles : l'étude de collections d'A.D.N. n'a de chances d'aboutir que si l'on a accès aux dossiers médicaux des personnes prélevées ; par ailleurs, l'Islande et ses trois cent mille habitants dérivent d'un groupe initial de quelques milliers de Vikings qui ont conquis l'île au IX⁰ siècle, si bien qu'y sont concentrés certains gènes de maladies, notamment d'affections fréquentes dans les pays développés (par exemple, l'asthme et les maladies cardiovasculaires).

Même si les gènes de susceptibilité en cause en Islande ne sont pas ceux qui interviennent le plus fréquemment ailleurs dans le monde, ils peuvent donner accès à des cibles moléculaires très intéressantes pour développer des médicaments nouveaux.

Cependant, un tel accord constitue une perversion totale de l'esprit de la recherche en génétique humaine et est lourd de graves risques de rupture de confidentialité. Il conduit à une certaine forme d'assujettissement d'un peuple dont le destin biologique est concédé à des intérêts privés. Ramener une population entière au rang d'un sol livré à la prospection minière dans le but de mettre la main sur une matière première précieuse est révoltant. Chaque personne étant par essence autonome, on ne voit pas quels arguments justifieraient qu'elle ne pût être incluse que dans les études génétiques menées par l'opérateur unique.

La compétition scientifique et ses deux composantes que sont la liberté et l'émulation, interdites par l'accord entre l'Islande et *deCODE Genetics*, est l'un des facteurs reconnus de l'avancée rapide des recherches. Heureusement, la protestation mondiale contre cet accord rend peu probable la généralisation d'un tel système. Cependant, et pour modérer un optimisme qui était de toute façon loin d'être béat, il faut observer qu'une partie de la contestation vient des opérateurs industriels

eux-mêmes, furieux d'être évincés d'un terrain promet-
teur de prospections et qui, par des moyens moins
voyants que ceux utilisés par *deCODE Genetics*, tâchent
de parvenir aux mêmes résultats là où ils le peuvent.

Les organismes transgéniques et les brevets

Ainsi que je l'ai rappelé dans le chapitre 8, les brevets protégeant les droits de l'inventeur semblaient parfaitement inadaptés au monde naturel, c'est-à-dire au
monde vivant, jusqu'à la fin du XIXe siècle. Le brevet
obtenu par Louis Pasteur, en 1865, en France, et étendu
aux États-Unis en 1873 portait sur une levure dépourvue de contamination bactérienne, permettant ainsi
d'améliorer la fermentation de la bière. C'est un premier exemple d'inclusion du monde vivant dans le
système des brevets.

Aux États-Unis, les variétés végétales deviennent
brevetables à partir de 1930. Le législateur américain
considère en effet que les plantes doivent être rangées
en deux catégories, les variétés qui existent indépendamment de l'Homme et celles qui n'auraient jamais
existé en tant qu'entités stables ou distinctes sans son
intervention. Ces dernières peuvent faire l'objet de
brevets. Nous avons vu qu'en 1980 la Cour suprême
des États-Unis avait accepté la prise d'un brevet sur
une souche de bactéries modifiées génétiquement
(chapitre 8).

Dès 1985, le PTO américain déclare que toute espèce
créée ou améliorée par l'Homme est susceptible d'être
brevetée. En 1987, un brevet est accordé pour un type
particulier d'huître et, en 1988, pour une souris
transgénique génétiquement modifiée afin de développer spontanément des cancers. Cette *oncomouse* de

301

l'université de Harvard cristallisera aux États-Unis et en Europe les recours contre ce type d'extension du droit de la propriété industrielle.

Malgré le nombre et la pugnacité des opposants, ces recours finirent par être rejetés les uns après les autres aux États-Unis et en Europe. La directive européenne de 1998 reconnaît l'application aux animaux transgéniques du droit des brevets à condition que la modification génétique n'entraîne pas de souffrances anormales de l'animal qui ne soient justifiées par l'intérêt pour l'Homme du modèle ainsi obtenu. Cette directive affirme d'ailleurs, dans son article 2 : « L'objet d'une invention ne sera pas exclu de la brevetabilité au seul motif qu'il se compose de matière biologique, utilise cette dernière ou lui est appliqué. » L'article 3 précise : « La matière biologique, y compris les végétaux et les animaux, ainsi que les parties des végétaux et d'animaux, est brevetable. »

À la fin de l'année 1999, fort de cet avis de la Commission de l'Union européenne, l'Office européen des brevets accepte nombre de brevets protégeant des plantes et des animaux transgéniques.

Comme dans le cas de la tentative de Craig Venter et des NIH américains de faire reconnaître des brevets sur des séquences partielles d'A.D.N., le débat est, ici, souvent confus et certains arguments sont mal formulés. Ainsi, la protestation contre l'appropriation et la réification du vivant a-t-elle rencontré un écho populaire favorable bien compréhensible. Cependant, cet argument semble étonnant puisque, ainsi que nous l'avons rappelé dans le chapitre 8, il y a des millénaires que les animaux sont considérés comme des biens, des marchandises que l'on achète, que l'on vend, dont on hérite, que l'on tue ou que l'on fait travailler.

Par conséquent, la critique concerne la monopolisation du vivant plutôt que son appropriation. Ce qui est contesté ici, c'est que, par le biais des méthodes biotechnologiques, de puissants intérêts économiques exercent des droits particuliers sur nombre de lignages animaux ou végétaux. C'est, en quelque sorte, que la liberté du propriétaire traditionnel des plantes et des bêtes, l'agriculteur, soit limitée, voire remplacée par des droits d'exclusivité, même temporaires, dévolus à des sociétés dont dépend dès lors toute la filière.

Quant au respect de la valeur intrinsèque de la vie animale, rien ne prouve qu'il soit plus gravement mis à mal par la transgenèse que par les pratiques agricoles, bouchères et charcutières traditionnelles. Si je me place du point de vue de la vache, je verrais même plutôt un avantage à ce que, produisant de l'insuline dans mon lait et valant 20 millions de francs, j'aie droit à des égards dont ne bénéficie pas obligatoirement ma consœur normande alimentant les fromageries de camembert, et encore moins la charolaise d'embouche.

En revanche, la crainte que les brevets sur des variétés transgéniques n'aboutissent à une confiscation de la diversité génétique des plantes par les géants de l'industrie biotechnologique n'est pas dissipée par la directive européenne sur la protection juridique des inventions biotechnologiques, au contraire 7. Celle-ci suggère en effet que lorsqu'un transgène, c'est-à-dire l'invention biotechnologique par elle-même, est introduit dans une variété, la protection conférée par un brevet s'étend « à toute matière dans laquelle le produit (ici, le transgène) est incorporé et dans laquelle l'information génétique est contenue et exprimée » (article 9).

De même que les revendications de Craig Venter en 1991 étaient le moyen de mettre un drapeau conquérant sur le génome humain, un transgène introduit dans une plante est un moyen de s'assurer des droits sur toutes les qualités génétiques de la variété, dès lors que cette variété transgénique s'avère conquérir une position dominante. Or, sur le plan intellectuel aussi bien que pratique, cela ne semble pas légitime. En effet, une équipe de biotechnologie qui a construit un transgène conférant des propriétés intéressantes, par exemple une résistance à des insectes ou à des herbicides, peut certainement arguer à juste titre d'une activité inventive dans la création de ce transgène. En revanche, lorsque ce dernier est ajouté aux quelque quatre-vingt mille gènes d'une variété de maïs, on ne voit pas en quoi les droits qu'il est juste de reconnaître à l'entreprise de biotechnologie excéderaient ceux relevant du transgène lui-même, c'est-à-dire de la résistance conférée. Les autres gènes de la plante sont naturels, et leur échantillonnage particulier, qui fait toute la valeur de la variété, a été sélectionné par des obtenteurs traditionnels et non par des biotechniciens.

Le même raisonnement peut être tenu lorsqu'une société produit une vache génétiquement modifiée pour sécréter de l'insuline humaine dans son lait : certes, l'utilisation de cet animal pour isoler de l'insuline peut être légitimement protégée par la règle des brevets ; en revanche, celle-ci n'a aucune raison de donner des droits sur les autres propriétés de la vache !

De plus, cette interprétation du droit des brevets est inutile pour protéger le droit des inventeurs puisque ceux-ci ont la possibilité de toucher les justes dividendes de leur invention, même si on leur dénie toute prétention en ce qui concerne l'organisme entier. Par conséquent, rien ne justifie, ni la réalité des choses ni la nécessité, que les organismes transgéniques soient brevetés au profit de l'« inventeur » du transgène.

Cette évolution obéit en réalité à deux contraintes déjà rencontrées. D'abord, il s'agit d'un pas que la puissance économique dominante dans le monde, les États-Unis, a déjà franchi depuis longtemps ; le reste du monde n'a donc plus qu'à s'aligner dès lors que l'on raisonne en termes de marché mondial obéissant à des règles globales harmonisées.

L'autre élément réside dans le fait que l'évolution économique actuelle est de plus en plus fondée sur des réalités virtuelles, considérées uniquement sous l'angle du profit qu'elles peuvent créer. Dans un monde où les activités qui engendrent les plus grands profits sont elles-mêmes virtuelles, l'objection selon laquelle il est irréel de considérer que l'inventeur d'un transgène a inventé quoi que ce soit concernant le reste d'un organisme transgénique n'est simplement pas recevable s'il est plus avantageux de ne pas l'accepter.

Science et argent

On m'a souvent demandé, dans des débats publics ou des entretiens avec des journalistes, si je ne souffrais pas du viol de l'idéal scientifique par les forces d'argent. En général, cette interpellation est accompagnée d'une référence à des temps anciens où l'homme de science poursuivait dans la droiture des recherches désintéressées, déconnectées de toute contrainte économique.

La crainte émise est réelle, mais la vision est fausse. En réalité, la connivence entre recherche scientifique et nécessités économiques est extrêmement ancienne. J'ai plusieurs fois rappelé que Pasteur lui-même avait été l'un des promoteurs dans cette conduite d'une recherche biologique en relation avec des intérêts économiques. Il affirmait d'ailleurs qu'il y a entre la science fondamentale et la recherche appliquée, à vocation industrielle, les mêmes rapports qu'entre un arbre et ses fruits.

Lavoisier, le célèbre chimiste, a effectué l'essentiel de ses recherches pour répondre aux besoins du royaume de France de se procurer de la poudre à canon dans de meilleures conditions. Dans le domaine de la chimie, de la pharmacie, de la physique des matériaux, des semi-conducteurs, etc., les relations entre recherche et industrie ne sont pas nouvelles.

En revanche, ce qui est nouveau, c'est l'explosion rapide et violente de la logique économique dans un domaine de la biologie qui ne la reconnaissait pas jusqu'alors, celui de la génétique humaine. L'importance des enjeux économiques, le mouvement général de concentration capitalistique qui n'épargne pas le domaine des sciences de la vie, et le caractère bien particulier de l'objet de cette recherche – c'est-à-dire le programme des propriétés biologiques des êtres, notamment des êtres humains – rendent ici la situation particulièrement sensible.

C'est cette réalité qui exige une intervention décidée des citoyens dans le cadre des procédures démocratiques en vigueur. En effet, les critères du marché sont d'une autre nature que les critères moraux, ceux du bien et du mal. Selon ses lois propres, les seuls critères de l'établissement d'un marché sont économiques : soit il est économiquement rentable, et il s'établira et se développera ; soit il ne l'est pas, et il ne s'établira pas ou périclitera.

Par conséquent, si nous voulons que les limites de l'acceptable, du licite et de l'illicite ne dépendent pas dans l'avenir des seules règles du marché, il ne reste qu'un seul moyen, la loi, adoptée au terme d'un débat démocratique au cours duquel les citoyens auront déterminé ce qu'ils considèrent comme étant souhaitable ou inacceptable.

Au-delà de l'appréciation de l'intérêt économique d'une nouvelle manière de faire, des bienfaits que l'on peut en attendre ou des risques qu'elle pourrait faire courir, seule cette procédure permet d'introduire dans le processus décisionnel l'analyse de la signification morale de l'innovation.

En fait, la plus évidente justification des procédures sociales se trouve bien là : créer les moyens de déterminer le bon et le bien pour la collectivité sur des critères qui ne se limitent pas à l'intérêt particulier et à la rentabilité.

Si seul le marché décidait, nul doute que, dans le monde entier, comme aux États-Unis, les armes seraient en vente libre, puisque cela constitue un marché prospère. Si le peuple considère que cela est un mal, il l'interdit par la loi… et tente de la faire respecter.

Ce schéma élémentaire, qui permet à tout moment d'optimiser les chances pour la société de bénéficier du progrès tout en se gardant, autant qu'elle le peut, de ses effets délétères, vaut pour le domaine des sciences de la vie comme pour tous les autres. Je suis donc parfois surpris de l'inconscience ou de la naïveté de mes collègues scientifiques qui s'offusquent de toute limitation légale à la liberté d'application des techniques dérivées de leur recherche. Toute la science, certes. Mais, ensuite, s'il s'agit de décider ce qui est bien et mal, on a le choix entre la démocratie… et le marché, ou le marché seul : aux peuples de décider !

Chapitre 14

Essais sur l'Homme, essais d'Hommes

Aujourd'hui, il semble naturel que tout traitement doive faire l'objet d'essais préalables destinés à en évaluer l'efficacité et la toxicité.

Il s'agit là cependant d'un concept relativement moderne, et ce pour plusieurs raisons. D'abord, les médicaments réellement efficaces, au-delà de certaines recettes de médecine traditionnelle, ont à peine soixante-dix ans, si l'on excepte la vaccination, qui date de plus de deux siècles : c'est en 1930 que Gerhard Domagk parvenait pour la première fois à guérir des souris infectées grâce à l'administration d'un colorant rouge, le Prontosil, dont le pouvoir bactérien n'avait, en fait, rien à voir avec sa nature de colorant, contrairement à ce qu'imaginait Domagk, mais qui était l'ancêtre des sulfamides.

En 1928, Alexandre Fleming avançait l'hypothèse que la destruction de cultures microbiennes infectées par un champignon, le *Penicillium,* était due à une substance (la pénicilline) sécrétée par le contaminant.

Par ailleurs, la notion selon laquelle l'expérience est un moyen privilégié de parvenir à la connaissance ne s'est imposée que lentement, surtout en biologie et en médecine ; il faudra attendre Claude Bernard et son *Introduction à l'étude de la médecine expérimentale,* en 1865[1], pour que cette idée triomphe de manière définitive dans l'enseignement médical. Encore faut-il remarquer que la méthode expérimentale prônée par Claude Bernard, après son maître François Magendie, eut plus de conséquences alors dans le domaine de la physiologie que dans celui de la pathologie. Ces deux précurseurs se refusaient en effet à admettre la spécificité des phénomènes pathologiques qu'ils ne regardaient que comme des perturbations des équilibres physiologiques. Par ailleurs, l'objet des expériences de Magendie et de Bernard est l'animal, et non l'Homme.

Naissance de la clinique

Tandis qu'Hippocrate, au Ve siècle av. J.-C., préconise aux médecins de tenter d'accroître leur savoir par l'observation et que Galien, au IIe siècle de notre ère, expérimente sur le chien et dissèque des singes, toute la médecine occidentale, jusqu'à la Renaissance, est scolastique. Le savoir est acquis et est indépassable. C'est celui des Anciens, Hippocrate, Aristote et Galien.

---

1. C. Bernard, *Introduction à l'étude de la médecine expérimentale*, Paris, Flammarion, coll. « Champs », 1984.

La médecine consiste à retrouver cette vérité établie dans la maladie, dans les corps souffrants dont l'observation est limitée à la recherche des grands symptômes décrits par les maîtres. Le malade n'est que le miroir du connu, il ne saurait être source de connaissance. Cela est si vrai que, pendant quatorze siècles, on retrouvera dans le corps humain tout ce qui avait été décrit par les Anciens, même les erreurs les plus manifestes. Galien décrit par exemple une communication directe entre les ventricules cardiaques gauche et droit, que personne ne met en doute avant le XVIe siècle.

Il faudra encore un siècle entier avant que William Harvey ne découvre, en 1649, en ces temps où explose la pensée scientifique, la circulation sanguine pulsée par les mouvements du cœur…, bien entendu en l'absence de toute communication entre les ventricules.

Des dissections étaient cependant réalisées depuis longtemps dans des écoles de médecine : un aide officiait sur les cadavres devant les élèves, alors que le professeur, à distance respectable de ces manœuvres répugnantes, muni d'un grand bâton, montrait dans le corps exposé ce que Galien avait dit y être présent.

L'objectivation du corps humain telle qu'elle se développe à partir de la Renaissance est encore bien loin de la clinique proprement dite, définie comme l'étude objective des maladies. Celle-ci naît à la fin du XVIIIe siècle avec l'épidémiologie et la méthode anatomo-clinique, qui consiste à établir des relations entre les symptômes de la maladie observée et la nature des lésions analysées à l'autopsie. Il faut donc, pour que cette approche soit féconde, que le regard sur le corps malade change du tout au tout : cessant de ne s'efforcer que de retrouver dans l'organisme malade un savoir établi, il faut admettre que la maladie « donne à voir », recèle des signes qu'une démarche scientifique classique, déductive-inductive, pourra utiliser pour révéler des phénomènes ignorés.

C'est Bichat, un très jeune homme mort en 1802 des suites d'une piqûre qu'il s'était faite au cours d'une autopsie, à trente-deux ans, qui sera l'artisan principal de cette révolution épistémologique et scientifique. Pour Michel Foucault, François Xavier Bichat, par ses études anatomiques des malades décédés, « intègre épistémologiquement la mort à l'expérience médicale [permettant à] la maladie de se détacher de la contre nature et de prendre corps dans le corps vivant des individus. Il restera sans doute décisif pour notre culture que le premier discours scientifique tenu par elle sur l'individu ait pu passer par ce moment de la mort[2] ».

Avant ce moment décisif, les hospices étaient des lieux de charité où l'on recevait les malades indigents regardés et traités selon les canons de la scolastique classique.

L'enseignement clinique proprement dit débute à la fin du XVIIe siècle, surtout en Autriche, et au XVIIIe siècle, en France, à l'initiative de certains médecins et de généreux mécènes, ainsi que dans les hospices militaires. Cependant, il ne s'agit encore là que de « protoclinique », en ce que l'enseignement ne vise pas vraiment à diagnostiquer un mal, à en mieux comprendre la symptomatologie, mais plutôt à montrer aux élèves la maladie présente, par hasard, chez les malades.

La Révolution française adopte vis-à-vis de la médecine et de la clinique deux attitudes successives et opposées. D'abord, dans son souci d'abattre les privilèges liés aux situations établies, elle supprime les écoles de médecine et nationalise les hôpitaux. Il existe même

2. M. Foucault, *Naissance de la clinique*, P.U.F., coll. « Quadrige », Paris, 1963, 4e éd., coll. « Quadrige », 1994.

alors un courant à la Convention pour proposer que quiconque est habile dans l'art de soigner puisse librement exercer ses dons. La désorganisation est cependant de courte durée (1792-1794), et la Convention thermidorienne, après la chute de Robespierre, crée à nouveau des écoles de santé et établit la clinique à l'hôpital au centre de l'enseignement médical.

Les malades sont encore, surtout en médecine, des indigents que l'on considère liés aux autorités médicales et à l'État par un contrat implicite : ils demandent du secours, qui leur est accordé avec la contrepartie qu'ils serviront à l'enseignement des futurs médecins. Nulle règle ne codifie les limites de l'intervention médicale sur les patients ; celles-ci restent du domaine de l'impératif moral, de la compassion face à la misère et à la détresse, du respect du serment d'Hippocrate. En tout état de cause, la possibilité d'essais thérapeutiques reste pratiquement inexistante… en l'absence de thérapeutique d'efficacité plausible à tester, sauf peut-être en chirurgie et en anesthésie (utilisation de l'éther).

C'est Flaubert, qui, dans *Madame Bovary,* a illustré avec le plus d'éloquence les droits et devoirs que se reconnaissent les médecins du XIXe siècle se livrant à de tels essais chirurgicaux[3]. Hippolyte, le valet d'écurie de l'auberge, a un pied bot dont il s'accommode, ne réclamant rien à personne. Afin de stimuler la carrière du docteur Bovary, son entourage, en particulier l'apothicaire et sa propre épouse, le pousse à tenter sur ce malheureux Hippolyte une opération qui vient d'être décrite dans une revue, destinée à redresser son pied. Le docteur Bovary cède à la pression de ses proches. Convaincre le valet est difficile, mais, la force de l'auto-

---

3. G. Flaubert, *Madame Bovary* (1857), Gallimard, Paris, 1972.

rité aidant, on y parvient avec la complicité de la petite ville entière. L'opération se déroule, ses suites sont mauvaises, la gangrène se développe, il faut amputer.

Nul n'imagine alors qu'un jour viendra où l'attitude du docteur Bovary serait jugée abominable et où Hippolyte aurait toutes les chances de le faire condamner en justice après avoir porté plainte, se voyant lui-même dédommagé du préjudice subi. L'intention du docteur Bovary, considère-t-on alors, était bonne, il voulait faire du bien à son patient et savait mieux que lui ce qui lui convenait. Quant au valet, il n'a pas à se plaindre et devrait au contraire être flatté que des gens aussi savants et importants aient pris tant de peine pour lui. D'ailleurs, dans un geste de générosité inouïe, Charles Bovary ne va-t-il pas, à l'instigation d'Emma, jusqu'à payer de sa poche le dispositif artisanal censé redresser le pied d'Hippolyte ?

Par rapport à la situation décrite dans les cliniques médicales, où le malade est objet d'enseignement mais pas (ou peu) d'expériences, l'élément nouveau est, ici, l'émergence de l'espoir thérapeutique qui, en quelque sorte, délie le médecin de sa réserve morale et du précepte hippocratique : *Primum non nocere.* « D'abord, ne pas nuire, » et faire confiance aux capacités de rétablissement de la bonne nature plutôt qu'aux artifices de l'intervention médicale.

Essais thérapeutiques, l'Homme objet des expériences

La pratique empirique de la prévention vaccinale est très ancienne, en tout cas antérieure au XVIIIe siècle en Chine et à Constantinople, où l'on pratiquait la variolisation. Afin d'éviter la survenue des formes les plus graves de la maladie, des enfants bien portants étaient inoculés avec du pus prélevé sur un malade atteint de variole et en voie de guérison. Il s'ensuivait la plupart du temps une variole atténuée... qui restait cependant mortelle dans 2 % des cas. C'était là un énorme progrès par rapport à l'évolution de la maladie naturelle, qui tuait environ 30 % des malades.

Cette technique fut rapportée en Europe par lady Montagu au tout début du XVIIIe siècle et largement utilisée dans l'aristocratie, jusqu'à la famille royale britannique.

En 1796, Edward Jenner remplaçait pour la première fois cette variolisation préventive par l'inoculation d'un enfant avec le pus prélevé sur une vache atteinte de variole bovine *(cow pox)*. Jenner avait observé que les fermiers développaient au contact des animaux infectés des lésions bénignes qui les protégeaient de la variole humaine.

La première vaccination était née. Elle révolutionnera le monde et conduira même, à la fin des années 70, à la première disparition observée d'une maladie infectieuse humaine, véritable fléau de l'humanité.

C'est ce principe d'une infection préventive par des agents pathogènes atténués que reprendra Pasteur dans sa mise au point du premier vaccin contre la rage. Dans ce cas, cependant, la prévention débute après la contamination du malade par morsure, mais avant l'atteinte des centres nerveux, c'est-à-dire avant la déclaration de la maladie.

C'est en 1885 que Louis Pasteur administre pour la première fois son vaccin au jeune berger Joseph Meister. À la différence de la vaccination jennerienne, on ne dispose pas d'observations humaines plaidant en faveur de l'innocuité et de l'efficacité probable de cette technique. Les essais menés depuis plusieurs années par Pasteur chez l'animal sont encourageants, mais persistent de nombreuses incertitudes. Certains chiens utilisés dans les expériences n'ont pas été protégés. Pourtant, la vaccination du jeune Joseph est sans doute un succès.

Cependant, les conditions réelles dans lesquelles l'expérience s'est déroulée devaient déclencher de nombreuses polémiques, encore vives de nos jours. Le chien qui a mordu Joseph a été tué, et, quoique probable, son infection par le virus rabique n'a donc pu être confirmée à l'autopsie. Les blessures de l'enfant sont évocatrices de l'attaque par un chien enragé, mais une incertitude demeure quant à la réalité de la contamination. Des essais antérieurs sur des malades contaminés, il est vrai dans des cas où le succès était difficile, ont échoué.

Selon toute éventualité, et surtout compte tenu de cette incertitude sur l'apparition réelle de la maladie chez un enfant mordu, l'injection d'extraits de moelle de lapin, puis de chiens infectés par l'agent de la rage, malgré les procédures d'atténuation par dessiccation, était follement risquée. Cela avait d'ailleurs entraîné un conflit aigu entre Pasteur et son collaborateur, Émile Roux, opposé à un tel passage rapide à l'expérimentation humaine[4]. Mais le bienfait attendu de l'expérience, les perspectives que son succès ouvriraient à l'humanité justifiaient que le risque fût pris. On dirait, dans le langage moderne des essais cliniques, qu'il s'agissait d'un protocole « compassionnel ».

Les effets salutaires de la décision prise avec le petit Meister ne tardaient pas à être confirmés de façon spectaculaire : des dizaines de succès du protocole pasteurien de vaccination antirabique suivaient très rapidement, alors que les procédés utilisés d'atténuation des virus dans les moelles infectées servant de vaccin se standardisaient et s'amélioraient.

---

4. P. Debré, *Louis Pasteur*, Flammarion, Paris, 1994.

Avant d'avoir l'occasion de confirmer sur des personnes mordues par des chiens enragés la validité de ses hypothèses et l'efficacité de son protocole expérimental, Pasteur avait envisagé, dans une lettre adressée à Pedro II, empereur du Brésil, des expériences sur les condamnés à mort : « Si j'étais roi ou empereur, ou même président de la République, voici comment j'exercerais le droit de grâce sur les condamnés à mort. J'offrirais à l'avocat du condamné, la veille de l'exécution de ce dernier, de choisir entre une mort imminente et une expérience qui consisterait dans des inoculations préventives de la rage pour amener la constitution du sujet à être réfractaire à la rage… » Il n'est pas innocent de la part de Pasteur de faire part de ses réflexions à l'empereur du Brésil : le souverain était en mesure d'exaucer ses vœux. Charles Nicolle, l'un des plus proches élèves de Pasteur, ne masquera pas sa réprobation d'une telle démarche dans une leçon sur l'expérimentation humaine qu'il donnera au Collège de France. Il mettra la position éthiquement indéfendable de Pasteur sur le compte « de cette témérité irrésistible qu'un délire sacré inspire au génie ; la conscience du savant étouffait la conscience de l'homme ».

De fait, il ne fallait rien de moins que du délire pour imaginer de sang-froid prendre le risque de transmettre cette effroyable maladie qu'est la rage à un homme sain, même condamné à mort. Alors que Pasteur ne remettait pas plus en cause la peine de mort que l'immense majorité de ses contemporains, le fait que les sujets d'expérience qu'il souhaitait utiliser fussent déjà à moitié hors du champ des vivants rendait à ses yeux tolérable une entreprise passionnante sur le plan scientifique et dont il espérait des conséquences heureuses pour des quantités de malades sinon promis à une mort atroce. Les ressorts psychologiques poussant un scientifique humaniste, bienfaiteur de l'humanité, à envisager l'expérimentation humaine sont dès lors bien établis : l'espoir thérapeutique, l'exaltation de la découverte… et le déni d'une humanité « prometteuse » chez les sujets-objets de l'expérience. Un condamné à mort n'a pas d'avenir, certains malades sont si gravement atteints qu'ils sont eux aussi condamnés, ou bien certains êtres sont d'une humanité tellement restreinte qu'il est licite de les sacrifier à l'épanouissement de l'humanité rayonnante de l'expérimentateur et des siens.

La logique de mes propos et de mon analyse conduit à établir une filiation entre certains errements d'un des grands hommes les plus unanimement admirés et loués dans le monde entier et l'abomination de la conduite des médecins nazis menant des expériences cruelles et inutiles sur les déportés pendant la Seconde Guerre mondiale. Me rendant compte du caractère choquant, voire scandaleux de ce rapprochement, qui me semble pourtant licite sur le plan des mécanismes mentaux poussant des médecins et des chercheurs à recourir à l'expérimentation humaine, j'intercalerai, entre ces deux moments de l'histoire des essais sur l'Homme, un épisode plus ancien. Cela épargnera peut-être des âmes sensibles écorchées par l'évocation d'une contiguïté entre les pensées d'un génie bienfaiteur de l'humanité et les actes barbares de médecins bourreaux.

Dans la première moitié du XIIIe siècle, l'empereur Frédéric II Hohenstaufen régnait depuis son palais de Palerme, en Sicile, sur le Saint Empire romain germanique. Esprit curieux et cultivé, passionné par les arts et les techniques, c'est un précurseur lointain de l'esprit de la Renaissance. Il était fasciné par la culture arabe, et ses accommodements avec l'islam jouaient un rôle certain dans l'hostilité absolue que lui vouait le pape Grégoire IX[5].

La culture arabe et juive d'Andalousie avait atteint son apogée à la fin du siècle précédent. Deux grands savants et penseurs de l'époque, le Juif Maimonide et l'Arabe Averroès, s'étaient intéressés à la médecine. Frédéric, de son côté, s'interrogeait aussi sur le corps humain et sa physiologie ; en particulier, il se demandait s'il valait mieux, après avoir pris un bon repas, faire la sieste ou une promenade. Rien, dans les textes anciens, ni chez les médecins de Cordoue, ne lui donnant la réponse, il se résolut, avec six siècles d'avance sur Claude Bernard, à la rechercher dans la « médecine expérimentale ». Il offrit à deux serviteurs (ou esclaves, l'histoire ne précise pas) un déjeuner plantureux, puis il convia l'un à se reposer et l'autre à aller se promener. Au terme de ces activités postprandiales, il fit sacrifier les deux hommes et manda à son chirurgien de leur ouvrir le ventre afin d'évaluer les progrès de la digestion chez l'un et l'autre. Il semble que l'expérience ait conclu en faveur de la sieste…

Mon histoire n'est pas si hors de propos qu'il n'y paraît puisqu'on retrouve ici les ingrédients du processus conduisant à utiliser une personne comme objet d'expérience. Premièrement, la reconnaissance de la valeur de l'expérience dans la poursuite de la vérité, et, de ce point de vue, Frédéric était un remarquable précurseur, bien opposé, en cela aussi, à la scolastique de l'enseignement de l'Église de Rome. Deuxièmement, la curiosité scientifique et l'importance du résultat attendu. En effet, compte tenu du nombre de repas pris chaque jour dans le monde, il n'existe guère d'informa-

5. B. Méchin, *Frédéric II Hohenstaufen*, Taillandier, Paris, 1978.

tion plus utile pour l'humanité que de savoir ce qu'il convient de faire après manger ! Enfin, le mépris pour la vie des personnes qui se prêtent aux expériences, considérées comme de simples choses. Tel est à l'évidence le statut des serviteurs-esclaves de Frédéric.

Quittons Palerme et les Hohenstaufen, les guelfes et les gibelins (les premiers partisans du pape et les seconds de l'empereur, qui s'entre-tuèrent pendant des siècles en Italie), et revenons à l'expérimentation menée par des médecins allemands du IIIe Reich sur des déportés. C'est le 9 décembre 1946 que débute à Nuremberg le procès des médecins accusés de s'être livrés à des expériences inhumaines sur des détenus. L'histoire a surtout retenu les actes de pure barbarie des médecins condamnés, de Josef Mengele et de ses complices, les injections intraveineuses de phénol, les bains prolongés dans l'eau glacée, les contaminations volontaires par des agents infectieux[6]. Cependant, considérés d'emblée, par leur caractère paroxystique et par l'effroi qu'ils suscitent chez chacun, ces horribles crimes disent peut-être plus de la barbarie nazie que de la fragilité de la conscience scientifique face à l'exaltation de la découverte et à la difficulté de faire la part entre le dessein et l'alibi humanitaires. En revanche, c'est bien cette fragilité qui est illustrée par l'attitude d'autres scientifiques et médecins jugés, d'ailleurs soit acquittés, soit légèrement condamnés.

Dans le cadre de l'action menée contre la firme allemande IG-Farben, Heinrich Hörlein est accusé d'avoir supervisé pour cette société l'administration expérimentale d'un médicament contre le typhus à Auschwitz. L'employé réalisant l'étude dans le camp

---

6. E. Klee, *La Médecine nazie et ses victimes* (1997), traduction française, Solin, Actes Sud, Arles, 1999.

envoie à Hörlein des rapports où il relate les résultats de ces *Menschenversuche*. Cependant, un Prix Nobel de chimie allemand jadis obligé par Hörlein certifie sous la foi du serment qu'il faut traduire ce mot non pas par « expérience humaine » mais par essai clinique (*clinical trial,* en anglais), du type de ceux qui sont menés partout dans le monde. Hörlein est acquitté[7].

Eugen Haagen sera, quant à lui, légèrement condamné par un tribunal français. Brillant virologue, il a fait un stage post-doctoral à l'institut Rockefeller de New York et est professeur de virologie dans le Strasbourg allemand de la guerre. Il a testé sur les déportés du camp de concentration alsacien du Struthof-Schirmeck un vaccin antityphique qu'il a mis au point. Afin d'assurer sa défense, son avocat obtient de deux membres éminents de l'Institut Pasteur une lettre témoignant qu'ils avaient eux-mêmes mené des expériences similaires sur des populations indigènes d'Afrique[8].

L'ouvrage d'Ernst Klee, de loin le mieux documenté sur la médecine nazie et ses victimes[6], nous permet d'illustrer par d'autres exemples cette descente graduelle du répréhensible vers l'horreur immonde, fanal blafard dont il faudrait veiller à ce qu'il ne s'éteignît jamais pour rappeler à chacun que des hommes, des médecins, dans des circonstances particulières, ont pu emprunter ce chemin vers le mal le plus total, le plus absolu.

En 1941, des médecins allemands pensent que le traitement avéré des infections par les sulfamides pourrait

7. J. Borkin, *The Crime and Punishment of I.G. Farben*, Free Press, New York, 1978.

8. B. Muller-Hill, « Les crimes des généticiens lors du procès de Nuremberg : le silence des clercs », *in Revue d'histoire de la Shoah, le monde juif,* n° 160, p. 76-80, mai-août 1997.

être remplacé par un apport progressif de sels minéraux dont le déséquilibre chez les patients infectés serait à l'origine des symptômes. Des déportés polonais atteints de septicémie sont traités avec des cachets de phosphate de potassium. Le traitement est inefficace. Au tout début de la guerre, un spécialiste respecté de la sclérose en plaques commence par injecter du liquide céphalo-rachidien de malades en crise à des singes, puis des échantillons de ces singes à des malades atteints d'autres affections graves telles que des cancers. Cherchant à améliorer le traitement des gangrènes gazeuses auxquelles les soldats allemands sur le front paient un lourd tribut, des médecins SS provoquent d'abominables plaies cutanées, musculaires et osseuses chez des femmes déportées, les infectent avec des produits contaminants et testent divers traitements. Un médecin ayant inventé un nouvel instrument permettant de prélever des échantillons de foie en fait l'essai sur des déportés éveillés dont la plupart meurent. Des femmes juives sont gazées afin de constituer une collection anatomique humaine pour l'enseignement. Des os entiers sont prélevés à des femmes malades mentales ensuite euthanasiées par injection intracardiaque. Ces prélèvements seront utilisés à l'extérieur des camps à des fins de chirurgie réparatrice. Pour en finir avec notre plongée progressive dans l'horreur insondable et en revenir au médecin anthropologue et généticien Josef Mengele il expérimente sur des enfants vivants, des jumeaux, dont il envoie ensuite des pièces anatomiques à l'institut Empereur-Guillaume d'anthropologie, de génétique humaine et d'eugénisme à Berlin. Il fait également extraire des fœtus de femmes enceintes pour poursuivre ses observations sur le développement embryonnaire et, là encore, étoffer la collection d'échantillons humains de l'institut de Berlin.

Lorsqu'on approche une telle abjection, la triade identifiée plus haut – infériorisation des êtres humains objets de l'expérience, passion scientifique et objectifs ou alibis humanitaires – devient un moteur insuffisant. Il faut y ajouter, bien évidemment, la dictature fasciste, son idéologie, et les objectifs militaires (expériences menées par les différentes armées), raciaux... et économiques (essais de produits pour l'IG-Farben-Höchst) du Reich.

Cependant, ces exemples montrent qu'entre l'audace victorieuse et salvatrice de Louis Pasteur et l'horreur des actes d'un Josef Mengele il y a en fait comme un continuum qui, à la vérité, me glace d'effroi et dont la possibilité même réclame une réflexion sur la hiérarchie des valeurs dans la recherche sur l'Homme et sur les moyens de la faire respecter.

C'est ce à quoi s'efforça le tribunal militaire américain, horrifié de ce qu'il avait découvert et jugé. Le produit de cette réflexion est connu sous le nom de Code de Nuremberg, qui constitue un extrait du jugement du tribunal en 1947.

Il s'agit là d'un texte concis, fondamental, fondateur de l'éthique médicale moderne, mal connu du grand public et que je reproduis par conséquent dans son intégralité.

1. Le consentement volontaire du sujet humain est absolument essentiel. Cela veut dire que la personne intéressée doit jouir de capacité légale totale pour consentir : qu'elle doit être laissée libre de décider, sans intervention de quelque élément de force, de fraude, de contrainte, de supercherie, de duperie ou d'autres formes de contrainte ou de coercition. Il faut aussi qu'elle soit suffisamment renseignée et connaisse toute la portée de l'expérience pratiquée sur elle, afin d'être capable de mesurer l'effet de sa décision. Avant que le sujet expérimental accepte, il faut donc le renseigner exactement sur la nature, la durée, et le but de l'expérience, ainsi que sur les méthodes et moyens employés, les dangers et les risques encourus, et les conséquences pour sa santé ou sa personne, qui peuvent résulter de sa participation à cette expérience.

L'obligation et la responsabilité d'apprécier les conditions dans lesquelles le sujet donne son consentement incombent à la personne qui prend l'initiative et la direction de ces expériences ou qui y travaille. Cette obligation et cette responsabilité s'attachent à cette personne, qui ne peut les transmettre à nulle autre, sans être poursuivie.

2. L'expérience doit avoir des résultats pratiques pour le bien de la société impossibles à obtenir par d'autres moyens ; elle ne doit pas être pratiquée au hasard et sans nécessité.

3. Les fondements de l'expérience doivent résider dans les résultats d'expériences antérieures faites sur des animaux et dans la connaissance de la genèse de la maladie ou des questions à l'étude, de façon à justifier par les résultats attendus l'exécution de l'expérience.

4. L'expérience doit être pratiquée de façon à éviter toute souffrance et tout dommage physique ou moral non nécessaires.

5. L'expérience ne doit pas être tentée lorsqu'il y a une raison a priori de croire qu'elle entraînera la mort ou l'invalidité du sujet, à l'exception des cas où les médecins qui font les recherches servent eux-mêmes de sujets à l'expérience.

6. Les risques encourus ne devront jamais excéder l'importance humanitaire du problème que doit résoudre l'expérience envisagée.

*7. On doit faire en sorte d'écarter du sujet expéri-
mental toute éventualité, si mince soit-elle, susceptible
de provoquer des blessures, l'invalidité ou la mort.*

*8. Les expériences ne doivent être pratiquées que par
des personnes qualifiées. La plus grande aptitude, et une
extrême attention sont exigées tout au long de l'expérience, de tous ceux qui la dirigent ou y participent.*

*9. Le sujet humain doit être libre, pendant l'expé-
rience, de faire interrompre l'expérience, s'il estime
avoir atteint le seuil de résistance, mentale ou physique,
au-delà duquel il ne peut aller.*

*10. Le scientifique chargé de l'expérience doit être
prêt à l'interrompre à tout moment, s'il a une raison de
croire que sa continuation pourrait entraîner des blessures, l'invalidité ou la mort du sujet expérimental.*

Il n'y a guère que l'article 5 de ce texte qui me semble discutable : je pense que, si une expérience comporte un risque a priori significatif de tuer la personne
qui s'y prête, il faut poursuivre l'étude fondamentale et
utiliser des modèles animaux jusqu'à ce que ce risque
soit devenu insignifiant, et non suggérer que le médecin
lui-même puisse servir de sujet d'expérience (ce qui
s'est d'ailleurs produit plusieurs fois dans l'histoire de
la médecine). Malheureusement, les forces sociales,
économiques, politiques et psychologiques qui pous-
sent les expérimentateurs à trouver des justifications à
des attitudes ne respectant en rien les principes du Code
de Nuremberg sont telles que le combat pour leur application reste d'actualité.

Cependant, il faut admettre que d'importants progrès
ont été accomplis, même par rapport à la période
d'après-guerre. En plein procès de Nuremberg, une
douzaine de médecins japonais remirent aux autorités
militaires américaines les résultats d'une longue étude

menée en Mandchourie, de 1932 à 1945, sur l'effet des armes biologiques. Plus de dix mille Chinois en périrent[9]. L'intérêt militaire des observations était tel que l'impunité fut assurée aux Japonais.

Une autre affaire qui se prolongea jusqu'à 1972, soit vingt-cinq ans après le jugement du tribunal américain de Nuremberg, est elle aussi emblématique du phénomène central à toutes les dérives ou crimes évoqués ici, c'est-à-dire la négation, chez les sujets soumis à l'expérience, d'une humanité suffisante pour avoir à solliciter leur consentement.

Entre 1932 et 1972 fut suivie très attentivement, sous l'égide du Service de la santé publique des États-Unis (US-PHS), l'évolution de la syphilis chez trois cent quatre-vingt-dix-neuf Noirs américains pauvres, originaires de Tuskegee, en Alabama[10].

Le but de l'étude était de parfaire les connaissances sur l'histoire naturelle de la syphilis, maladie chronique débutant par une maladie sexuellement transmissible (chancre syphilitique) et qui, après des décennies d'évolution silencieuse ou torpide, aboutit à l'apparition de toute une série de symptômes graves, surtout neurologiques. Les malades suivis étaient par ailleurs pris en charge pour le traitement d'affections intercurrentes.

En 1940, la pénicilline apparut, qui révolutionna le traitement de la maladie, auparavant toxique et d'efficacité incertaine. Avec cet antibiotique, tous les malades sont rapidement et définitivement guéris. De ce fait, la syphilis a pratiquement disparu dans les pays

9. Harris, S. H., *Factories of Death – Japanese Biological Warfare 1932-1945 and the American Cover-Up*, Routledge Londres et New York, 1994.

10. A. L. Fairchild et R. Bayer, « Uses and Abuses of Tuskegee », *Science*, 284, 919-921, 1999.

développés sur le plan sanitaire. Mais la cohorte de Tuskegee ne fut pas traitée. Les autorités sanitaires américaines ne voulurent pas laisser passer cette chance inouïe de voir évoluer jusqu'à son terme une maladie devenue bénigne avec la pénicilline, et donc en voie de disparition. Si les malades de Tuskegee avaient reçu de la pénicilline, ils auraient guéri, et l'étude se serait arrêtée.

Lorsqu'elle fut connue, quelques années plus tard, l'affaire provoqua un profond traumatisme aux États-Unis. Le président Clinton présenta publiquement ses excuses aux survivants le 16 mai 1997. Le souvenir de Tuskegee est régulièrement rappelé dans les contestations contre des essais portant sur des populations fragiles, dans des pays en voie de développement, lorsque les protocoles testés sont à l'évidence de nature différente, de moindre ambition que ceux auxquels sont soumis les citoyens des pays riches. Un exemple en est, en 1997, un essai controversé de prévention de la transmission du sida de la mère à l'enfant en Afrique par un traitement très simplifié, bien moins élaboré que celui dont l'efficacité avait été prouvée aux États-Unis.

Après 1947, toute une série de textes internationaux (Déclaration d'Helsinki en 1964) et de lois nationales ont précisé les principes du Code de Nuremberg. Quoique la plus grande vigilance soit encore de rigueur, la prise en compte des exigences éthiques de la conduite des essais cliniques et, plus généralement, des recherches sur l'Homme est devenue la règle dans les pays développés d'Occident.

Le front du combat pour faire respecter les règles éthiques des essais sur l'Homme s'est aujourd'hui déplacé des pays développés aux pays en voie de développement, où l'arsenal de protection des personnes est souvent encore rudimentaire. La prospection génétique évoquée dans le chapitre précédent n'est qu'un cas particulier d'une tentation ancienne des équipes de pays à haut niveau scientifique de réaliser au Sud des recherches qui seraient soit impossibles, soit inacceptables dans leurs pays d'origine.

Pour éviter ce type de « tourisme médico-expérimental », il importe que les recherches et les essais menés par des chercheurs et des médecins de nations riches dans des pays en voie de développement soient préalablement approuvés, à la fois par les instances éthiques dont dépendent les investigateurs, et par celles compétentes dans la zone géographique de l'essai. Une telle procédure permet de juger les protocoles selon les standards en vigueur dans les pays développés, tout en prenant en compte les particularismes socioculturels des populations concernées.

Médecin et malade

Un autre débat actuel concerne la nature et les limites des devoirs d'un médecin envers ses malades. Nous avons vu de quel paternalisme plus ou moins éclairé émerge la relation médecin-malade, l'attitude du premier étant marquée par le principe de bienfaisance plus que par celui du respect de l'autonomie du second. Dès lors que la relation entre l'un et l'autre est considérée comme étant par essence inégalitaire, mettant face à face celui qui sait et qui peut et un patient par définition ignorant et impuissant, toute allusion à une décision thérapeutique partagée semble sans objet. Or les principes du Code de Nuremberg reposent sur l'idée que rien ne justifie, jamais, qu'un médecin se comporte comme si ses droits étaient supérieurs à ceux de ses malades ou des personnes sur lesquelles il réalise des expériences.

Le détail de l'application des lois de protection des personnes justifie que l'on distingue les soins proprement dits à des personnes malades de la recherche menée sur des volontaires, avec ou sans bénéfice direct pour ceux-ci.

Cependant, du point de vue dont nous considérons ces questions, le même type d'approche peut s'appliquer aux différentes situations. Le principe d'essentielle égalité de droits place deux personnes morales autonomes face à face, un professionnel et… et quoi ? Un malade, lorsqu'il s'agit de lui, n'est-il qu'un client à satisfaire ou, du fait de sa situation particulière, quelqu'un qui appelle au secours ? Étant entendu que toute relation de soins débute par l'information honnête, complète (mais humaine) et claire du malade sur la nature de son mal et les possibilités thérapeutiques, que le choix entre différentes solutions est en dernier ressort laissé au malade, le médecin en a-t-il alors fini de son devoir de solidarité envers une personne souffrante, fragilisée, parfois désemparée ?

Il existe dans le monde, aujourd'hui, une tendance lourde à ramener le respect de la dignité et des droits d'un malade par son médecin à l'information, au recueil du consentement, puis à l'exécution de ce à quoi le patient a consenti, c'est-à-dire uniquement au respect de l'autonomie de la personne. La solidarité envers une personne en situation de faiblesse joue ici peu de rôle, ce qui conduit à une formidable déresponsabilisation de l'acte médical, à laquelle pousse d'ailleurs, à la suite de l'exemple des États-Unis, une pénalisation croissante du rapport médecin-malade.

À la condition d'avoir fait ce que le malade voulait, et même s'il eût fallu faire plus pour l'aider, le médecin peut se considérer comme dégagé de toute responsabilité dans une évolution défavorable qu'il avait prévue et qu'il aurait peut-être pu éviter.

Cette attitude a sa correspondance dans la position extrême de l'individualisme au cœur de la vie sociale ; cela a nom « indifférence » : « Je fais ce que je dois, je respecte l'autonomie des autres qui font ce qu'ils veulent, ce qui leur arrive ne me concerne pas du tout dès lors que je n'ai attenté en rien à leur liberté. » Oserais-je avouer que cette normalisation de la relation entre les médecins et leurs patients correspond peu à l'idée que je me fais d'un devoir de solidarité plus impérieux ici que dans la plupart des rapports humains ? L'autonomie est, certes, l'un des attributs fondamentaux de la dignité ; cependant, elle ne me semble pas la résumer, il lui manque l'altérité, vue comme le contraire de l'indifférence et qui implique la responsabilité.

Comment en effet, tout en respectant ses choix, pourrais-je ne pas me sentir responsable du devenir de cette personne qui m'a demandé secours et en laquelle je vois quelqu'un, certes, irréductible à ma volonté, mais aussi indissociable de mon humanité ?

Ce surplus de présence que réclame une personne en situation de détresse, au-delà du respect de sa volonté, se manifeste dans les situations limites de maladies désespérées et de fin de vie. Un malade atteint d'un mal incurable, ou sa famille s'il s'agit d'un enfant, seront en général prêts à accepter que soit tenté un protocole expérimental souvent présenté comme la tentative de la dernière chance. Ici, par conséquent, le consentement est biaisé, et le respect absolu de la dignité de cette vie, qui n'est amoindrie en rien par la fin prochaine, exigerait que le protocole ne fût proposé que si l'expérimentateur est lui-même convaincu de sa pertinence, c'est-à-dire de ses chances d'effets bénéfiques.

Ou alors, s'il s'agit d'un essai sans bénéfice direct pour le malade, et dont l'innocuité et le caractère indolore doivent alors être assurés, cette personne doit en être informée sans ambiguïté aucune avant que son consentement ne soit recueilli. Malheureusement, je suis loin d'être persuadé que ces règles soient toujours appliquées.

L'intervention médicale en fin de vie est l'objet de débats anciens et douloureux. Il existe aujourd'hui un consensus à peu près général pour reconnaître que la nécessité de l'intervention médicale ne cesse pas avec l'espoir de guérir, et que toute douleur non revendiquée est un scandale qu'il ne faudrait plus tolérer.

Dans ces situations, éviter la douleur, physique et psychique, parfois la terreur d'un mourant, est un devoir qui l'emporte de loin sur la volonté de prolonger la vie. La mort est une des rares expériences que tout homme ne mène qu'une seule fois à son terme ; l'amélioration de ses conditions constitue donc une ardente obligation médicale. Tous les médecins dans cette situation, et moi-même maintes fois, nous avons contribué à abréger des vies dont nous ne savions plus maintenir la qualité.

Tout autre est la situation de la personne qui, atteinte d'une maladie pénible mais non mortelle, craignant la déchéance, âgée, désespérée, demande à un médecin de l'aide pour en finir avec la vie. Il existe un important courant d'idée humaniste revendiquant ce droit de mourir dans la dignité, avec l'aide des médecins, si nécessaire[11]. Plusieurs pays, notamment en Europe, ont prévu des dispositions légales pour, au moins, dépénaliser l'acte d'un médecin qui répondrait à un tel appel.

---

11. H. Caillavet, *À cœur ouvert. Combat pour la raison*, Arléa, Paris, 1994.

Le sujet est d'une extraordinaire difficulté morale, et je me garderai bien de critiquer quelque position que ce soit, ne faisant qu'exposer la mienne propre, nourrie notamment d'une expérience de dix ans de médecine d'urgence. J'ai vu des dizaines de personnes, des deux sexes et de tout âge, qui, après avoir désespérément voulu mourir, ont éperdument aimé vivre, si bien que j'ai la plus extrême réticence à l'idée d'accéder à une demande aussi définitive et irréversible que celle d'interrompre une vie.

À tout le moins, il faudrait reconnaître que lorsqu'une personne abandonnée, désespérée de sa solitude et accablée par le manque d'égards et d'attentions, un vieillard isolé, par exemple, souhaite mourir, la solidarité que peut lui apporter la société passe par la chaleur humaine, l'amélioration de ses conditions de vie, la création de perspectives plutôt que par la satisfaction rapide de son désir de mort. Il est d'ailleurs tellement plus simple d'exaucer un tel désir que de manifester d'autres formes de solidarité que cela incite à une vigilance accrue.

De plus, sans ramener la détresse et le désespoir à une affaire de chimie cérébrale, on sait aujourd'hui que certains déséquilibres de neuromédiateurs, en particulier une baisse de sérotonine cérébrale, jouent un rôle déterminant dans la dépression. Par conséquent, face aux situations évoquées, le plus urgent est de recréer les conditions d'un bien-être psychique par la présence, le dialogue, l'amour…, éventuellement un peu de Prozac (produit augmentant le taux de sérotonine dans le cerveau). Au-delà reste l'irréductible singularité des situations humaines où le discours se tait et où la loi me semble avoir peu de place.

La médecine qui conciliera pleinement le respect de l'autonomie et la manifestation de la solidarité, c'est-à-dire qui s'exercera dans le vrai respect de la personne, reste à inventer : l'objectif est ambitieux, mais j'ai peine à considérer que tout autre soit acceptable.

Essais d'Hommes

Nous venons de voir que les règles à respecter dans des recherches ou des essais thérapeutiques chez l'Homme ont été de mieux en mieux précisées depuis le code de Nuremberg. Outre la nécessité du consentement (éclairé, libre et exprès), ce texte spécifie :

– *article 3*, que « les fondements de l'expérience doivent résider dans les résultats d'expériences antérieures réalisées sur des animaux et dans la connaissance de la genèse de la maladie ou des questions à l'étude, de façon à justifier par les résultats attendus l'exécution de l'expérience » ;

– *article 6*, que « les risques encourus ne devront jamais excéder l'importance humanitaire du problème que doit résoudre l'expérience envisagée ».

Ces prescriptions se retrouvent sous des formes diverses dans la Déclaration d'Helsinki et dans les textes nationaux ultérieurs. Les pratiques d'assistance médicale à la procréation posent, en regard des principes énoncés dans ces textes, un problème singulier. En effet, dans leur phase de mise au point et de développement, elles comportent deux aspects : un essai sur l'Homme… et un essai d'Hommes.

Il est relativement aisé de respecter les règles permettant d'assurer la protection des personnes se prêtant à ces essais. C'est par conséquent le deuxième aspect qui doit retenir toute notre attention, celui par lequel on fait l'essai d'un petit Homme. Les risques d'échec de la procréation sont relativement bénins en regard des risques éventuels de naissance d'un enfant handicapé. D'une certaine manière, ce risque-là est parmi les plus importants de tous ceux que peut prendre un médecin. Cependant, j'ai également discuté dans les chapitres 10 et 11 de la force apparemment irrésistible qui pousse de plus en plus de couples ayant un désir d'enfant inassouvi à exiger qu'on leur propose des méthodes de lutte contre leur infertilité qui préservent la filiation biologique, principalement celle du père.

Les ressorts de cette évolution pourraient être les suivants : la déférence à une singulière morale évolutionniste (voir chapitre 11) ; le fondamentalisme religieux ; l'identification de son patrimoine génétique à l'ensemble du patrimoine qu'un père se doit de léguer à ses enfants dans la société libérale ; et peut-être l'incertitude de ce que l'on pourrait bien léguer de singulier à ses enfants si on ne leur transmettait pas ses gènes, les valeurs et la culture devenant objets banalisés de consommation courante.

Ainsi a-t-on assisté depuis quelques années à la mise au point de techniques de plus en plus élaborées, pour certaines de plus en plus osées, pour repousser les barrières de l'infertilité, aboutissant à ce que l'on appelle l'acharnement procréatif : fécondation *in vitro*, puis concentration du sperme et enfin injection directe de spermatozoïde dans l'ovocyte (ICSI). Cette dernière technique fonctionne remarquablement bien, est aujourd'hui utilisée de manière massive et a permis la naissance de plusieurs milliers d'enfants, sans augmentation patente de malformations chez les nouveau-nés.

Cependant, les conditions d'établissement du succès de cette technique sont historiquement intéressantes en ce qu'elles contreviennent à l'évidence aux règles du Code de Nuremberg. Contrairement à l'article 3, les fondements de l'expérience ne résidaient pas dans des résultats antérieurs obtenus chez l'animal. Contrairement à l'article 6, le risque théorique encouru, celui de la naissance d'enfants malformés, excédait à l'évidence la gravité d'une infertilité. En effet, avant qu'une étude expérimentale ne permît de déterminer que ce risque était très faible, la stérilité du conjoint pouvait trouver sa solution dans l'adoption ou l'insémination avec sperme de donneur. Cependant, l'essai d'Homme fut tenté, et réussi.

Je crois bien que, de tous les domaines de la médecine, celui des techniques d'assistance médicale à la procréation est le seul où l'on s'autorise aujourd'hui ces expériences dont la réussite ou l'insuccès doivent être directement établis d'après la survenue d'une grossesse et l'état de l'enfant né. Le vertige du succès ressenti par des biologistes qui ont, dans les dernières années, réalisé tant de tentatives incertaines, et néanmoins fructueuses, les conduit à aller implacablement de l'avant, chaque obstacle franchi les amenant à relever un nouveau défi : de plus en plus fort…, de plus en plus fou ?…. Jusqu'au clonage reproductif dans des situations où cela semblerait la seule solution pour assurer une filiation par le sang d'un homme sinon irrémédiablement stérile ?

C'est à une situation intermédiaire que s'est attaquée en 1999 une équipe franco-italo-turque[12, 13].

Chez certains hommes, la spermiogenèse (différenciation des cellules souches germinales mâles en gamètes) est bloquée avant le stade des spermatides potentiellement fécondants. Après biopsie testiculaire

12. J. Tesarik et al., « Restoration of Fertility by *in vitro* Spermatogenesis », *Lancet*, 358, 555-556, 1999.
13. E.K. Steele et al., « Science Versus Clinical Adventurism in Treatment of Azoospermia », *Lancet*, 358, 516-517, 1999.

et mise en culture du tissu glandulaire, on assiste, dans certaines conditions, à une reprise de cette spermiogenèse et à l'apparition de spermatides potentiellement fécondants. De fait, trois grossesses auraient été obtenues par injection de ces gamètes mûries artificiellement dans des ovules.

À nouveau, nous nous trouvons ici dans une configuration d'« essais d'Hommes » sans expérience préalable suffisante permettant de s'assurer de l'« innocuité » de la technique. Or, nous l'avons vu, « innocuité » signifie ici non seulement succès ou insuccès de la fécondation – cela n'est, à la limite, pas très grave –, mais aussi et surtout qualité de l'enfant à naître : absence de malformations, absence de susceptibilité à des maladies, développement psychomoteur normal après la naissance… Or il y a au moins des raisons théoriques d'être inquiet, et par conséquent, plus encore que dans le cas de l'ICSI simple, nécessité de s'efforcer de lever ces inquiétudes avant que d'aller, le cas échéant, de l'avant.

La gamétogenèse, c'est-à-dire la différenciation des gamètes, ovules et spermatozoïdes, est un processus complexe au cours duquel l'A.D.N., support des gènes, subit de nombreuses modifications. Au cours de ce processus, les cellules à quarante-six chromosomes donnent des gamètes à vingt-trois chromosomes – ce que l'on appelle la méiose –, et des échanges chromosomiques (*crossing over*) entre chromosomes d'une même paire (l'un venant du père et l'autre de la mère) se produisent obligatoirement.

De plus, un sceau parental est imposé sur certains gènes, actifs ou inactifs selon qu'ils sont transmis par les gamètes mâles ou femelles. Des anomalies dans ce processus de sceau (ou empreinte parentale) sont à l'origine de syndromes malformatifs et d'une susceptibilité particulière à des cancers, par exemple, un cancer du rein de l'enfant appelé tumeur de Wilms ou néphro-blastome. On ne connaît strictement rien du déroulement de ces événements complexes lorsque la gamétogenèse se produit *in vitro* (hors de l'organisme, en culture de cellules). Par exemple, les dernières étapes de la sper-miogenèse prennent au moins trois jours dans les testi-cules et un jour seulement dans les conditions de culture récemment rapportées, de telle sorte qu'il est à craindre que cette maturation accélérée ne modifie la recombi-naison de l'A.D.N. ou l'empreinte des gènes.

Encore un défi lancé par les biologistes de la repro-duction humaine au nom de l'acharnement procréatif. Il faut noter que ce défi, s'il est perdu, ne serait pas sup-porté par eux seuls mais aussi par cet enfant improbable et incertain dont ils auraient permis, malgré tout, la naissance, et par ses parents, quelque aveuglés qu'ils aient pu être par leur irrésistible désir de descendance biologique.

Au jeu de « quitte ou double » vient le moment où l'on perd, c'est-à-dire où d'autres sont perdus. Décidé-ment, il est urgent d'étendre aux essais de nous-même la protection que, dans la douleur et le drame, nous avons fini par nous assurer en tant que malades et objets potentiels d'expérience.

Ces essais d'Hommes peuvent être des échecs, et quoi de plus terrible pour un médecin qu'être intervenu pour qu'émerge une vie malvenue, vouée au malheur, petit être inachevé comme pouvait l'être la créature de Victor Frankenstein, mais, lui, sans même la possibilité de se venger (voir chapitre 6). Le malheur peut d'ailleurs n'être pas dû à la malfaçon, mais simplement à l'impossibilité d'être aimé, renvoyant là encore à notre mythique créature à qui son créateur a refusé l'âme sœur.

En septembre 1997, des dépêches d'agence nous racontaient une bien curieuse histoire, un fabliau des temps modernes qui s'alimente des possibilités infinies offertes par le Ka⁻ma-su⁻tra procréatif. Un homme et une femme, mariés, sont tous deux stériles mais, néanmoins, désirent un enfant, ce qui semble là d'une parfaite légitimité. Et alors que croyez-vous qu'il arriva ? Tout esprit sensé et rationnel proposerait une solution banale par son évidence même : il existe, malheureusement, de par le monde, des enfants déjà nés qui ont le malheur de n'avoir point de foyer, point de parents. Des parents sans enfant et sans espoir d'en avoir d'un côté, des enfants sans parents de l'autre, l'adoption semble s'imposer, tout à la fois réalisation d'un désir d'enfant et acte de solidarité d'une profonde humanité. Mais je ne sais si cette éventualité a même affleuré l'esprit de notre couple, qui a trouvé beaucoup plus simple de piocher dans le sac à malices des techniques dérivées de l'« assistance médicale à la procréation ».

Puisque, à défaut de matrice, d'ovules féminins et de spermatozoïdes masculins, ce couple avait des dollars – cela se passe en Amérique –, ils ont acheté, sur le marché, des gamètes féminins et masculins et ont demandé à un biologiste de la reproduction de réaliser une fécondation *in vitro*.

Il fallait encore placer cet embryon là où il devait se développer, dans le ventre d'une femme. Qu'à cela ne tienne, une mère porteuse fut embauchée, qui mena la grossesse à terme. L'enfant, une petite fille, naquit donc ; elle avait deux ans en 1997.

Manque de chance pour elle, le couple – il est un peu difficile de parler des parents – se sépare peu après la naissance et le père refuse de reconnaître cet enfant qui n'avait vraiment rien de lui, et même de verser une pension alimentaire pour ce rejeton venu on ne sait d'où !

Reste une solution à la mère, que la justice ne reconnaît pas comme telle, puisqu'elle n'est pas la mère biologique et qu'elle n'a pas accouché de cet enfant : l'adopter après en avoir commandé la fabrique. Mais, alors, ce serait une décision qui lui reviendrait, et elle perdrait ainsi tout droit à la revendication d'une pension alimentaire versée par son ex-époux, ce à quoi elle se refuse. Ainsi, cette petite fille, commandée par quelqu'un, fabriquée grâce à la coopération de divers partenaires, n'est-elle l'enfant de personne.

Cette histoire saugrenue, exceptionnelle, symbolise l'évolution des critères de la parentalité dans certaines couches de nos sociétés. Pour avoir un enfant à tout prix, son enfant, les techniques de l'acharnement procréatif offrent un éventail croissant de solutions, offrant à l'Homme la possibilité de transmettre ses gènes et à la femme, si elle ne le peut pas ou ne le peut plus, d'accoucher au moins de l'enfant, se l'appropriant ainsi.

Parfois, cependant, ces deux sources évidentes des sentiments paternels et maternels sont inaccessibles. L'histoire que je viens de rappeler montre qu'a émergé alors une autre source d'appropriation de l'enfant : l'avoir conçu avec « ses » ovules et « ses » spermatozoïdes… puisqu'on les a achetés ; avoir permis son développement dans « son » utérus, puisqu'on l'a loué. Quand on a des dollars, est-il vraiment indispensable d'avoir le reste ? Et puis, parfois, les choses traditionnelles de la vie refont surface, la belle mécanique s'enraie, et une petite fille, de personne, est néanmoins là, qui aurait bien des comptes à demander.

Pour éviter ces folies, ne suffirait-il pas de prendre toute la mesure d'une évidence juridique et d'une exigence éthique : l'enfant est une personne à part entière en situation de fragilité et doit donc être protégé, par les parents chaque fois que possible, par la loi quand c'est nécessaire ? L'enfant n'est la chose de personne, pas même de ses parents, qui ont le droit de l'avoir et le devoir de le respecter dans son irréductible singularité. La situation de cette petite personne en péril devrait par conséquent toujours être prise en compte dans la réflexion sur les situations rendant possible ou probable sa survenue, et parfois dans leur réglementation.

L'enfant est souvent présenté comme le principal bénéficiaire de l'évolution des sociétés riches, et la plus habituelle victime du sous-développement et des crises dans les pays pauvres. Si le second terme de la proposition est incontestable, le premier l'est-il ? Dans nos pays marqués par la dénatalité, l'enfant, objet rare désiré, ne cristallise-t-il pas tous les désirs, tous les fantasmes de possession, et n'est-il pas, en retour, le lieu où s'affrontent les antagonismes, où se réalisent les déchirures ?

Il me semble que l'affirmation selon laquelle l'enfant est, dans nos sociétés développées, le centre de toutes les attentions masque le fait que, plus que l'enfant lui-même, c'est l'idée de l'enfant, objectivation d'un désir pulsionnel et de projets personnels, antidote contre l'indicible angoisse de la finitude, qui campe au cœur de l'imaginaire individuel et social. C'est le surinvestissement des parents dans cet appendice d'eux-mêmes qui menace le plus, chez nous, l'épanouissement des garçons et des filles, et cela dès avant leur naissance. Le respect de l'enfant, comme de toute autre personne, passe, certes, par une solidarité active, ici un engagement à s'en occuper qui est implicite dans la décision de sa venue au monde, mais aussi dans la capacité à admettre, à faciliter et à accompagner le processus de sa distanciation et de sa différenciation.

À cet égard, on pourrait adapter à notre époque, pour des pères, le dilemme devant lequel Salomon place deux femmes qui revendiquent un bébé : le roi propose de couper l'enfant en deux, et d'en remettre une moitié à chacune, puisqu'elles ne parviennent pas à s'entendre. La fausse mère accepte, la vraie mère non. Elle préfère que cet enfant vive, avec une autre, loin d'elle. Elle est LA mère.

Imaginons maintenant que l'on donne à deux hommes stériles le choix suivant : « Vous pouvez avoir un enfant avec cette femme par deux moyens. Soit votre compagne sera inséminée avec un sperme de donneur. Cet enfant que vous avez voulu avec cette femme naîtra dans votre couple. Vous l'accompagnerez, vous l'aimerez, vous lui communiquerez tout ce que vous croyez nécessaire à son épanouissement autonome, mais aussi vos valeurs et votre vision du monde, avec les moyens de se les réapproprier ou, le cas échéant, de s'en écarter. Les risques d'anomalie de développement de cet enfant sont faibles, mais il ne sera pas de votre sang. Si vous ne supportez pas que cet enfant porte les gènes d'un autre, on peut tenter de surmonter votre stérilité par des techniques encore non validées et incertaines quant à leur efficacité aussi bien qu'à leurs résultats chez l'enfant, s'il naît. Le risque qu'il ait des problèmes physiques ou psychiques à son épanouissement est, a priori, plus grand que pour un enfant issu d'une procréation normale. »

Entre l'homme qui choisit la première solution et celui qui préfère la seconde, lequel semble être le père le plus authentique ?

On assiste depuis plusieurs années, à travers le monde, à un vaste mouvement de protestation contre l'anonymat des donneurs de sperme, considéré comme une atteinte aux droits de l'enfant ajoutant à l'horreur de cet adultère médicalisé que représente l'insémination des femmes avec sperme de donneur ; cela justifie toutes les audaces procréatiques pour l'éviter.

Je ne suis pas surpris par ce discours, il s'intègre à la montée de cette absurdité intellectuelle, déjà dénoncée, qui consiste à en appeler au respect d'une morale naturelle évolutionniste : dans le monde animal, nous l'avons vu dans le chapitre 12, le seul but de la procréation est de transmettre ses gènes, il est donc contre nature, immoral, d'imaginer une forme de procréation dans laquelle, en toute connaissance, on élèverait un petit ayant les gènes d'un autre !

J'ai cependant plusieurs fois insisté sur le phénomène d'interférence entre les mécanismes de l'évolution et la capacité propre de notre cerveau, un autre produit de l'évolution, à réinterpréter des comportements innés ; il s'agit là d'un processus spécifiquement humain. Je suis donc parfois surpris quand tout un courant psychanalytique[14] fait chorus avec une ligne de pensée relevant de la sociobiologie appliquée à l'homme pour décréter que, hors de la vérité des origines biologiques, il n'y aurait point de salut. La rencontre entre deux déterminismes, celui des gènes et celui de l'inconscient pulsionnel, m'inquiète.

Médecin généticien, je sais qu'en Europe comme aux États-Unis entre 5 et 10 % des enfants des couples féconds ont un père biologique différent de leur père légitime. Les enfants l'ignorent le plus souvent, et, lorsque l'homme l'ignore aussi, personne n'a jamais imaginé que l'enfant concerné ait un handicap quelconque par rapport à ses demi-frères et sœurs. Je ne vois pas pourquoi il n'en irait pas de même avec les enfants nés par insémination avec sperme de donneur.

---

14. G. Delaisi de Parseval, P. Verdier, *Enfant de personne*, Odile Jacob, Paris, 1994.

Il faut, je crois, faire preuve ici de l'empirisme le plus absolu. Si le couple banalise les circonstances de la procréation, ne voyant pas de raison pour différencier sa relation à l'enfant de celle de couples féconds, il serait bien irresponsable de jeter la perturbation dans cette famille et risquer de déstabiliser un enfant qui ne se pose aucune question de cet ordre.

Si les parents, pour des raisons personnelles – que je ne partage pas moi-même, mais qui peuvent devenir impérieuses en fonction du vécu du couple –, ont choisi d'informer leur enfant du mode de procréation dont il est issu, alors se pose en effet le problème de la réponse qu'il faut apporter à sa quête éventuelle, parfois douloureuse, de son père biologique.

Il est sans doute possible de mettre en place un système de nature à donner accès à des informations pertinentes sur le géniteur si cela se révèle nécessaire pour des raisons d'ordre psychologique ou pathologique, par exemple une affection génétique. Ces informations ne devraient pas, néanmoins, conduire à l'identification du donneur sans son consentement.

Décidément, sachant que nous avons génétiquement la possibilité de desserrer l'étreinte biologique de nos gènes, pourquoi devrions-nous nous résigner au pouvoir de ce gène égoïste, tyran implacable mis en scène par Dawkins ?

Chapitre 15

Santé, Inégalités, Solidarité

Qu'est-ce que la santé ? Pour les médecins, c'est avant tout l'absence de maladie. Galien disait que la santé était « un état dans lequel nous n'éprouvons pas de douleur et ne sommes pas entravés dans les fonctions de la vie quotidienne ». Quelque dix-huit siècles plus tard, le chirurgien français René Leriche, spécialiste de la douleur, considère la santé comme « la vie dans le silence des organes[1] ».

Entre les deux, nous l'avons vu au chapitre précédent, la vision médicale de la maladie s'est transformée en profondeur. Depuis Hippocrate et jusqu'au Moyen Âge, le médecin est face à l'homme cosmique, dont les humeurs en équilibre interne – le microcosme – sont en interaction permanente, en résonance avec les forces

1. R. Leriche, *La Chirurgie de la douleur*, Masson, Paris, 1936.

astrologiques – le macrocosme. La médecine consiste avant tout à préserver ces équilibres… et à leur permettre de se rétablir lorsqu'ils sont perturbés chez une personne malade. *Primum non nocere*, recommande prudemment Hippocrate, et il est d'abord largement écouté jusqu'à l'émergence, à la fin de l'Empire romain et au Moyen Âge, d'une attitude de lutte plus active contre la maladie et la souffrance.

Avec Descartes, Bacon, Leibniz et bien d'autres, c'est la vision de l'homme machine qui s'impose, justifiant tant d'efforts maladroits de « réparation » de la médecine classique, jusqu'au XIXe siècle.

C'est alors le temps des saignées et des clystères destinés à contrecarrer les effets d'un mécanisme qui s'emballe, d'humeurs qui s'échauffent. La progression des connaissances cliniques contrastant avec la persistance de l'impuissance thérapeutique remettra à l'ordre du jour, au XIXe siècle, la prudence hippocratique : la santé se préserve, par diverses mesures d'hygiène et la vaccination, mais c'est avant tout grâce à la bonne nature qu'on la recouvre.

Enfin, nous avons vu comment l'avènement des médicaments devait raviver au XXe siècle, et surtout à partir de 1930, l'interventionnisme médical dans la lutte contre les maladies. Mais avait-on alors trouvé vraiment la recette chimique de la santé ? Pour le médecin, peut-être, s'il pouvait rétablir le « silence des organes ». Pour le malade, les choses sont moins sûres. Mme de Maintenon, évoquant ses moments de faiblesse et d'abattement, disait déjà : « Selon le docteur, je suis fort bien, et selon moi, je suis fort mal[2]. » Elle évoquait

---

2. G. Vigarello, La santé : d'une définition négative à une vision positive, *in* « *La santé, usages et enjeux d'une définition* », revue *Prévenir*, n° 30, p. 55-59, Marseille, 1996.

ainsi l'irréductibilité de la santé « ressentie » par les personnes à celle évaluée par les médecins. René Leriche reconnaissait d'ailleurs que l'on pouvait parler de la maladie du malade... et de celle du médecin[1].

Pour les personnes en général, la santé est une notion abstraite que l'on ne définit guère que de façon négative : c'est ce que l'on désire recouvrer quand on l'a perdu, afin de retrouver sa liberté d'agir à sa guise : sur la santé revenue... sur le risque disparu... j'écris ton nom Liberté, (Paul Éluard). Si la santé n'est ainsi « qu'une visée, un but jamais mieux précisé que lorsqu'on y revient après un écart » (Henri Pequignot, 1995)[3], la « bonne santé » est plus familière : c'est ce que l'on se fête avec la bonne année, en levant son verre.

Partout dans le monde[4, 5, 6, 7], les personnes interrogées sur ce que signifie « être en bonne santé » font référence, au-delà de l'absence de maladie, à la possibilité de réaliser ce qu'ils désirent, au bien-être physique et psychique. Être en bonne santé, c'est être : « bien dans sa tête, bien dans son corps », pouvoir, selon les cas, pêcher à la ligne, travailler efficacement, être

3. J. Tichet, « Réconcilier intérêt collectif et intérêt individuel », *in* « La santé, usages et enjeux d'une définition », p. 77-82.

4. P. Aïach et N. Vernazza-Licht, « De la santé à la bonne santé, analyse à deux voix d'un micro-trottoir », *in* « La santé, usages et enjeux d'une définition », p. 101-104.

5. Y. Jaffré, « Les traits discrets de la santé et de la prise en charge du malade dans un village du Mali », *in* « La santé, usages et enjeux d'une définition », p. 115-122.

6. M. Metboul, « Les mots pour dire la santé, en Algérie, aujourd'hui », *in* « La santé, usages et enjeux d'une définition », p. 123-128.

7. M. Viveros et H. Salcedos, « Définition institutionnelle et définitions profanes de la santé. Analyse du cas colombien, à partir de deux enquêtes », *in* « La santé, usages et enjeux d'une définition », p. 129-143.

mobile… ou capable de réaliser des performances sportives. La bonne santé ressentie est donc une valeur purement individuelle, rétive à toute tentative de quantification normative rigide.

La santé pour l'Organisation mondiale de la santé

En 1946, au sortir de la guerre, une poignée de diplomates et d'hommes politiques, assistés de très rares médecins de santé publique, préparent la création d'une nouvelle organisation internationale de santé. La période est à l'optimisme : les Nations unies ont vaincu la bête immonde de la barbarie fasciste, la pénicilline est capable de combattre avec succès la syphilis, les pneumonies et bien d'autres infections jadis mortelles, le monde a recouvré la santé, puisqu'il est en paix. La Santé, c'est la paix et la liberté, la possibilité de l'épanouissement de l'Homme. Les représentants des pays du bloc soviétique, encore bien intégrés au sein de la coalition victorieuse, insistent sur la dimension sociale des conditions propices à l'épanouissement des personnes et des pays, et donc de la santé. La définition de la santé du préambule de la Constitution de l'O.M.S., adopté le 22 juillet 1946, reflète cette période et constitue un appel aux gouvernements du monde entier.

> *Les États parties à cette Constitution déclarent, en accord avec la Charte des Nations unies, que les principes suivants sont à la base du bonheur des peuples, de leurs relations harmonieuses et de leur sécurité :*
> *La santé est un état de complet bien-être physique, mental et social, et ne consiste pas seulement en une absence de maladie ou d'infirmité.*

La possession du meilleur état de santé qu'il est capable d'atteindre constitue l'un des droits fondamentaux de tout être humain, quelles que soient sa race, sa religion, ses opinions politiques, sa condition économique et sociale.

La santé de tous les peuples est une condition fondamentale de la paix du monde et de la sécurité ; elle dépend de la coopération la plus étroite des individus et des États.

Les résultats atteints par chaque État dans l'amélioration et la protection de la santé sont précieux pour tous.

L'inégalité des divers pays en ce qui concerne l'amélioration de la santé et la lutte contre les maladies, en particulier les maladies transmissibles, est un péril pour tous.

Cette définition – « un état de complet bien-être physique, mental et social » – sera bientôt vivement critiquée, à la fois par les médecins et les gouvernements. Elle sera jugée trop globale, trop idéaliste, démagogique, statique, non opérationnelle, d'autant plus que ce seront très tôt les médecins, d'une totale discrétion lors de l'élaboration de ce texte, qui seront partout dans le monde aux commandes des systèmes de santé, à l'O.M.S. aussi bien que dans les différents pays.

Et puis l'optimisme de 1946 fait vite place à plus de scepticisme, de cynisme et de résignation. La guerre froide succède à l'apparente harmonie des vainqueurs et, surtout les inégalités, loin de s'atténuer, augmentent partout. La marée montante de ces désillusions est bien perceptible dans la succession des déclarations issues des conférences internationales de l'O.M.S. : Alma-Ata en 1978, Ottawa en 1986, Adélaïde en 1988 et Sundsvall en 1991[8]. Au début, on rappelle la définition de 1946 (Alma-Ata et Ottawa), puis l'on cesse d'y faire référence.

Devant la dure réalité, l'O.M.S. en revient à des considérations plus pratiques : éducation et promotion de la santé, préservation de l'environnement, effort particulier en direction des femmes, etc. Enfin, le ton de la Conférence de Sundsvall, en 1991, est franchement pessimiste, sinon résigné, tranchant totalement, quarante-cinq ans après, avec l'optimisme des premiers temps.

> *Évoquant ensemble les questions de santé et d'environnement de notre temps,* (les participants) *ont noté que des millions d'individus vivent dans la pauvreté et le dénuement le plus extrême, dans un environnement de plus en plus dégradé qui menace leur santé, faisant de l'instauration de la santé pour tous d'ici à l'an 2000 un objectif très difficile à atteindre. Pour progresser, il faut veiller à ce que l'environnement – physique, social, économique et politique – favorise la santé, au lieu de lui nuire.*

> *Le fossé qui se creuse, aussi bien à l'intérieur des pays qu'entre pays riches et pays pauvres, traduit les inégalités qui existent dans le domaine de la santé, et cela est inacceptable. Des mesures s'imposent d'urgence pour instaurer la justice sociale dans le domaine de la santé. Dans les villes comme dans les campagnes, des millions d'individus vivent dans la pauvreté et dans un dénuement extrême, dans un milieu qui se dégrade*

---

8. Les définitions de l'O.M.S. Documents, *in* « La santé, usages et enjeux d'une définition », revue *Prévenir*, p. 7-36.

de plus en plus. Un nombre imprévu et alarmant de personnes subissent les conséquences tragiques des conflits armés pour la santé et le bien-être. La croissance démographique rapide compromet sérieusement les chances d'un développement durable. Nombreux sont ceux qui sont obligés de survivre sans eau propre, sans alimentation correcte, sans abri et sans assainissement.

La pauvreté frustre les gens de leurs ambitions et de leurs aspirations à un avenir meilleur, tandis que les limites de l'accès aux structures politiques nuisent à l'autodétermination. Pour beaucoup, l'instruction est inexistante ou insuffisante ou, sous ses formes actuelles, incapable de donner les moyens d'agir. Des millions d'enfants n'ont pas accès à un enseignement de base et ne peuvent guère espérer en un avenir meilleur. Les femmes, qui représentent la majorité de la population mondiale, sont encore opprimées. Elles sont sexuellement exploitées et les discriminations dont elles sont victimes sur le marché du travail et dans bien d'autres domaines les empêchent de jouer pleinement leur rôle dans la mise en place d'environnements plus favorables.

Dans le monde, plus d'un milliard de personnes n'ont pas d'accès adéquat à des soins de santé essentiels. Les systèmes de santé doivent évidemment être renforcés. La solution à ces problèmes considérables réside dans des mesures d'action sociale en faveur de la santé et dans les ressources et les capacités d'innovation des individus et des communautés. Pour tirer parti de toutes ces possibilités, il faudrait que nous modifiions radicalement notre façon de concevoir la santé et

*l'environnement et que se dégage un engagement
politique clair et énergique en faveur de politiques
de santé et d'environnement durables. Les solutions doivent être cherchées au-delà des limites du
secteur traditionnel de la santé.*

Les deux mots d'ordre de la Conférence de Sundsvall
pour tenter d'enrayer cette évolution se situent en effet,
comme l'annonce la dernière phrase, hors du champ
médical : il s'agit de l'action sociale et de l'écologie
dont la condition est le développement économique :
« *Le développement doit permettre l'amélioration de la
qualité de la vie et de la santé tout en préservant l'environnement* », concluent les délégués à Sundsvall (voir
chapitre 8).

Aujourd'hui, la situation est bien loin d'avoir évolué
dans le bon sens. Entre 80 à 85 % de dépenses de santé
du monde sont réservées aux 20 % des habitants du
globe qui sont citoyens des pays développés alors que
80 % de la population n'a droit qu'à 15 à 20 % de ces
dépenses. Le sida est apparu, qui a aggravé jusqu'au
paroxysme cette situation : 92 % des dépenses de prévention de l'infection et des soins aux malades et aux
personnes infectées se retrouvent dans les pays industrialisés alors que 92 % des individus séropositifs et des
malades vivent dans les pays en voie de développement.

La différence d'espérance de vie est de vingt-cinq à
trente ans entre pays riches et pays pauvres et la mortalité infantile reste quinze fois supérieure chez les
seconds[9]. De nouveaux foyers de grande pauvreté, donc
de mauvaise santé, sont apparus dans le « quart

9. J. Mann, « L'égalité devant la santé dans un monde d'inégalités ». Un défi, *in* « La santé, usages et enjeux d'une définition », revue *Prévenir*, p. 217-224.

monde » des exclus des pays riches et dans les anciens pays du bloc soviétique, la Corée du Nord, une partie de l'Indochine. En Russie, en Ukraine, en Biélorussie et en Roumanie, les chiffres de mortalité infantile et la longévité se sont dégradés ces dix dernières années, plaçant ces pays dans une situation juste intermédiaire entre celle du monde occidental et de l'Afrique subsaharienne.

Ce dont témoignent ces évolutions, c'est de l'impuissance d'une médicalisation de la santé publique à en assurer l'amélioration, voire à en enrayer le déclin généralisé, puisque la cause principale de la mauvaise santé, c'est la pauvreté. Or les médecins ne savent pas bien soigner cette maladie-là !

Durant mon service national à la coopération, en 1967-1968, en République centrafricaine, j'ai vécu douloureusement le contraste entre l'indispensable effort d'assistance médicale aux pays pauvres et sa totale incapacité à apporter la santé à leurs peuples. Bénéficiant du titre pompeux de « médecin-chef de la province de Haute-Kotto », j'étais en fait seul médecin… et chirurgien ! pour un territoire grand comme deux ou trois départements français, aidé à l'hôpital de la préfecture Bria par un personnel africain exemplaire, sur la brèche jour et nuit, du chauffeur du groupe électrogène à l'assistant technique qui m'assistait dans les interventions chirurgicales. Sans radiologie, sans transfusion sanguine, nous sauvions des malades.

Lorsque les campagnes de vaccination contre la rougeole n'étaient pas menées trop tard, après la survenue des épidémies meurtrières, elles protégeaient la vie de milliers de nourrissons. Dans quelques dispensaires de brousse, des infirmiers formés à la hâte et disposant d'un minimum de médicaments et d'équipement donnaient néanmoins des conseils d'hygiène, désinfectaient les plaies et m'avertissaient par radio lorsque des cas nécessitaient un transfert des malades.

Malgré ses criantes insuffisances, ce système rendait d'immenses services et évitait la mort de nombreuses personnes, en particulier d'enfants. Ils pouvaient alors rejoindre la cohorte des Africains qui, sans ressources, quittaient les campagnes et s'agglutinaient, comme partout dans le monde, dans des bidonvilles poussant comme des champignons autour de la capitale, Bangui.

J'avais donc, jeune médecin, sauvé des vies, des vies d'enfants, surtout, dont le regard éteint qui s'animait à nouveau, dans lequel on pouvait percevoir la renaissance de l'univers enchanté et rieur de l'enfance, me remplissait d'un bonheur quasi extatique. J'avais fait mon travail, il avait réussi (dans ces cas, car l'échec, fréquent, entraînait les sentiments inverses), j'étais alors comblé ; il fallait le faire, et je l'avais fait. Cependant, je n'avais ainsi œuvré en rien à l'amélioration de la santé des habitants de la République centrafricaine, j'avais même, peut-être, à une petite échelle, contribué à créer les conditions d'un mal-être social engendrant une dégradation de la santé pire, en un sens, que ce à quoi j'avais remédié.

Vingt ans après, à l'occasion d'une tournée de conférences à Bogota, en Colombie, j'ai ressenti la même impression d'absurdité. Ici, c'est dans des centres hospitaliers modernes, pratiquant la chirurgie cardiaque, que je me rendais. Mais, gagnant sur la montagne au-dessus du plateau de Bogota, se développe là-bas un enchevêtrement humain créant un univers de malédiction, de ceux que peignait Jérôme Bosch lorsqu'il voulait évoquer l'enfer ou représenter la désolation associée aux guerres et autres folies humaines.

Sur ce versant non viabilisé, les eaux dévalant les monts emportent, après chaque orage important, quelques misérables cabanes et leurs habitants. Lorsque le temps est beau, la température fraîche à ces altitudes, que les bruits de quelques fêtes parviennent jusque-là de la ville, issues de riches propriétés gardées par des milices privées armées jusqu'aux dents, on trouve au bas de la pente, en bordure de la civilisation, de singulières statues humaines, hommes et femmes sans âge, presque sans forme, figées par la misère comme par le gel, la main tendue qui n'a plus même la volonté de l'être vers quelqu'un, le grand regard mort, brûlé par le désespoir.

Alors, ici, à Bogota, plus encore qu'hier dans les faubourgs de Bangui, je ne pouvais éviter de m'interroger sur cette civilisation étrange qui est capable de faire rouler un engin téléguidé sur la planète Mars, de faire communiquer entre elles des personnes partout dans le monde, mais s'accommode, semble-t-il, fort bien que de ses desseins émerge aussi une nouvelle forme de barbarie.

Ainsi, la reconnaissance que l'obstacle principal à l'amélioration de la situation sanitaire est le mal-être social et la misère redonne à la définition de 1946 de la santé par l'O.M.S., à sa référence au bien-être non seulement physique mais aussi mental et social, toute sa valeur ; peut être cette définition est-elle idéaliste et trop large, peu opérationnelle : cependant, s'en écarter, c'est également s'interdire de poursuivre avec quelques chances de succès l'objectif d'une amélioration authentique de la santé.

Les relations entre santé et bien-être social sont donc évidentes, et nous verrons qu'elles ne se limitent pas, en fait, aux conséquences de la misère. Quant à l'importance du bien-être mental dans la santé ressentie, et même dans le « silence des organes » de Leriche, elle est elle aussi largement reconnue. Prenons l'exemple de deux jeunes gens de vingt-cinq ans, actifs, peut-être sportifs, amoureux, ayant un bon métier ; ils sont bien et se reconnaissent en bonne santé. Chez l'un, on détecte une séropositivité pour le virus du sida, et chez l'autre un test génétique identifie des mutations laissant prévoir la survenue d'un cancer du sein ou d'une chorée de Huntington. Ce jeune homme, cette jeune femme se diront-ils encore en bonne santé après la révélation de leurs résultats ?

Très probablement, non, parce que leur bien-être mental aura été affecté, ce qui retentira sur leur bien-être physique, allant jusqu'au réveil des organes silencieux du temps de l'ignorance et de l'insouciance.

Par ailleurs, l'une des menaces principales pour la santé, outre la pauvreté, est représentée par les conduites à risque qui sont elles-mêmes en relation directe avec le « mal-être mental ».

Pathogénicité des inégalités

Constater, comme nous venons de le faire, que sous-développement, misère et santé sont antinomiques, est universellement admis. L'éducation insuffisante, l'insalubrité des logements, la mauvaise qualité de l'eau, le déséquilibre ou l'insuffisance de la nourriture, le dénuement des centres de soins et l'inaccessibilité des traitements modernes expliquent aisément ce phénomène. Cependant, si là se situaient les seules explications de l'effet des conditions sociales sur la situation sanitaire, il faudrait s'attendre que les sociétés libérales développées permettent à tous leurs citoyens, du moins à tous ceux qui sont intégrés à la vie économique, disposent d'un emploi et sont donc couverts par des systèmes d'assurance maladie, de jouir d'une même espérance de bonne santé. En effet, toutes ces personnes ont accès aux services de santé, sont alphabétisées et sont ainsi accessibles aux efforts publics de promotion de la santé. Or les inégalités sociales restent étroitement corrélées aux inégalités en matière de santé.

En 1991-1992, le CREDES (Centre de recherche et d'étude en économie de la santé), organisme public français, a ainsi observé que le vieillissement relatif (c'est-à-dire la différence entre l'âge réel et celui calculé d'après des indices de morbidité liés à l'âge dans la population générale moyenne) est avancé de 2,4 ans chez des ouvriers spécialisés (qui vieillissent donc prématurément) et est retardé de 2,3 ans chez les cadres supérieurs (qui vieillissent donc moins vite). Cette différence entraîne ainsi une énorme inégalité de qualité et de durée de vie après la retraite. Les uns connaissent une retraite brève, souvent en mauvaise santé, alors que les autres peuvent espérer jouir d'une retraite prolongée et en bonne santé. Les meilleures corrélations entre le vieillissement relatif et les paramètres socio-éducatifs sont le revenu moyen et le niveau d'études[10].

La persistance d'un important gradient de santé, parallèle au gradient social et résistant à l'amélioration des conditions économiques, est également illustrée par une étude britannique citée par Jonathan Mann, ardent défenseur des droits de l'Homme et héraut de l'aide aux pays d'Afrique en proie à l'épidémie de sida, disparu dans l'accident du vol New York-Genève en 1998[9]. En Grande-Bretagne, le taux de mortalité par tranche d'âge était, en 1981, deux fois et demie moins élevé dans les

---

10. A. Mizrahi et A. Mizrahi, « Concepts et mesures de l'état de santé en socio-économie dans les travaux du CREDES » *in* « La santé, usages et enjeux d'une définition », revue *Prévenir*, p. 155-165.

couches sociales aisées que dans les couches pauvres. Chez les fonctionnaires britanniques, le taux de mortalité masculine dans la tranche d'âge quarante-soixante-quatre ans était 3,5 fois plus important à la base de la hiérarchie qu'à son sommet. Ces inégalités non seulement ne diminuent pas, mais semblent s'accroître : l'écart du taux de mortalité entre couches supérieures et inférieures de la société britannique était de 1,6 en 1911 pour atteindre les 2,5 déjà signalés en 1981.

Entre 1989 et 1991, dans la partie orientale de l'Allemagne et après la chute du Mur, le revenu moyen par habitant a progressé de 30 %, mais la mortalité et les suicides ont également augmenté alors que la fertilité continue de baisser.

Aux États-Unis, le taux de mortalité des citoyens noirs et hispaniques est nettement plus élevé que celui des Blancs ; on considère qu'un tiers de ce différentiel est expliqué par le moindre statut socio-économique, un tiers par les conduites à risque... et un tiers par des facteurs inconnus. En réalité, ces trois tiers de la différence entre Blancs et Noirs face à la santé relèvent sans doute d'un déterminant commun, le même que celui impliqué dans les disparités déjà évoquées en France, en Grande-Bretagne et en Allemagne : les inégalités indépendamment du niveau de vie absolu. Ce dernier joue à l'évidence un grand rôle quand il confine à l'extrême pauvreté. Cependant, l'inégalité sociale par elle-même semble être pathogène, probablement par conjonction de plusieurs mécanismes bien suggérés par la définition de l'O.M.S. de 1946.

L'inégalité sociale, dans un monde d'abondance où sont vantés et promus dans tous les médias, sur toutes les façades et tous les panneaux, les mérites époustouflants de produits désirables absolument hors de portée de nombreuses personnes, même celles disposant d'un emploi stable, est génératrice de tensions, de frustrations, et donc de mal-être mental. Ce dernier peut retentir sur le bien-être physique, soit directement (sensibilisation aux ulcères gastro-duodénaux, aux accidents cardio-vasculaires, aux déséquilibres nutritionnels), soit indirectement, en étant le pourvoyeur principal des conduites à risques si inégalement réparties, elles aussi, dans la société (obésité, dépendance vis-à-vis du tabac, de l'alcool et des autres drogues). Tout cela est encore aggravé par l'angoisse de la perte d'emploi, si prégnante chez presque tout le monde aujourd'hui, par le stress de la compétition permanente, de nouvelles formes d'organisation du travail dans les entreprises[11] et l'isolement croissant des personnes dans un univers social où l'individualisme ambiant crée des ravages.

Ainsi la logique de la société libérale engendre-t-elle à la fois des richesses et des techniques, en particulier une amélioration des possibilités thérapeutiques, et des processus pathogènes, puisqu'elle rend inaccessible pour le plus grand nombre ce bien-être mental et social sans lequel il n'y a, en fait, pas d'espoir réel d'amélioration durable de la santé. En quelque sorte, pour caricaturer un système assez absurde, les inégalités permettent l'accumulation des richesses, ce qui tire la croissance générale vers le haut et distribue du pouvoir d'achat à tout le monde, même aux classes inférieures de la société. Cependant, nombreux sont ceux qui souffrent dans leur tête, donc dans leur corps, des injustices nouvelles créées par des inégalités croissantes, qui consomment toujours plus de médicaments et de soins, source à la fois de nouveaux profits et de déséquilibres économiques et sociaux, et sont de toute façon bien

---

11. « Inégalités, santé, exclusions », *in* revue *Prévenir*, n° 28, 1995.

incapables d'interrompre le cercle vicieux : la médica-lisation des désordres sociaux est en effet un échec assuré, et d'ailleurs avéré !

Par conséquent, pour que les richesses créées par l'effort individuel et collectif de nos sociétés contri-buent effectivement à l'amélioration de la santé, il est, somme toute, impossible de ne pas leur fixer aussi comme objectif l'amélioration de la solidarité, à rebours de la morale évolutionniste de Spencer, dont la modernité, parfois, me terrorise (voir chapitres 9 et 10).

La solidarité n'est pas conçue seulement ici comme un impératif de la loi morale, mais, plus prosaïquement, comme un élément essentiel d'une stratégie sociale per-mettant de transformer la croissance économique, fac-teur du progrès scientifique et technique dans le domaine médical, en réel moyen d'améliorer la santé du plus grand nombre, et de ce fait de la société elle-même. Il ne s'agit pas simplement ici d'un effort con-senti dans la couverture sociale et l'optimisation de l'accès de chacun à des services de santé de qualité : quoique nécessaire, cet effort est aussi toujours insuffi-sant. L'objectif de solidarité a pour but, de façon beau-coup plus large, la constitution d'un tissu social de liberté, de responsabilité, mais aussi de disponibilité, d'ouverture à la quête d'autrui.

Là résident les conditions d'un milieu humain pro-pice à l'épanouissement individuel et, ainsi, respec-tueux du bien-être mental et social décidément inséparable de la santé. Si l'aspiration à la réussite indi-viduelle est un moteur, un facteur d'émulation dont l'histoire confirme qu'il est difficile de se passer, rien ne semble, en revanche, justifier qu'elle engendre des inégalités tellement inacceptables que, dirait M. de La Palice, elles ne seront jamais acceptées. Elles entraînent déjà leur cortège de malheurs et de maladies qui n'épargneront pas durablement même ceux qui ont réussi.

Pour quiconque est lucide, sinon moral, les buts de la réussite ne peuvent ainsi guère faire l'impasse sur le devoir de solidarité. Plus ou moins bien intégrée à la pratique politique, cette logique fait au moins partie du bagage social et culturel commun à la plupart des pays d'Europe depuis plus d'un siècle. On aurait ainsi pu s'attendre que ce schéma de développement social représente toute l'originalité, et peut-être l'attractivité pour les autres régions du monde, du modèle et des objectifs de croissance présentés par l'Union européenne en alternative au modèle américain, plus fidèle aux canons originels du libéralisme de l'Écossais Adam Smith, de sa philosophie utilitaro-pragmatique et de sa morale évolutionniste.

Sans prétendre que ce sont là les deux seuls modèles possibles, au moins existerait-il alors aujourd'hui les éléments d'un vrai choix de société, projet contre projet, réalisations contre réalisations, valeurs contre valeurs. Au lieu de cela, sous la contrainte de toute une série de facteurs psychologiques, politiques et économiques qu'il n'y a pas lieu ici de discuter, c'est à une reddition en rase campagne de l'Europe à la lecture américaine (ou mondialisée, ce qui est synonyme) de la logique de développement que l'on assiste.

À ce jeu, dont les règles ont été confisquées par d'autres, l'Europe me semble avoir intrinsèquement peu de chances de l'emporter. Les pays émergents risquent en effet de toujours préférer l'original à la copie. Nos vieilles nations ont, en revanche, commencé d'importer en leur sein les scories de la réussite américaine, avec son cortège d'exclusions, de fracture sociale aggravée et de violence.

Cette dernière observation n'est en aucune manière la marque d'un antiaméricanisme épidermique. Cet État-univers que sont les États-Unis témoigne dans presque tous les domaines, scientifique, technique, artistique, littéraire et même philosophique, d'une créativité et d'un dynamisme que l'on ne peut qu'admirer. Force est cependant de se demander si ce résultat intérieur remarquable, qui trouve d'ailleurs ses limites dans l'incapacité que manifeste la société américaine à apaiser les tensions de toutes sortes et les inégalités qui la rongent, ne repose pas justement sur l'organisation de l'aggravation des inégalités à l'échelle de la planète.

La question clé de ce tournant d'un millénaire est dès lors posée : peut-on se résoudre à ne considérer les inégalités que comme le prix à payer de la croissance, en réalité son moteur, ou bien ne faut-il pas se demander si une croissance qui ne placerait pas la justice et la solidarité au centre de ses objectifs ne perdrait pas toute signification, et donc toute justification pour l'Homme ?

La santé telle qu'elle a été définie en 1946 par l'OMS semble en définitive un objectif idéal dont rien n'indique que l'on se rapproche, et il est fort à parier que les conférences internationales continueront soit de sombrer dans le pessimisme, soit, ne pouvant atteindre l'objectif de 1946, finiront par le déclarer définitivement caduc.

Et, pourtant, existe-t-il un seul projet de développement qui vaille s'il ne concourt pas au bien-être physique, mental et social des personnes ?

En guise de conclusion
Introspection

Il est possible que, parvenu à ce stade de l'ouvrage, le lecteur se sente décontenancé. Quel fil directeur peut-on trouver, se demandera-t-il, entre un mouvement social qui se déroule en 1995 dans un pays d'Europe, la théorie de l'évolution, le racisme, la morale, les bio-technologies appliquées à l'agriculture et à l'homme, la sexualité et la médecine ?

En fait, il m'a semblé cheminer dans ce livre de manière très logique dès lors que mon propos était de tenter d'apporter des éléments de réponse à la question du manifestant de 1995 que j'ai retenue comme titre de cet ouvrage : *Et l'Homme, dans tout ça ?*

C'est en effet cette idée, cette étrangeté de l'Homme, de la base de ses droits et de ses devoirs, que j'ai voulu poursuivre à travers ses origines, ses mythes, ses inter-rogations et les situations variées qu'il est amené à vivre. Le propos était ambitieux, je n'ai pu l'aborder qu'à travers mon expérience et ma subjectivité. J'ai bien conscience que sous un même titre d'autres auraient tout aussi bien pu considérer l'Homme en tant que créateur artistique, acteur économique et social, etc. Le temps est hélas révolu où un homme tel Pic de La Mirandole pouvait prétendre embrasser l'essentiel de l'éventail du connu. En revanche, j'espère que l'on ne me fera pas grief des réflexions épistémologiques ou morales qui sous-tendent plusieurs de mes analyses, même si celles-ci sont naturellement offertes à la critique.

Je m'étonne parfois de ce que la philosophie des sciences et de la connaissance en général soit aujourd'hui si largement enrichie de la réflexion des philosophes et si rarement de celle des scientifiques. Il n'est pas sain que l'immense majorité des scientifiques délaisse le champ de la réflexion sur les singularités psychiques de leur activité, sur l'évolution de l'image de la science dans la société et sur les modalités d'édification des grandes théories scientifiques. Désertant ces terrains-là, investis de façon massive par des intervenants issus du champ des sciences humaines et de la philosophie, les scientifiques aggravent encore, en quelque sorte, leur cas en se prétendant agressés par cette réflexion de l'extérieur sur leurs pratiques et leurs justifications.

De ce fait, je sollicite non pas l'adhésion, bien entendu, mais l'indulgence de tous ces spécialistes de la pensée scientifique lorsqu'un chercheur en biologie se joint à eux pour s'interroger sur son domaine d'intervention à l'extérieur de celui-ci. Cela dit, je n'oublie pas que je suis avant tout l'un de ceux qui tentent de contribuer à l'enrichissement de mon champ scientifique, et j'ai eu à cœur de présenter avec le maximum de précisions l'état des connaissances en biologie et en médecine à partir desquelles se déploie ma réflexion. Comme je l'ai indiqué plus haut, celle-ci est empreinte d'une subjectivité que je revendique et, ayant parcouru avant le lecteur les chemins où mène le livre, je puis me livrer à une sorte d'introspection d'où émergent quelques clés lui permettant de mieux comprendre les ressorts de ma démarche.

Ces clés sont représentées par cinq mots : matérialisme, rationalisme, empirisme, discontinuité et solidarité.

Je suis en effet matérialiste, par défaut. Au cours d'une émission radiophonique, j'ai un jour répondu au journaliste qui m'interrogeait que j'étais d'un agnosticisme prudent, ce qui a déclenché l'hilarité de l'un de mes fils. En réalité, j'ai été élevé assez pieusement dans la religion catholique, et je crois même que l'idée de la prêtrise m'a un moment effleuré. Encore aujourd'hui, abbayes, églises romanes, cathédrales et chants liturgiques me procurent des plaisirs esthétiques tout particuliers. Cependant, j'ai été obligé de reconnaître, vers l'âge de quinze ans, que je ne croyais plus un traître mot de l'essentiel de l'enseignement constituant les fondements de la foi. Cette prise de conscience a d'ailleurs été fort facilitée par le passage de la messe en latin, que je n'écoutais guère, à la messe en français, dont j'ai commis l'erreur d'éplucher les mots, les phrases et les symboles. La découverte de cette évidence m'a semblé d'ailleurs bien inconfortable puisque, comme je m'y suis efforcé dans ce livre, il m'a fallu ensuite, et au fil des ans, avec l'aide naturellement de bien d'autres auteurs qui étaient jadis passés par les mêmes affres que moi, rebâtir totalement les bases d'un humanisme qui, pour l'essentiel de son objet, ne m'oppose, en fait, guère à la plupart des croyants.

Matérialiste, je me présente également comme moniste, et je considère que la théorie de l'évolution et le mécanisme de la sélection naturelle sont parmi les concepts les plus riches et, de fait, les plus productifs de l'histoire des sciences. C'est donc dans ce cadre conceptuel que se développent mes analyses et mes réflexions.

Rationalisme et empirisme ont été si schématiquement opposés dans l'histoire de la pensée – Hume contre Kant – qu'il peut sembler singulier de se réclamer à la fois de l'un et de l'autre. Je m'en justifierai plutôt au travers de références antérieures, en me déclarant plus proche de Bacon – pour autant qu'il me soit intelligible – que de Descartes ; plus en phase avec une vision qui fonde l'enrichissement par l'expérience sur la raison qu'avec la foi cartésienne en une capacité intrinsèque de la raison à conduire par elle-même à la connaissance, réduisant alors le rôle de l'expérience à la vérification d'hypothèses posées a priori.

Le quatrième mot introduit, celui de discontinuité, se rapporte non pas à une quelconque discontinuité évolutive, sujet de bien des débats auxquels je ne me suis pas mêlé dans cet ouvrage, mais aux conséquences de l'interaction entre le cerveau humain, dont j'admets fort bien qu'il est lui-même produit d'évolution, et l'ensemble des caractéristiques d'un être qui aurait évolué parallèlement à l'Homme mais serait dépourvu de ses capacités mentales spécifiques. Dans la séquence entre les choses, le vivant et l'humain, il y a peu de contestations quant à la première rupture, celle entre l'inanimé et la vie.

En revanche, la réalité, la nature et la signification de la seconde, celle entre le vivant non humain et l'Homme, font l'objet d'un débat passionné. Pour certains, de l'évolutionnisme de Spencer à la sociobiologie de Wilson en passant par le darwinisme réductionniste de Dawkins, il est hérétique de parler ici de discontinuité. Selon ces conceptions, les mêmes mécanismes de l'évolution et de la sélection naturelle s'appliquent sans distinction au vivant en général et à tous les domaines de l'être et de l'agir humains, aux sentiments, à l'organisation sociale et aux règles économiques. Je me méfie intuitivement de la généralisation des raisonnements analogiques qui ont en particulier fleuri dans le sillage du déterminisme newtonien.

On a alors cherché à appliquer les notions d'attraction gravitationnelle des corps célestes à tous les phénomènes, par exemple, à l'organisation économique, au développement embryonnaire et aux mécanismes de la sexualité. De même, la notion de conservation provenant notamment de la physique et de la chimie a été mise à toutes les sauces. C'est ainsi que Benjamin Franklin appliquait ce principe de conservation aux domaines moral et économique : il considérait que la somme totale des plaisirs et des douleurs s'annulait et que la pauvreté était irréversible, puisque, selon ce même concept, tout ce que l'on allait apporter d'un côté à un pauvre serait perdu de l'autre.

Par conséquent, mon enthousiasme à utiliser les thèses de Charles Darwin en biologie ne me conduit pas à accepter la tentative de certains d'en faire le fondement essentiel des mécanismes de l'organisation sociale humaine. Si le gros cerveau doté d'une fabuleuse plasticité d'*Homo sapiens* a été sélectionné, c'est probablement parce qu'il donnait à ce mammifère primate la possibilité de trouver, mieux que les autres animaux, les solutions lui permettant de survivre dans une grande diversité d'environnements hostiles. De fait, *Homo sapiens* est sans doute la seule espèce à avoir colonisé le monde à son profit, depuis les étendues glacées de Sibérie, de l'Alaska et du Canada jusqu'aux déserts brûlants d'Asie et d'Afrique.

L'étendue de cette plasticité, condition de ces succès, a abouti à la création d'une considérable marge d'interprétation des programmes génétiques gouvernant les comportements. Et c'est cette latitude qui a permis d'édifier le monde de l'Homme avec une incroyable rapidité à l'échelle des mécanismes évolutifs habituels. Rappelons que le premier Homme n'a guère plus de deux millions d'années, le premier *Homo sapiens* n'ayant que quelques centaines de milliers d'années. C'est dans cette latitude de réinterprétation des déterminismes qu'a pu se loger le développement d'un sens moral élargi et diversifié à partir de capacités élémentaires qui pourraient bien être, elles aussi, produits d'évolution. Il faut remarquer que ces degrés de liberté acquis contre les déterminismes peuvent conduire aussi bien à Josef Mengele qu'au Mahatma Gandhi ou au pasteur Martin Luther King, c'est-à-dire au mal ou au bien, deux mots qui n'ont bien évidemment de sens que chez l'Homme.

C'est à ce stade que je souhaite introduire le cinquième terme de ma proposition initiale : solidarité. Ce terme est souvent rejeté pour son caractère désuet, renvoyant soit aux conceptions du solidarisme de Léon Bourgeois[1] en France, au début du XXe siècle, et aux premiers développements des systèmes d'assurances sociales, sous son impulsion, soit aux slogans des luttes syndicales et politiques d'antan. Pourtant, j'aimerais que ce mot fût réhabilité. Il est très différent du terme d'altruisme, qu'il englobe mais dépasse. L'école néodarwinienne, en particulier Haldane, avant-guerre, puis Hamilton, suivi par Dawkins après-guerre, a en effet proposé que l'altruisme, dans le sens de la sélection d'un comportement de sacrifice au profit d'autres, s'intégrait à un cadre évolutif où c'était là le moyen d'optimiser les chances de succès des individus partageant tout ou partie de leur patrimoine génétique (sélection de parentèle)[2,3,4].

1. L. Bourgeois, *Solidarité* (1896), Presses universitaires du Septentrion, Paris, 1998.

2. J. Gervet, « Sélection de parentèle » (II, Ethologie), *in Dictionnaire du darwinisme et de l'évolution, op. cit.*, vol. III, p. 3902-3911.

3. W.-D. Hamilton, « The genetical evolution of social behaviour », I et II, Journal of Theoretical Biology, 7, 1-52, 1964.

4. E. Mayr, *Populations, espèces et évolution*, Hermann, Paris, 1974.

Ce terme de solidarité, bien au-delà de ces mécanismes, recouvre pour moi la possibilité de reprendre à son compte les souffrances, les désirs et les aspirations des autres, à la fois parce que nous leur prêtons tous les droits que nous nous revendiquons et parce qu'ils représentent ce monde humain sans lequel notre propre vie n'a pas de sens. Cependant, si le cerveau humain a une aptitude génétiquement déterminée à l'altérité et à la manifestation de la solidarité, l'expérience prouve qu'il peut l'utiliser tout aussi bien dans un autre sens, ce qui justifie alors le développement d'un effort de conviction et d'éducation dont l'issue ne doit vraiment rien aux mécanismes de l'évolution. Outre l'altérité, la solidarité inclut à l'évidence la justice et la responsabilité.

Lorsque la question est posée, que reprend le titre de ce livre, *Et l'Homme, dans tout ça ?*, il faut l'entendre naturellement par : *Et la place de la solidarité envers les Hommes, dans tout ça ?*, solidarité envers les travailleurs et les citoyens, demandaient les manifestants de 1995. Solidarité envers les hommes et les femmes de toutes ethnies, confrontés à la science, à l'évolution technique, économique et sociale de notre monde, à la maladie et à la mort, comme ce livre tente d'en rappeler à la fois le devoir et la nécessité.

Paris, le 1er décembre 1999

TABLE

L'autre visage de la science

L'avenir n'est pas écrit
Albert Jacquart & Axel Kahn

Dans cet ouvrage, deux grands savants humanistes débattent de nombreux points de la biologie. Même s'ils ont des visions différentes sur l'évolution, la croyance en Dieu ou le clonage humain, ils partagent la même conviction que le programme génétique, aussi capital soit-il, n'écrit pas le destin des individus ni celui des sociétés. L'avenir de l'aventure humaine dépend de chacun de nous.

(Pocket n° 11719)

Il y a toujours un Pocket à découvrir

Secrets inavouables

La guerre des Bush
Éric Laurent

Après les terribles attentats du 11 septembre qui ont plongé les États-Unis dans une guerre sans merci contre l'Irak, la lutte du « Bien contre le Mal » est engagée. Mais les liens tissés entre les deux pays ne datent pas d'hier. George Bush père avait en effet œuvré avec acharnement pour armer et financer Saddam Hussein. Douze ans plus tard, le fils reprend le flambeau, cette fois pour en finir avec ce même Saddam Hussein, devenu un peu trop encombrant. Quels accords cachés unissaient donc les deux pays ? Dans cet ouvrage, Éric Laurent nous ouvre les yeux sur un dossier que personne n'avait jamais osé aborder.

(Pocket n°12046)

Fascinante Amérique

L'obsession anti-américaine
Jean-François Revel

Mélange d'amour et de haine, de mépris et d'envie, de respect et de crainte, Jean-François Revel explique les liens affectifs qui lient l'Europe et l'Amérique. Il répond à de nombreuses interrogations au sujet de la mondialisation, la société de consommation et les relations géopolitiques. N'occultant ni les hypocrisies ni les écarts du système américain, Jean-François Revel propose une réflexion à contre-courant, ouverte à tous ceux que la bannière étoilée fascine.

(Pocket n° 11942)

Il y a toujours un Pocket à découvrir

Impression réalisée sur Presse Offset par

BRODARD & TAUPIN

GROUPE CPI

25170 – La Flèche (Sarthe), le 31-08-2004
Dépôt légal : septembre 2004

POCKET – 12, avenue d'Italie - 75627 Paris cedex 13
Tél. : 01.44.16.05.00

Imprimé en France